运动项目市场特征

李延超　主编

北京体育大学出版社

策划编辑：李志诚
责任编辑：李志诚　仝杨杨
责任校对：原子茜
版式设计：李沙沙

图书在版编目（CIP）数据

运动项目市场特征/李延超主编. —北京：北京体育大学出版社，2021.12（2025.8重印）
ISBN 978－7－5644－3448－9

Ⅰ.①运… Ⅱ.①李… Ⅲ.①体育项目-市场特征 Ⅳ.①G808.22

中国版本图书馆 CIP 数据核字（2021）第 139544 号

运动项目市场特征
YUNDONG XIANGMU SHICHANG TEZHENG　　李延超　主编

出版发行：北京体育大学出版社
地　　址：北京市海淀区农大南路 1 号院 2 号楼 2 层办公 B－212
邮　　编：100084
网　　址：http://cbs.bsu.edu.cn
发 行 部：010－62989320
邮 购 部：北京体育大学出版社读者服务部 010－62989432
印　　刷：北京科信印刷有限公司
开　　本：787mm×1092mm　1/16
成品尺寸：185mm×260mm
印　　张：13.5
字　　数：290 千字
版　　次：2021 年 12 月第 1 版
印　　次：2025 年 8 月第 2 次印刷
定　　价：65.00 元

前　言

运动项目产业是体育产业的核心。在当前体育产业迅猛发展的情况下，如何对接市场需求，扩大体育产品和服务供给，促进体育消费是一个重要的现实问题。体育产业的开发是基于运动项目市场特征基础之上的，为了便于在市场中找到合适的运动项目开发机会，把握运动项目市场的本质特征和发展趋势十分重要。

本书主要提供以下内容：细分市场，了解顾客需求，分析运动项目市场客户群的年龄、知识程度等特征，为开发与经营运动项目市场提供机会和选择。本书在撰写时，力求突出以下特点：①体系完整。收集和整理当前关于运动项目市场实践积累的经验，积极吸取体育营销学、体育赛事营销与管理、体育媒体关系管理等相关学科的理论成果。②内容丰富。涵盖运动项目市场的现状、本质特征与发展趋势。③注重实践。收集和整理一些运动项目市场开发的经验，为运动项目市场特征理论构建提供坚实的事实支撑。

本书力求“新颖、广泛、简明”。“新”——反映运动项目市场的最新动态；“广”——采集运动项目市场最广泛的专门知识和内容；“简”——内容简单明了，读者容易系统掌握和把握运动项目市场的基本特征和发展趋势。

通过阅读本书，读者能够掌握运动项目市场分析的基本理论，并按照理论与实际相结合的原则，用市场营销学、管理学、经济学、社会学等一般基本理论探讨运动项目市场运行规律，分析运动项目主体的行为特点，提高对运动项目与市场发展关系的理论能力，提升创新创业的实训能力。另外，本书通过介绍各运动项目比赛，从运动项目比赛的自身发展与市场介入的相互关系出发，总结运动项目的市场特征，从而揭示运动项目发展与市场之间的依赖关系，使读者正确地认识运动项目与市场发展的关系及内在的发展动力。与此同时，通过本书的阅读，读者可以养成善于思考问题和分析问题的科学态度；通过对运动项目市场特征的了解，读者可以树立正确的职业态度。

目　录

第一章　导　论 …………………………………………………… (1)

第一节　运动项目 …………………………………………………… (1)

第二节　市场及运动项目市场 ………………………………………… (4)

第二章　足球项目市场特征 ………………………………………… (16)

第一节　足球项目概况及市场分析 …………………………………… (16)

第二节　足球项目市场运营 …………………………………………… (29)

第三节　我国足球市场的发展与管理 ………………………………… (38)

第三章　网球项目市场特征 ………………………………………… (46)

第一节　网球项目概况及市场分析 …………………………………… (46)

第二节　网球项目市场运营 …………………………………………… (55)

第三节　我国网球市场的发展与管理 ………………………………… (60)

第四章　篮球项目市场特征 ………………………………………… (72)

第一节　篮球项目概况及市场分析 …………………………………… (72)

第二节　篮球项目市场运营 …………………………………………… (83)

第三节　我国篮球市场的发展与管理 ………………………………… (97)

第五章　高尔夫球项目市场特征 …………………………………… (110)

第一节　高尔夫球项目概况及市场分析 ……………………………… (110)

第二节　高尔夫球项目市场运营 ……………………………………… (119)

第三节　我国高尔夫球市场的发展与管理 …………………………… (124)

第六章　赛车运动项目市场特征 …………………………………… (131)

第一节　赛车运动项目概况 …………………………………………… (131)

第二节　F1 赛事及市场分析 …… (135)
第三节　上海 F1 大奖赛市场的发展与管理 …… (139)

第七章　马拉松项目市场特征 …… (150)
第一节　马拉松项目概况及市场分析 …… (150)
第二节　我国马拉松市场的发展与管理 …… (155)

第八章　冰雪运动项目市场特征 …… (168)
第一节　冰雪运动项目概况及市场分析 …… (168)
第二节　冰雪运动项目市场运营 …… (175)
第三节　我国冰雪运动市场的发展与管理 …… (178)

第九章　户外运动项目市场特征 …… (182)
第一节　户外运动项目概况及市场分析 …… (182)
第二节　户外运动项目市场运营 …… (187)
第三节　我国户外运动市场的发展与管理 …… (189)

第十章　民族传统体育项目市场特征 …… (193)
第一节　民族传统体育项目概况及市场分析 …… (193)
第二节　我国民族传统体育市场的发展与管理 …… (197)

参考文献 …… (207)

后　记 …… (208)

第一章 导 论

第一节 运动项目

一、运动项目的产生

运动项目是身体练习的最高形式，身体练习的发展经历了从单个动作到组合动作，再到成套动作，最后形成运动项目的过程。当前运动项目成百上千，在起源和发展上均代表着一种民族特色和时代特征，其中一部分已经发展成为世界公认的运动项目，并被纳入奥运会、亚运会，成为世界性比赛项目；另外一部分还保持着区域的民族特色。

早期的运动项目产生于生产实践和生活实践，从需要的理论来分析运动项目产生动因，可以发现大体基于以下需要。第一，为了谋生而进行生产活动的技能，如狩猎等；第二，为了防卫而进行武力活动的技能，如攻防格斗等；第三，日常生活所必需的活动技能，如跑、跳、攀爬等；第四，宗教活动中形成的运动项目。在上述活动的基础上，产生了一些高于生产、生活技能的游戏、竞技和舞蹈等。其中不少运动项目是在娱乐活动中发展起来的，如羽毛球、乒乓球等是由英国贵族在娱乐的过程中逐渐发展起来的。还有，人们在祭祀活动中通过竞技、角力等进行祈祷、娱乐，祈求神的庇护，如古代奥林匹克运动中不少运动项目也是在此过程中产生的。

因此，运动项目产生于生产劳动的动作转化，人们将这些动作加以格式化，创造了一些专门用来训练身体适应能力的运动手段，并逐渐发展成为运动项目。总体来看，运动项目的产生多是基于人类对大自然的向往和挑战，在运动中人类发挥了征服和改造大自然的能力，创造了登山、滑冰、雪橇等运动项目；同时随着科技的进步，现代汽车工业的发展使赛车这一运动项目快速发展。

二、运动项目的定义

体育运动是以合理的身体活动为基本手段，在人类发展过程中，针对人类需要而逐步开展起来的有意识地培养与优化身体素质的各种活动。

项目是指一系列独特的、复杂的并相互关联的活动，这些活动有着一个明确的目标或目的，必须在特定的时间、资源限定内，依据规范完成。

运动项目是指为了强身祛病、娱乐身心及提高运动技术水平所采用的各项活动内容和方法的总称。人们在长期的社会实践中逐步形成的各种身体活动，其中对身心有益的内容，被人们有意识地加以运用，逐渐产生和形成了运动项目。随着社会和科学的进步，运动项目在不断地更新和发展。

本书分析的运动项目主要为当今国际上影响力较大且具有市场发展前景的运动项目，或是在我国国内影响力较大、发展较成熟、具有发展潜力的运动项目。

三、运动项目的内容与分类

（一）按场地分

赛艇类：皮划艇、摩托艇、帆船、游艇。

赛车类：赛车、山地车。

球　类：隔网对抗型，包括乒乓球、排球、网球、羽毛球；同场对抗型，包括篮球、足球、橄榄球；其他型，包括冰球、曲棍球、棒球、手球、垒球、高尔夫球。

（二）按技能分

速度力量型：速滑、短跑、投掷、举重。

耐力型：竞走、游泳、滑冰、滑雪、长跑、自行车。

表现难美型：体操、花样游泳、冰上芭蕾。

技能准确型：射击、射箭。

格斗对抗型：击剑、柔道、摔跤、拳击、跆拳道。

（三）按奥运项目、非奥运项目分

奥运项目：田径、游泳、跳水、射箭、射击、羽毛球、拳击、篮球（包括三人制篮球）、皮划艇、自行车、马术、击剑、足球、体操（竞技体操、艺术体操、蹦床）、手球、曲棍球、柔道、现代五项、赛艇、帆船帆板、乒乓球、跆拳道、网球、铁人三项、排球

（包括沙滩排球）、举重、摔跤、高尔夫球（里约奥运会增加）、空手道、滑板、冲浪、攀岩、棒垒球（东京奥运会恢复）等。

非奥运项目：保龄球、台球、板球、体育舞蹈、壁球、武术、棋类（围棋、象棋）、藤球、橄榄球、卡巴迪、龙舟等。

四、运动项目的特点

（一）社会性和历史性

运动项目是在社会发展过程中不断创造与丰富起来的，它是人类为了满足自身的需要而创造的具有文化价值的精神财富，同时运动项目的发展与社会的经济、文化、科技水平密切相关。随着社会的发展和人们需求的不断提高，运动项目由低级向高级发展，如最初为生存而采用的健身手段——瑜伽，现在已经成为休闲的选择内容；另外，为了满足人们享受和发展的需求，新的运动项目不断出现，如壁球等。

（二）民族性与国际化

运动项目的产生离不开一个国家或地区的历史、民俗与文化。国际上通用的运动项目大多发端于不同的民族与国家，如篮球、足球、户外运动等。运动项目不受任何政治和国界的限制，能够推向世界。2020 年东京奥运会有 33 个大项，339 个小项，2022 年北京冬奥会有 7 个大项、15 个分项、109 个小项，这些项目都具有国际统一认定的比赛规则。

（三）教育性和娱乐性

运动项目是通过身体运动的形式表现出来的，人们通过运动项目的学习过程受到一定的身体教育和精神教育。运动项目也具有娱乐性，一方面人们可以欣赏高水平运动项目比赛，另一方面人们可以通过参加运动项目表现自我。

（四）时尚性和选择性

高尔夫、赛车等运动项目成为当前人们的一种时尚符号和时尚选择，体现着现代人对现代社会的理解，是社会层次和社会地位的体现。不同社会层次和社会地位的人群在运动项目的选择上也各有不同，社会精英们把玩着“烧钱”的运动，白领们追求的是运动的个性和时尚，普通民众占据着广场和公园等公共空间。

第二节　市场及运动项目市场

一、市场

（一）市场的定义

“市场”一词，英文为market，有狭义和广义之分。狭义的市场指商品交换的场所，即商品买卖的场所。广义的市场可以从不同的角度和观念来分析，包含以下几个方面的含义。

第一，从生产者角度，同狭义的市场的概念，指商品买卖的场所。

第二，从消费者角度，市场以顾客为中心，即商品的顾客或购买集团。此概念强调商品的销路，使市场由普通场所转变为以人为中心的场所。

第三，从营销者角度，市场是指商品现实购买者和潜在购买者的集合体。此概念强调潜在交易，常运用于刺激和唤醒顾客、开发新市场及分析市场供求之间的关系。

第四，从经济学者角度，市场是指抽象的商品交易的行为和活动。此概念常运用于抽象的经济学名词之中，如市场管理、市场调查及市场调节等。

第五，从管理者角度，市场是指一定的时间、地点、条件下，商品生产者与商品消费者进行商品交换所产生的各种经济关系和经济活动的现象及规律。它不仅包括商品交换的固定场所，还包括一定范围内商品或劳务交换中供求之间的各种经济关系和经济活动，即生产者、经营者、消费者之间相互的商品或劳务交换关系的总和。

现代市场概念，如1960年美国市场营销协会对市场的定义为：市场是指一种货物或劳务的潜在购买者的集合需求。美国市场营销专家菲利普·科特勒在《市场营销原理》一书中将市场定义为产品的现实购买者和潜在购买者的集合。此处的市场专指买方、需求方。保罗·萨缪尔森在《经济学》一书中将市场定义为买者和卖者相互作用并共同决定商品、劳务和资产的价格及交易数量的机制。因此，市场应被理解成一种买者和卖者决定价格并交换物品、劳务或资产的机制。市场的核心作用是决定商品的价格，价格是物品的货币价值。在更深层次，价格代表了不同商品可以被交换的条件。

（二）市场的构成要素

1. 宏观构成要素

（1）商品（可供交换的商品）

商品是满足人们某种需要的，用来交换的劳动产品。狭义的商品仅指符合定义的有形产品；广义的商品除了可以是有形的产品外，还可以是无形的服务，如“保险产品”“金融产品”等。商品的基本属性是价值和使用价值。价值是指凝结在商品中的无差别的人类劳动，使用价值是指商品能够满足人们某种需要的属性。价值是商品的本质属性，使用价值是商品的自然属性。商品两大属性的关系是对立和统一。

（2）供给（卖方）

经济学中的供给是指在某一特定时期内，在每一价格水平上，生产者愿意并且能够提供的一定数量的商品或劳务。能够提供给市场的商品总量包括已经处在市场上的商品的流量和生产者能够提供给市场的商品的存量。供给的范围和水平取决于社会生产力的发展水平，一切影响社会生产总量的因素都会影响供给量。但是，市场供给量不等于生产量，因为生产量中有一部分用于生产者自己消费，作为贮备或出口，而供给量中的一部分可以是进口商品或动用贮备商品。提供给市场的商品，不仅具有满足人类需要的使用价值，还具有凝结着一定社会必要劳动时间的价值。因此，供给不单纯是指一种提供一定数量的特定使用价值的行为，也是指实现一定价值量的行为。

在市场经济中，供给是随商品价格的变动而变动的。一个生产部门原材料价格的变动，会决定这个部门对原材料的需求，从而决定这个部门的生产，最终影响商品的供给。如果商品价格下跌，供给就会减少；如果商品价格上涨，供给就会增加。供给反映了一种交换关系，这种关系是社会生产关系的组成部分。

（3）需求（买方）

经济学中的需求指一定时期、一定条件和一定市场范围内，消费者有意愿购买并且能够在相应价格水平下有能力实现购买的商品数量。在市场营销的概念中，营销是一个发现需求并且满足需求的过程，供需双方通过交换创造价值，而营销就是对这个过程进行管理，从而让这个过程变得更有效、能创造更大价值。营销的目标就是发现需求并满足需求。需求的规律是：当影响商品需求量的其他因素不变时，商品的需求量随着商品价格上升而减少，随着商品价格下降而增加。

2. 微观构成要素

市场主要由3个要素构成：人口、购买力和购买欲望。人口是市场的基础，只有人口才能让市场形成并发展。购买力是市场的一个重要因素，因为只有卖方而没有买方市场将无法形成。购买欲望是市场持续发展的一个要素，当购买欲望转化为购买需求时，市场才会真正发展。

（1）人口

人口是构成市场的最基本要素，消费者人口的多少，决定着市场的规模和容量的大小，而人口的构成及其变化则影响着市场需求的构成和变化。因此，人口是市场3个要素中最基本的要素。人口指居住在一定地域内或一个集体内的人的总数。人口是一个内容复杂、综合多种社会关系的社会实体，具有性别和年龄及自然构成，多种社会构成和社会关系、经济构成和经济关系。

（2）购买力

购买力是指消费者支付货币以购买商品或劳务的能力，是构成现实市场的物质基础。一定时期内，消费者的可支配收入水平决定了购买力水平。购买力是市场3个要素中最重要的要素。由于购买力是指对商品的购买能力，因此，一切不通过货币结算的实物收支和不是用来购买商品和劳务的货币支出，如归还借款，缴纳税金、党费、工会会费等，均不属于社会商品购买力范围。

购买力是通过社会总产品和国民收入的分配、再分配形成的。社会购买力来源于各种经济成分的职工工资收入、其他职业的劳动者的劳动收入、居民从财政方面得到的收入（如补贴、救济、奖励等）、银行和信用单位的农业贷款、预购定金净增加额、居民其他收入、社会集团购买消费品的货币。

（3）购买欲望

购买欲望是指消费者购买商品或劳务的动机、愿望和要求，是由消费者心理需求和生理需求引发的。它既是使消费者的潜在购买力转化为现实购买力的必要条件，也是构成市场的基本因素。有了购买欲望不代表就一定会购买，经济学上称购买欲望的术语是需要，称购买为需求。购买欲望的决定因素，大体上有以下两种。第一，顾客的需要。顾客需要是顾客尚未被满足的各种要求。它是引起购买欲望的基础。如果顾客对产品确实没有需要，那么产品再好，推销员的示范工作再精彩生动，也不会使顾客产生购买欲望，更没有购买的可能。人的需要，分为5个层次，从低到高依次是生理需要、安全需要、归属需要、自尊需要和自我实现需要。第二，顾客购买产品的预期利益。

（三）市场的分类

1. 按市场的主体不同分

按市场的主体不同，市场可以分为以下3种。一是按购买者的购买目的和身份不同，市场可以分为消费者市场、生产商市场——工业使用者市场或工业市场、转卖者市场——中间商市场、政府市场。二是按企业的角色不同，市场可以分为购买市场和销售市场。其中，在购买市场中，企业在市场上是购买者，购买生产要素；在销售市场中，企业在市场上是销售者，出售自己的产品。三是按产品或服务供给方的状况（即市场上的竞争状况）不同，市场可以分为完全竞争市场、完全垄断市场、垄断竞争市场、寡头垄断市场。

2. 按消费客体的性质不同分

按消费客体的性质不同，也就是按照交易对象的不同，市场主要分为以下5种。一是按交易对象的最终用途不同，市场可以分为生产资料市场和生活资料市场。二是按交易对象是否具有物质实体，市场可以分为有形产品市场和无形产品市场。三是按交易对象的具体内容不同，市场可以分为商品市场、技术市场、劳动力市场、金融市场、信息市场。四是按地理标准，根据市场的地理位置或商品流通的区域不同，市场可以分为国内市场和国际市场。其中，国内市场有北方市场、南方市场、沿海市场，国际市场包括国别市场和区域市场。五是按市场的时间标准不同，市场可以分为现货市场和期货市场。

（四）市场的特征

市场是社会分工和商品经济发展的必然产物。同时，市场在其发展和壮大过程中，也推动着社会分工和商品经济的进一步发展。市场通过信息反馈，直接影响着人们生产什么、生产多少，以及上市时间、产品销售状况等。市场为产、供、销各方提供交换场所、交换时间和其他交换条件，以此实现商品生产者、经营者和消费者各自的经济利益。

1. 统一性

市场不仅使消费者在商品的价格、品种、服务上有更多的选择，也使企业在购买生产要素和销售产品时有更好的选择。当前市场已经成为一个紧密的整体，任何部分都不能孤立存在，在这个完整的系统中，各种市场都是这个系统的有机组成部分。

2. 开放性

一个开放的市场，能使企业之间在更大范围内和更高层次上展开竞争与合作，促进经济和社会发展。当前市场的规模和范围在不断扩大，许多生产和交换已经跨越了国家和地区，这也是由社会分工不断进步和生产专业化的广泛发展以及实现资源优化配置的目标决定的。

3. 竞争性

竞争是指各经济主体为了维护和扩大自己的利益而采取的各种自我保护行为和扩张行为，他们努力在产品质量、价格、服务、品种等方面创造优势。充分的市场竞争会使经济活动充满生机和活力。

4. 有序性

有序性是现代市场的特征之一，通过严厉打击制假售假、商业欺诈等违法行为，从而起到维护市场秩序的作用。要完善行政执法、行业自律、舆论监督、群众参与相结合的市场监管体系。市场有序性能保证平等竞争和公平交易，保护生产经营者和消费者的合法权益。

5. 自发性

在市场经济中，商品生产者和经营者都是在价值规律的自发调节下追求自身利益的，实际上就是根据价格的涨落决定自己的生产和经营活动。因此，价值规律的作用之一，即自发调节生产资料和劳动在各部门的分配。市场在对资源合理配置起到积极的促进作用的同时，也可能使一些个人或企业由于对自身利益的过分追求而产生不正当的行为，如生产和销售伪劣产品、欺行霸市、扰乱市场秩序等。在市场经济条件下，经济活动的参加者分散在各自的领域从事经营活动，单个生产者和经营者不可能掌握社会各方面的信息，也无法控制经济变化的趋势。因此，他们在进行经营决策时，观察市场上什么价格高、有厚利可图，并据此决定生产、经营什么，这显然有一定的盲目性。这种盲目性往往会使社会处于无政府状态，必然会造成经济波动和资源浪费。

（五）市场的功能

尽管由于社会形态和商品经济发达程度的不同，市场在性质、规模以及发展状况、地位、作用等方面存在差别，但其基本功能是一切市场所共有的，是市场活动所具有的内在属性。

1. 交换功能

交换功能表现为以市场为场所和中介，促进和实现商品交换的活动。在商品经济条件下，商品生产者出售商品，消费者购买商品，以及经营者买进卖出商品的活动，都是通过市场进行的。市场不仅为买卖各方提供交换商品的场所，还通过等价交换的方式促成商品所有权在各当事人之间让渡和转移，从而实现商品所有权的交换。与此同时，市场通过提供流通渠道，组织商品存储和运输，推动商品实体从生产者手中向消费者手中转移，完成商品实体交换。这种促成和实现商品所有权交换与实体转移的活动，是市场最基本的功能。尽管随着市场经济的发展，商品的范围已扩展到各种无形产品及生产要素，如服务、信息、技术、资金、房地产、劳动力、产权等，但上述商品仍然是通过市场完成其交换和流通的。

2. 反馈功能

市场上，生产者、经营者、消费者通过供求、价格等信息的传导与反馈，了解行情，合理安排生产和消费。市场把交换活动中产生的经济信息传递、反映给交换当事人，就是市场的反馈功能。商品出售者和购买者在市场上进行交换活动的同时，不断输入有关生产、消费等方面的信息。这些信息经过市场转换，又以新的形式反馈输出。市场信息的形式、内容多种多样，归结起来都是市场上商品供应能力和需求能力的显像，是市场供求变动趋势的预示，其实质反映了社会资源在各部门的配置比例。市场的信息反馈功能，可以为国家宏观经济决策和企业生产经营决策提供重要依据。一方面，国家可以根据市场商品总量及其结构的信息反馈，判断国民经济各部门之间的比例关系恰当与否，并据此规划和调整社会资源在各部门的分配比例；另一方面，企业也可以根据商品的市场销售状况的信息反馈，对消费偏好和需求潜力做出判断和预测，从而决定和调整企业的经营方向。随着社会信息化程度的提高，市场的信息反馈功能将日益加强。

3. 平衡供求功能

供给和需求作为平衡供求双方矛盾运动的机制，反映了市场供求关系与商品价格、竞争之间的内在联系。价格受供求关系的影响。如果市场商品供大于求，商品价格会下跌，经营者会削减生产规模，降低产出水平。如果市场商品供小于求，商品价格会上涨，企业会增加投资，提高产出水平，如此循环，最终达到商品供求平衡。由市场这只“看不见的手”所实现的调节能够适应复杂多变的社会生产和社会需求，通过市场机制的作用，将价格、供求和竞争机制之间的联系和影响发挥出来，调整供求和价格的数量，引导生产和消费，实现供求总量和结构在动态中的均衡和社会的资源最优配置，也促使企业按照市场需求进行生产和经营。因此，自动调节供求关系的平衡是市场的功能之一，这一功能主要通过价格和竞争来实现。

4. 调节功能

每个人都在追求利益的最大化，由此导致资金和劳动力会自发地从效益差的部门退出而涌入效益好的部门。除此之外，政府配合以税收、利率等进行利益调节。调节功能指市场在内在机制的作用下，能够自动调节社会经济的运行过程和基本比例关系。市场作为商品经济的运行载体和现实表现，本质上是价值规律发生作用的实现形式。价值规律通过价格、供求、竞争等作用形式转化为经济活动的内在机制。市场以价格调节、供求调节、竞争调节等方式，对社会生产、分配、交换、消费的全过程进行自动调节。例如，调节社会资源在各部门、行业、企业间的配置与生产产品总量和种类构成；调节各个市场主体之间的利益分配关系；调节市场商品的供求总量和供求结构；调节社会消费水平、消费结构和消费方式等。在上述调节的基础上，市场最终达到对社会经济基本比例关系的自动调节。调节功能是市场具有核心意义的功能。

（六）市场的原则

市场的原则是指市场交易活动中必须遵循的规则和秩序的根据。市场的原则是明确的个人目标和人与人之间的目标差异所构成的非人为设计的利益秩序。市场交易原则主要包括自愿、平等、公平、诚实信用。它们从不同的方面规范着市场上买卖双方的交易方式和交易行为。市场经济是以市场为社会资源配置方式的一种经济运行方式，价值规律是市场配置社会资源的基本机制。市场的原则是市场经济的基本价值指向和实质，是由支配市场经济运行的价值规律所直接衍生出来的关于市场经济实质的社会精神。

1. 利润原则

就市场经济自身而言，在这架机器中，人们的所作所为均围绕利润展开，甚至这架机器自身的全部运行机制，包括它对社会资源的配置，也是通过那双“看不见的手”——利润来调节的。市场经济通行的是“大利大干、小利小干、无利不干”的趋利原则，是一种追求利益最大化的原则。因此，失去了利润，市场经济就失去了全部动力机制。如果说能够给市场经济人格化，那么他存在的自身价值目标就是利润。市场经济所带来的或者说所具有的效率不过是逐利竞争的特殊产儿。

2. 等价原则

市场经济中的等价交换，一方面意味着不同商品生产者劳动交换的等价性、不可强制剥夺性，另一方面意味着货币至上地位的确立。等价交换是价值规律在市场上的客观要求，交换的比例必须反映同等价值量相交换，也就是等量的社会必要的有效劳动相交换。

3. 竞争原则

市场经济通行的是“争强好胜、汰劣留良、锐意进取”的竞争原则。由市场经济竞争原则引发的竞争意识，是现代社会中具有进步意义的意识。竞争原则打破了抱残守缺、墨守成规的僵化意识，敦促人们不断更新自我、奋发成才、争创佳绩，鞭策着无数个体发挥聪明才智和实现自我价值。竞争原则也有其不可忽视的负面影响。竞争的目的是压倒对手，竞争本身包含着手段的多样化。这势必诱导人们为了战胜对手而不择手段地投机钻营，为了显示自我、实现自我价值而弄虚作假、沽名钓誉，使人们的价值取向实用主义化。

4. 自主原则

市场经济的主体乃是自主生产、自主经营、自负盈亏、自我发展、自我约束的主体。由于市场主体可以是个人、集体和社会，因而在主体之中，必然有个人与集体、个人与社会、集体与集体之间的矛盾和冲突。在这些矛盾和冲突中，市场经济赋予了个体更大的自主性，坚持把个体的需求作为发展的力量源泉和动力。可以说，市场经济为人的价值实现和主体自主性的发挥创造了充分的条件。同时，市场经济充分承认和肯定了人们的创造意识、竞争意识、独立意识，使人成为具有独立人格和不断追求的自主的人。

5. 自由原则

自由是指商品交易双方在没有外来干预的条件下自愿地让渡商品。自由作为贸易的原则，表现为交易双方共同利益要求的意志关系。只有满足这种要求，贸易才能正常发展，市场的功能、市场机制的调节作用才能正常发挥。只有市场上交易双方的意志关系能够真正反映经济关系的利益要求，商品的生产者才能弥补劳动消费，继续和扩大生产，消费者才能换取到他所需求的产品，经营者才能从媒介或商品交换中获得利润。总之，利益要求必须体现出来。而要使反映交易双方利益要求的意志关系能够成为共同的意志关系，从而成为共同一致的行为，就必须在交换中确定贸易自由的原则，这是贸易正常发展的必要条件。否则，不是达不成协议，形不成契约关系，做不成买卖，就是一方强制另一方，侵犯另一方的利益，或者以外来力量干预交易，使双方被迫进行或不能交易，或做畸形的交易，损害双方的利益。为此，贸易自由是自愿让渡的必要条件，是买者选择卖者也是卖者选择买者的自由，归根到底，是商品经济客观规律的体现。

6. 公平原则

公平竞争是指经济在市场竞争中要有公平的外部环境和条件，以使竞争得以正常的进行，充分发挥市场在促进商品经济发展、推动生产力发展中的积极作用。公平竞争是竞争规律的客观要求。任何商品生产者、经营者或消费者在市场上作为卖者或买者都力图实现商品的价值，生产者和经营者想在经营中获利，消费者想买到合适又便宜的商品，就必然要在市场比较中争夺优势地位和条件去战胜竞争对手。由于竞争，市场能形成压力，能够督促商品生产者和经营者努力改进生产，改善经营管理，采用新技术，以提高劳动效率，降低劳动耗费，适应市场需要，把外部压力转变为内部动力，通过提高内部动力来形成对外竞争的优势。然而，要使竞争的积极作用得以发挥，就得在市场上形成允许竞争、自由竞争、平等竞争的环境和条件，使商品经济按公平竞争的原则办事。

二、运动项目市场

（一）运动项目与市场的关系

1. 运动项目发展需要市场开拓

随着体育社会化、体育市场化的推进，运动项目仅仅满足健康、比赛、社会、政治的需要已经不合时宜。市场经济建立、足球改革、全民健身等发展战略，越来越需要运动项目的市场功能，这也使得运动项目发展越来越需要注重市场的作用。目前，在运动项目产业的发展中，最根本的问题就是利用市场机制将传统的运动项目资源优势转化为现实的经济优势。在实践过程中，运动项目产业有着类似其他产业发展的共同规律，但也有其自身的特殊要求。

2. 市场开发需要运动项目助力

运动项目作为一种以人为本的、强调个体心理满足的、重视兴趣爱好的运动休闲方式，越来越受到居民的推崇，并作为一种充满活力的生活时尚流行于社会。运动项目具有其他项目不具备的、独特的地方，如活泼、生动、动感。运动项目在市场开发中具有独特的魅力和使用价值，能够满足市场的特色需求。尤其是全民健身上升为国家战略，社会对健身、运动休闲的多样化需求不断提升，这就需要我们改革市场产品和服务供给侧需求，并不断开发新的产品和服务来满足消费者需求。

（二）运动项目市场的定义与内容

1. 运动项目市场的定义

运动项目市场是指向消费者提供体育竞赛表演及其他体育劳务服务，满足消费者的精神文化需求，并得到消费者经济上回报的交换活动和交换关系的系统。

2. 运动项目市场的内容

运动项目市场的核心部分是竞赛表演市场，可称为“核心市场”。竞赛表演市场是运动项目市场中起主导作用的市场。

运动项目市场的第二部分是健身娱乐市场、体育培训服务市场、体育旅游市场、体育彩票市场、体育咨询市场等。核心部分与第二部分的运动项目市场可称为“主体市场”或“主业市场”。

与运动项目市场在概念上有所不同的另一类市场，可称为“体育相关市场”，包括体育用品市场、体育音像市场、体育书刊市场等。这是其他产业与体育产业、其他商品与体育商品相互渗透的产物，由体育主体市场所派生，并随运动项目主体市场的壮大而壮大。

（三）运动项目市场的特征

运动项目市场具备一般市场的共同点，遵循价值规律、供求调节、竞争等一般规律，但又有其自身的一些特点。

1. 运动项目产品表现形态的特殊性

运动项目产品是在运动中产生的，主要投入生产要素是劳动，无论投入多少器材设备，都离不开人本身的身体活动。所以，无论科学技术如何进步，人的体力与技能投入都是运动项目市场发展中无法取代的基本要素，运动项目产品是劳动密集型产品的属性也无法改变。运动项目产品不是为消费者提供物质产品，满足消费者的物质需求，而是直接面向人们的精神文化需求提供产品和服务。它是在以公益性方式提供的精神文化产品和服务难以满足社会公众日益增长的精神文化需求的情况下，由市场催生的一种提供文化产品和服务的方式。它要在强劲的市场需求带动下，将产业化的经营方式和手段运用于文化产品的传播、生产、流通与消费之中，形成一个集创意包装、生产制作、销售于一体的产业链条，创造出更加符合人们身心需求的、丰富多彩的文化产品和服务。

2. 运动项目服务使用价值的不确定性

使用价值的不确定性是指决策方案受到各种事前无法控制的外部因素的影响。这些不确定性因素会对运动项目服务的经济效益产生影响。

运动项目服务不仅能给消费者带来当前的消费效用，还能给消费者带来未来的持续回报。人们通过运动项目的消费活动，可以促进身心发展，提高身体活动能力，提高对外界刺激的敏感性和身心协调的能力，最终提高劳动生产率。运动项目服务可以在人的体力和智力方面产生投资效果，具有人力资本积累的效应，是一种积极的人力资本投资。因此，从消费的角度看，运动项目服务是消费品；而从人力资本积累的角度看，它又具有投资品的性质。

3. 运动项目产品和服务生产过程与消费过程的同时性

运动项目产品的生产、消费是在同一时间、同一地点进行的。具有观赏价值的体育比赛、体育表演，既是生产比赛、表演的过程，也是消费比赛、表演的过程。运动项目服务的生产和消费也是同步进行的，具有不可分割性。运动项目服务的生产一开始，消费活动就同时进行；运动项目服务的生产一结束，消费活动也就宣告结束。同时，运动项目服务的生产过程必须由消费者直接参与，消费者必须亲临观赏或亲身体验，才能完成对运动项目服务的消费。此外，运动项目服务是一种体验性的消费，作为非实物使用价值，运动项目服务是不能贮存的，它只存在于被产出的那个时间点，生产一结束，产品的消费过程也就停止，运动项目服务作为无形产品也就消失无迹。

4. 运动项目市场发展的不平衡性

一方面运动项目市场具有空间、地域上的不平衡性。体育消费是个人在满足基本的生存消费之后以追求发展和享受等方面需要的消费行为，也是个人在完成正常的工作和必要的家务劳动等时间之外的闲暇里的消费行为，运动项目市场受生产力发展水平及社会经济发展状况的影响。另一方面，不同的运动项目在市场上的需求不同，不同的人群、阶层对运动项目市场的需求也不同。因此，运动项目在市场上存在差异性和不平衡性。

5. 运动项目市场经济效益与社会效益的统一性

运动项目产业具有一般体育产业的特征，是一种经济活动，但又不同于一般的体育产业，它更强调社会公益性。例如，运动项目在全民健身活动中的推广运用等，属于社会公益性的事业。现代市场经济条件要求运动项目产业经营者按市场经济的基本法则配置与运行资源，根据市场需求程度进行投资、成本核算，提供各类产品与服务。运动项目产业是我国体育产业中的一种特殊业态，注重追求社会效益、文化效益和生态效益，具有提高国民身体素质、振奋民族精神、实现个人的全面发展和社会文明进步的社会义务。

（四）运动项目市场的发展趋势

当今世界经济正以势不可挡的趋势朝着全球市场一体化、企业生存数字化、商业竞争国际化的方向发展，以互联网、知识经济、高新技术为代表，以满足消费者的需求为核心的新经济迅速发展。当前社会的营销正处在这样一个高度竞争、瞬息万变的宏观环境之中，新经济的发展要求新的营销手段必须满足市场发展的需要。市场营销需要识别顾客的需求和欲望，确定某个组织所能提供最佳服务的目标市场，设计适当的产品、服务和计划方案，以满足这些市场的需要。市场营销的目的是通过与重要的客户建立有特定价值倾向的关系，创造顾客满意的产品和服务并且获取利润。在 21 世纪，营销手段必须满足以客户需求为核心的当代市场经济的要求。

1. 运动项目市场消费人口不断增加

随着人民生活水平的提高，健康意识和体育意识的增强，体育产业的消费需求不断增长，大众健身上升为国家战略，各种层次的体育消费人口不断增加。2016 年 5 月 5 日，《体育发展“十三五”规划》正式发布，规划了“十三五”期间我国体育产业总规模超过 3 万亿元，在 GDP 中的比重达到 1%，其中体育服务业增加值占比超过 30%。随着全民健身国家战略深入推进，群众体育发展将达到新水平。到 2020 年，经常参加锻炼的人数达到4.35亿，人均体育场地面积达到1.8平方米。政府的政策指导，加上社会大众在运动健康上的投资不断增加，我国运动项目消费潜力将持续增长，成为我国经济发展新的增长点。

2. 运动项目市场规模不断扩大

运动项目市场作为一块“新鲜的奶油蛋糕”，近几年进入人们的视野，并被各大媒体和企业争相追捧。竞赛表演市场作为运动项目市场的核心部分，在整个市场中起着主导的作用。例如，2015年9月8日，阿里巴巴集团宣布成立阿里体育集团，新成立的阿里体育集团由阿里巴巴集团控股、新浪和云锋基金共同出资。阿里巴巴集团作为中国最大的网络公司，将触角伸向了运动项目市场，立志整合阿里生态中的电商、媒体、营销、视频、家庭娱乐、智能设备、云计算大数据和金融等平台，融合形成一个贯穿赛事运营、版权、媒体、商业开发、票务等环节的全新产业生态。从社会风向标来看，运动项目市场规模会持续地扩大。

3. 运动项目市场专业化水平提升

专业的事情需要专业的人做。运动项目市场作为一块朝阳产业，市场的评估、定位、营销和管理，都需要专业的人才和专业的知识进行模块化运作。管理的专业化是首要的，包含了运动项目的专业化与职业化建设、管理方法的专业化、体制机制专业化的建设与完善等。管理专业化水平的不断提高，能够推动运动项目向更专业的方向发展。同样，专业的人才也必不可缺，专业人员应该具有系统而全面的专业理论和实践知识基础，而不仅仅是某种技术训练，在其专业范围内，应具有较高水平的专业判断和决策能力。未来体育运动项目需要由专业人员组成的团队来共同推进，通过进一步专业化的管理来实现该项目的一体化发展。

4. 运动项目市场多元化发展

新的项目市场不断被开发，未来的市场是一个多元化的市场。随着社会经济的发展和人民生活水平日益提高，人们已经摆脱了过去旧的生活观念，更多地追求精神生活。《体育发展“十三五”规划》中提出，体育产业相关领域的全面发展，不仅包括体育健身、体育用品、体育竞赛的互动与协调，还包括以体育健身、体育竞赛带动体育用品，并以体育用品促进体育健身、体育竞赛。除此之外，体育产业还须与相关产业互补发展，如旅游业、餐饮业、医疗健康行业等，促进运动项目市场多元化的发展。

5. 运动项目市场的规范管理及市场的扶持政策不断完善

市场经济是法治经济，要求市场主体遵守市场规则，遵守契约；规范政府机构的体育事业管理体制，明确主管机构，加强审核监督，创造良好内部运行机制，推动运动项目市场的健康发展。在市场的扶持政策上，《关于加快发展体育产业促进体育消费的若干意见》中明确提出了7条政策措施，即大力吸引社会投资、完善健身消费政策、完善税费价格政策、完善规划布局与土地政策、完善人才培养和就业政策、完善无形资产开发保护和创新驱动政策、优化市场环境。政府简政放权、放管结合，取消商业性和群众性体育赛事审批，放宽赛事转播权限制，最大限度地为企业松绑；在公共体育设施上，积极推动向社会开放，并提高自我运营能力。政府给予运动项目市场最大的政策扶持和市场规范的指导。

6. 运动项目市场运作营销手段与时俱进

传统经济依靠产品自身来支持并发展，注重有利可图的直接交易，着眼于经营业绩的高低，注重股东利益，以营销做营销，通常借助广告来创立品牌，虽然以吸引客户为目的，但缺乏客户满意度的标准，总是过度承诺消费者，却难以兑现自己所做出的许诺。新经济的营销则与此有很大的差别。尽管新经济也着眼于经营业绩的高低，但是新经济本身是凭借强大的客户群体来支持和发展的，更加重视客户的终身价值以及股东利益，在营销上注重以人为本，通过实际行动来创立品牌，努力保持和开拓客户资源。新经济要求企业拥有客户满意度和客户保持率的标准，同时，能够实现自己向客户做出的承诺。

7. 运动项目市场不断向国际化路线靠拢

21 世纪以来，人们的可支配时间和可支配资金不断增加，人们开始关注自身健康，孕育和产生了大众体育消费需求。资本的逐利本性让体育资本不断通过开拓新市场获取更多的利润，加上传播技术的飞速发展，体育赛事通过电视、网络实现了全球性的传播，运动项目市场走向国际化路线。以职业体育联盟为例，越来越多的职业俱乐部和体育联盟在海外设办事处，到海外举办各种商业性比赛，招募和引进外籍球员和教练员，以开拓其体育产品市场。国际管理集团（IMG）等著名中介公司通过跨国经营开发全球的体育市场。IMG 作为全球最大、业务范围最广和一心一意为体育和娱乐事业工作的营销和管理公司，目前在全球 20 多个国家设有 60 多个办事处，体育业务包括体育赛事的策划、体育市场开发的咨询等。随着全球化的发展，运动项目市场必将走向国际化路线。

第二章
足球项目市场特征

第一节　足球项目概况及市场分析

一、足球项目概况

（一）足球运动的概念

足球，外文名 Football、Soccer，有“世界第一运动”的美誉，是全球体育界最具影响力的单项体育运动。标准的足球比赛由 2 队各派 10 名球员与 1 名守门员，共 11 人，在长方形的草地球场上对抗、进攻。比赛目的是尽量将足球射入对方的球门，每射入 1 球就可以得到 1 分，当比赛完毕后，得分最多的一队胜出。如果在比赛规定时间内得分相同，则须依比赛章则，通过抽签、加时再赛或互射点球等形式分高下。足球比赛中除了守门员可以在己方禁区内利用手部接触足球外，球场上每名球员只可以利用手以外的身体其他部分控制足球（开界外球例外）。

（二）足球运动基本特征

1. 整体性

足球运动的整体性特征是由其竞技性质和比赛要求所决定的。足球比赛是以每队 11 人上场参赛的集体球类项目，场上 11 人虽位置、职责、分工不同，但必须按照既定的战术策略和要求协同一致，形成一个严密的整体，做到目标、思想、行动“三统一”，攻则全动，守则全防，只有形成整体的攻守，队伍才有战斗力，才能取得比赛的主动权。

2. 对抗性

技术、战术、身体、心理等因素的综合对抗和全面较量是当今足球比赛的显著特征。

足球比赛以控球权的争夺为焦点，始终贯穿着进攻与防守、制约与反制约、限制与反限制的激烈对抗。据统计，一场高水平足球比赛双方攻守转换接近300次，一半以上的技术动作是在强对抗条件下运用或完成的，冲撞抢位、贴身紧逼、倒地铲断、高空争顶等各种形式的对抗越来越多，越来越激烈。

3. 多变性

技术多样、战术多变、胜负难测是当今足球运动的另一特征。全面型足球的问世，打破了运动员职责范围的局限性，运动员技战术能力的单一性被全面性所替代，运动员成了比赛场上的多面手，既能攻，又能守。技术的全面化增加了战术的多变性。现今足球比赛，攻守转换快速而频繁，运动员位置和职责随着比赛进程的变化而变化，技术的全面提高和多变的战术打法，使比赛充满活力和悬念。

4. 艰辛性

现代足球运动“高速度、强对抗”的比赛特征要求运动员必须具备承受大运动负荷的身体能力。研究表明，一场激烈的足球比赛中，运动员活动距离高达9000～14000米，快速冲刺距离在2500米以上，完成技术动作100余次，运动员心率在180次/分以上时间约有32分钟，氧气消耗超过300升，能量消耗达6279～8372千焦，体重下降2～5千克。

5. 易行性

足球比赛规则简明，器材、设备要求简单，比赛易于开展。一般性足球比赛可以不受时间、人数、场地、器材的限制，足球是一项深受人们喜爱的群众性体育项目。

（三）足球运动发展历程

1. 古代足球

足球是一项对抗性极强的集体竞技项目。这项运动最早起源于我国，我国的蹴鞠是有史料记载的最早的足球活动。《战国策》和《史记》都记录了蹴鞠。前者描述了春秋时期，齐国都城临淄流行蹴鞠活动，“临淄甚富而实，其民无不吹竽、鼓瑟、击筑、弹琴、斗鸡、走犬、六博、蹹鞠者”；后者则记载，蹴鞠是当时训练士兵、考察兵将体格的方式，“蹵鞠，兵势也，所以练武士，知有材也”（注：蹹鞠、蹵鞠即蹴鞠）。

汉代蹴鞠是训练士兵的手段，制定了较为完备的体制。如专门设置了球场，规定为东西方向的长方形，两端各设6个对称的“鞠域”，也称“鞠室”，各由一人把守。场地四周设有围墙。比赛分为两队，互有攻守，以踢进对方鞠室的次数决定胜负。

经过汉代的初步流行，唐宋时期蹴鞠活动达到高潮，甚至出现了按照场上位置分工的踢法。唐代蹴鞠已有多种方式，有比赛颠球次数的“打鞠”，有场地中间挂网、类似网式足球的“白打”，有多人参与拼抢的“跃鞠”，还有设立球门的比赛，这种方式每队有一定人数和固定位置，规定队员只能在自己的位置上踢，不能移动。日语及韩语中仍可见称足球为“蹴球”的用法，便是受到我国的影响。

南宋《武林旧事》曾列出了“筑球三十二人”竞赛时两队的名单与位置，“左军一十六人：球头张俊、跷球王怜、正挟朱选、头挟施泽、左竿网丁诠、右竿网张林、散立胡椿等；右军一十六人：球头李正、跷球朱珍、正挟朱选、副挟张宁、左竿网徐宾、右竿网王用、散立陈俊等”。这被认为是历史上的第一份足球“首发名单”。

从春秋时期到元明时代，蹴鞠经历了发展到高潮的过程，但到了清代，这项活动却走向衰落。

据说，希腊人和罗马人在中世纪以前就已经玩一种足球游戏。他们在一个长方形场地上，将球放在中间的白线上，用脚把球踢滚到对方场地上，当时称这种游戏为“哈巴斯托姆”。

2004 年 7 月 15 日，在北京展览馆举行的第三届中国国际足球博览会，纪念国际足联百年华诞的特别活动，时任国际足联主席的布拉特向全世界郑重宣布，足球最初起源于中国，并由亚足联秘书长维拉潘颁发确认纪念证书。

2. 现代足球运动

英国是现代足球运动的起源地。据说在 11 世纪，英格兰与丹麦之间有过一场战争，战争结束后，英国人在清理战争废墟时发现一个丹麦入侵者的头骨，出于愤恨，他们便用脚去踢这个头骨，一群小孩见了便也来踢，不过他们发现头骨踢起来脚痛，于是用牛膀胱吹气来代替它——诞生了现代足球。

12 世纪初，英国开始有了足球赛。比赛是娱乐活动，1 年 2 次，一般在 2 个城市之间举行。到 19 世纪初期，足球运动在当时欧洲及南美洲一些国家，特别是在资本主义国家之一的英国已经相当盛行。

1848 年，足球运动的第一个文字形式的规则——《剑桥规则》诞生了。所谓的《剑桥规则》，即在 19 世纪早期的英国伦敦，牛津和剑桥之间进行比赛时制定的一些规则。

1862 年，在英国诺丁汉郡成立了世界上第一个足球俱乐部。1863 年 10 月 26 日，在英国又成立了第一个足球协会（英足总），并统一了足球规则，人们称这一天为现代足球的诞生日。这次制定的足球规则共 14 条，是现今足球规则的基础。从 1900 年的第 2 届奥运会开始，足球被列为奥运会正式比赛项目，但它不允许职业运动员参加。1904 年 5 月 21 日，国际足联在法国巴黎成立。1930 年起，每 4 年举办 1 次世界足球锦标赛（又称世界杯足球赛），比赛取消了对职业运动员的限制。

1989 年，国际足联开始正式把五人制足球纳入管理范围，成为其主管团体。

（四）足球运动管理机构

1. 国际足球联合会

国际足球联合会（Fédération Internationale de Football Association，FIFA），简称国际

足联，是足球运动项目的最高管理机构，由比利时、法国、丹麦、西班牙、瑞典、荷兰和瑞士倡议，并于1904年5月21日在法国巴黎成立。国际足联现有会员211个，是国际单项体育联合会总会成员。其工作用语为英语、法语、西班牙语和德语，如有语言冲突时，以英语为准。国际足联下设位于欧洲、亚洲、非洲、中北美洲及加勒比海地区、南美洲、大洋洲的6个地区性组织，其总部于1932年由法国巴黎移至瑞士苏黎世。

2016年2月26日，因凡蒂诺当选国际足联主席，系历史上最年轻的国际足联主席。

（1）国际足联主要负责的赛事

国际足联世界杯（1930年开始，4年1届）；国际足联U－20世界杯（原可口可乐杯赛，1977年开始，2年1届）；国际足联U－17世界杯（1985年开始，2年1届）；国际足联女足世界杯；国际足联U－20女足世界杯；国际足联U－17女足世界杯；国际足联俱乐部世界杯；国际足联五人制世界杯；国际足联沙滩足球世界杯。

此外，国际足联作为国际奥委会的单项体育联合会成员，协助国际奥委会组织奥运会足球项目比赛（4年1届）以及青年奥运会足球项目比赛。

（2）国际足联的职能与主要营销手段

①职能。促进足球运动的发展；通过组织各级（业余、非业余、职业）比赛及其他手段促进协会会员、官员和运动员之间的友好往来；贯彻联合会的章程、代表大会决议和比赛规则；禁止种族、政治和宗教信仰歧视。

②主要营销手段。世界杯是国际足联的主要营销手段，有巨大的观众群体，通过门票、电视转播权、赞助、交易而获得巨额经济收益。此外，部分经费来自会费和参赛报名费。国际足联的正式刊物是《足联新闻》，每月一期，内容包括编辑部文章、裁判问题分析、协会会员消息、研究成果、比赛成绩、各委员会和代表大会的总结，以及国际比赛的进展、比赛日程及其信息等。

2. 我国足球管理机构——中国足球协会

中国足球协会是我国足球运动的管理机构，简称中国足协。它是亚洲足球联合会及国际足球联合会的成员、全国性群众体育组织、中华全国体育总会的团体会员。1955年，中国足球协会成立，总部设在北京，最高权力机构是全国代表大会。

①中国足球协会的组织。主席会议是执行机构，处理日常工作。其下设道德与公平竞赛委员会、纪律委员会、仲裁委员会、新闻委员会、技术委员会、裁判委员会、青少年委员会、运动员委员会等专项委员会。

②中国足球协会的职能。研究制定足球的发展规划、计划和方针政策；负责和指导本项目俱乐部的建设和后备人才的培养，管理本项目的各级国家队；研究制定并组织实施本项目的全国竞赛制度、竞赛计划、规划和裁判法；组织教练员、裁判员培训；组织科学技术研究，提高训练水平；制定足球场地标准，推动足球器材的研究、发展；开展国际交往和技术交流。

（五）足球运动重要赛事

1. 国际足球赛事

国际足球赛事主要有世界杯、欧洲足球锦标赛、美洲杯、亚洲杯、奥运会、世青赛、U17 世界杯等。

2. 职业足球联赛

英格兰足球超级联赛，简称英超；西班牙足球甲级联赛，简称西甲；德国足球甲级联赛，简称德甲；意大利足球甲级联赛，简称意甲；法国足球甲级联赛，简称法甲；欧洲冠军联赛，简称欧冠；世界俱乐部杯，简称世俱杯，目前我国广州恒大俱乐部已代表亚洲参加过两次世俱杯；欧洲其他国内联赛亦有葡萄牙足球超级联赛、俄罗斯足球超级联赛、乌克兰足球甲级联赛、荷兰足球甲级联赛等；其他各洲足联直接下属足球顶级赛事亦有南美解放者杯（Copa Libertadores）、亚洲冠军联赛（AFC Champions League）、非洲冠军联赛（CAF Champions League）、中北美洲及加勒比海冠军联赛（CONCACAF Champions League）、大洋洲冠军联赛（OFC Champions League）等。

二、足球项目市场分析

作为世界第一运动的足球以其独特的魅力把触角伸向我们生活的方方面面。从纵向来看，足球产业与纺织、皮革、建筑、交通、饮食、信息、通信等产业相联系；从横向来看，足球产业又可以分流文化娱乐业中其他产品的消费，为消费者提供更多的选择，从整体上增加消费总量。足球产业作为一项新兴的产业正在经济生活中发挥着越来越重要的作用。足球市场的形成和发展不仅有助于本国本地区足球水平的提高，还可以推动本国本地区经济的快速发展，实现足球市场的经济效益和社会效益并举，并成为国家经济的一个新型增长点。

当足球运动真正“滚入”市场以后，市场经济规律便成为其转动的支点，而足球市场本身则充分反映出时代的经济特征。

足球市场的特征如下。

①受众广，自身特点决定了市场的广泛性。

②全球化，足球项目的全球化促进了市场的规范性。

③足球市场的成熟化道路为其他项目提供了借鉴意义。

④球员流动性强，促进了球员转会交易的频繁化，在一定程度上促进了足球的发展。

（一）足球市场需求

足球市场的广阔造就了品类繁多的各种商品，以及与之相关的各类周边产品，既包括各类赛事的举办、赛事的服务等，也包括运动员的球衣、球鞋等运动装备，以及提供给广大球迷的球队围巾、背心和纪念相册等特许经营商品。足球项目这个潜力巨大的市场的目标受众往往是宽泛的，既有专业的足球爱好者，也有数量庞大的球迷群体，还有各类培训基地和学校等。除足球运动装备和一些特许经营类的足球产品外，专业的足球产品，如标志杆、标志桶、分队背心等具有一定使用周期的耗材类产品，也无形中加大了足球市场的需求量。

在足球赛事的市场需求方面，观众对赛事的观赏需求日益增加，对赛事服务质量的要求也日益提高。各大赛事根据自身文化特色及市场需求，也在不断完善自身体制机制，为消费者不断提供视觉盛宴。

（二）足球市场结构分析

足球业自身的服务行业分为3大部分，分别是足球协同服务市场、彩票市场和足球消费服务市场。为足球业服务的各种行业包括中介市场、足球用品市场、咨询市场。（图2－1）

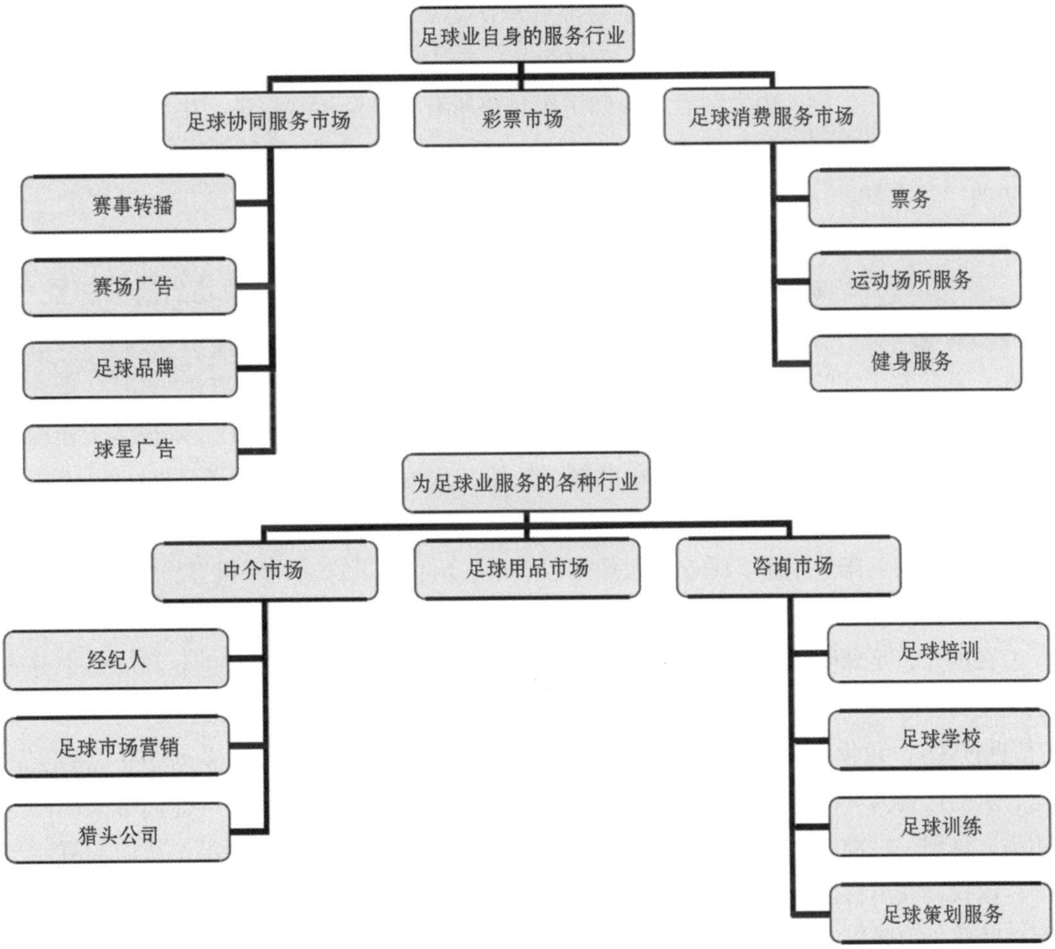

图2－1　足球市场体系架构图

1. 足球协同服务市场

足球协同服务市场分为 4 个市场，包括赛事转播、赛场广告、足球品牌和球星广告等。

（1）赛事转播

在国外，足球俱乐部收入中电视转播权收入一般能占到四分之一甚至一半，成为产业经营的主要项目。电视转播经营引入竞争机制，打破垄断经营，开拓有线、无线和收费电视网络，确定电视转播的权属问题，在统一经营开发的前提下，鼓励竞争，分层分块经营开发。中央电视台（简称央视）在中国的电视转播市场处于主导地位，由它转播球赛。2015 年，中超公司股东代表经过投票，决定将体奥动力（北京）体育传播有限公司以 5 年 80 亿元的价格作为 2016—2020 年中超联赛电视公共信号制作及版权征集项目的优先谈判单位。这让中超成为欧洲 5 大联赛之后，转播费用最贵的足球联赛。

（2）赛场广告

比赛场地的广告经营是足球产业发达国家职业足球俱乐部的重要内容，国外俱乐部对广告开发注重的是长远目标，比赛冠名和球队冠名不会经常变换，并且注重自己俱乐部品牌效应的开发，对本俱乐部的标志性产品广告比较重视，注重树立自己的品牌效益。我国足球赛场广告收入中大约有 2/3 归中国足协所有，涉及运动服装、牛奶、数码产品、汽车、轮胎等，而剩下的为数不多的归俱乐部所有，并且规定俱乐部的广告不得和中国足协的广告重复。

（3）足球品牌

国外足球品牌的创建已经产生了巨大的效益。俱乐部品牌创建成功的例子很多，以品牌创建最成功的曼联为例。2007 年，出现了一次品牌革命，格雷泽尔收购曼联之前，球迷一直耿耿于怀的一件事情是：俱乐部的名字被改成了“曼联公共有限公司”，队徽上见不到“足球俱乐部”的字样了。当时在俱乐部工作的 500 名员工中，以球队工作为主的只有 50 人，剩下的人做的事情和世界上任何一家商业公司没有什么不同：出售“曼联”这个足球圈里最值钱的品牌，除了买到和足球有关的东西，还可以买到所需的任何一样生活用品：床上用品、睡衣、录像带、书籍、玩具、圆珠笔、手机套、扑克牌等。

（4）球星广告

在国外，足球明星成为商家与消费者进行交流的理想载体。著名企业和公司十分看重球星的广告效应，对足球明星广告的开发可谓是五花八门，涉及服装、体育用品、IT（信息技术）、化妆品、皮革等众多行业。例如，齐达内成了迪奥香水系列中一款男士古龙香水的代言人。商家们在支付大笔的广告费用的同时也尝到了球星给他们带来的巨大甜头，得到了巨额的回报。国外俱乐部往往采用巨额资金买入足球巨星，从而拥有巨星的肖像权，在出售偶像产品的同时，从广告中提取巨大的利润，还可以吸引赞助商。意甲球队佩鲁贾曾以 500 万美元买入日本球星中田英寿，一举打开日本市场，无论是电视转播、相关用品销售，还是当地旅游业都获得了巨大利润。

由于我国足球运动水平低的现状，世界级的足球明星几乎没有，我国球员广告代言少之又少。和国外比较，我国在足球明星的广告领域还处于萌芽阶段，只有极少数足球明星曾经拍过广告。国内联想集团曾于 2006 年 4 月底签约球星罗纳尔迪尼奥作为自己全球的形象代言人，这是中国 IT 企业第一次和外国足球巨星合作。

2. 彩票市场

（1）起步与发展

根据国际彩票联合会提供的材料，世界足球彩票销售的主要市场在欧洲，继英国之后，瑞典、意大利、法国、德国、西班牙等国家分别在 20 世纪三四十年代开始发行足球彩票。足球博彩活动起源于 1922 年的英国，与现代职业足球联赛密切相关，以足球为内容的博彩范围比较大，但以足球联赛为中心的足球彩票一直是足球博彩活动的主体。全世界已经有 120 个国家和地区开展了博彩业。我国足球彩票于 2001 年 10 月 22 日在北京等 12 个省市试点，正式发行。我国足球彩票发行与欧洲国家相比在时间上有近百年的差距，但发行初期的发展势头迅猛，短短 6 个月的时间里风靡大江南北。

（2）管理与法制

我国足球彩票由政府主办，下设彩票管理中心，根据财政部批准，采取全国统一联网方式发行。国家对足球彩票发行实行监督和检查；国家对足球彩票发行采取一系列优惠政策，使足球彩票在社会生活中处于公认合法的地位。足球彩票的获准发行，标志着国务院和财政部对足球彩票发行工作的首肯，标志着足球彩票率先纳入国际运行轨道。同时，足球彩票的发行，对于打击私彩赌博起到了较大的作用。2001 年，《中国足球彩票发行与销售管理办法》发布。暂时没有相关的法律对足球彩票的性质宗旨、制作销售、组织机构、资金管理、财务制度等做出明确规定，把足球彩票发行纳入法制轨道。国外的足球彩票管理机构是国家彩票管理中心，通常隶属于奥委会等体育相关职能部门，机构设置明确、完善，行政、技术、市场、开发均受专门的立法督察部门监管，并严格通过法律进行管理，同时也受到法律的监督与保护。

（3）资金配置

我国足球彩票按国家规定奖金返还比例为 50%，发行管理费为 15%，公益金的比例为 35%，其用于支持国家和社会公益事业，对中奖者征个人所得税。在国外，足球彩票收益分配通常集中在奖金、公益金和管理费用等方面，如巴西 45% 用于返还奖金，37.7% 作为公益金，17.3% 作为管理费用。国外公益金的比例相对较高，这样发行足球彩票的收益用于公益事业的资金较多；另外，国外对于资金的分配相当明朗，每笔资金的去向都有规定，并有法律做监督保障；政府对足球彩票直接征税，中奖者不需再缴纳个人所得税。

（4）足球彩票的玩法与竞猜对象比较与分析

国外足球彩票的发行主要以本国的职业联赛为竞猜对象，而我国足球彩票的发行没有以国内的联赛为竞猜对象，而是以国外的联赛为竞猜对象，并不能称为真正意义上的足球彩票，同时把公众的注意力吸引到国外，这就大大降低了大家对国内联赛的关注度。我国足球彩票中奖等级少、玩法上有一些不合理，不利于我国足球运动的发展。

国外的足球联赛比较完善，整体竞技水平较高，加上发达的足球产业，足球运动比较普及，有着广泛的群众基础。长期以来，群众已经将足球融入生活，成为习惯，不能分割。球迷用买自己球队胜利的彩票来表达对球队的支持，球队勇往直前是他们最大的快乐，没能拿到大奖也心甘情愿。球迷与彩迷对足球彩票的鼎力支持，促进了足球彩票的发展。我国足球联赛不完善，整体竞技水平不高，足球运动普及不够，群体对待足球的热情不高，往往是凑热闹的心理，一些球迷对足球联赛中的裁判员、球员水平等信任度降低，渐渐流失。人们在关注足球彩票时，与其说关注足球事业，不如说是受到重金的吸引，使自己的智慧、才能在娱乐游戏中得到表露、发挥，或者利用机会游戏尝试自己的运气，足球彩票能使人们的争强好胜和投机心理得到满足。甚至，有人将足球彩票与赌博相提并论，这不利于足球彩票乃至足球产业的健康发展，这与国外的情况形成了鲜明的对比。

从以上与足球发达国家足球彩票业的对比分析可以看出，第一，我国足球彩票起步较晚，与欧美国家相比发展滞后；第二，我国足球彩票资金配置比例用于公益事业的比例较小，且没有量化的分配与明确资金的详细去向；第三，我国足球彩票缺乏法律的管理与保护，我国现行的体育管理体制也制约了足球彩票的发展；第四，我国足球彩票玩法与竞猜对象的选定，不利于促进我国足球运动水平的提高；第五，我国群众对待足球彩票、对待我国足球运动的思想意识有待转变，忽视了足球彩票对足球联赛乃至足球运动的推进作用。

3. 足球消费服务市场

（1）票务

欧美职业足球俱乐部的收入来源主要有三大支柱，即门票、广告和赞助、电视转播费。其中，门票收入占总收入的 45% ~50%，是俱乐部主要的收入来源。以英超俱乐部为例，在门票销售的策略上，英超俱乐部讲求良好的服务，其售出 3% ~5% 为客队球迷预留票。俱乐部的这种门票销售策略保证了俱乐部有着稳定而庞大的足球消费群体。（图 2 -2）

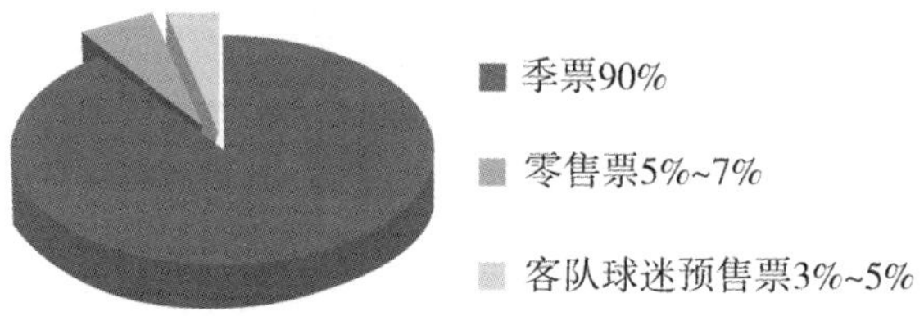

图 2 -2　英超俱乐部门票销售情况图

与国外比较，我国职业足球联赛各俱乐部门票平均收入水平不高，门票收入只占到全面收入的30%，这种门票收入上的差距显然与上座率有必然的关联。以国安足球俱乐部为例，每赛季售出的季票只占到了30% ~33%，17% ~20%为零售票，其余大多数为关系赠票，因而门票销售很难成为俱乐部收入的主要来源。这种现状与我国足球水平和联赛质量以及人为因素的影响有关。（图2－3）

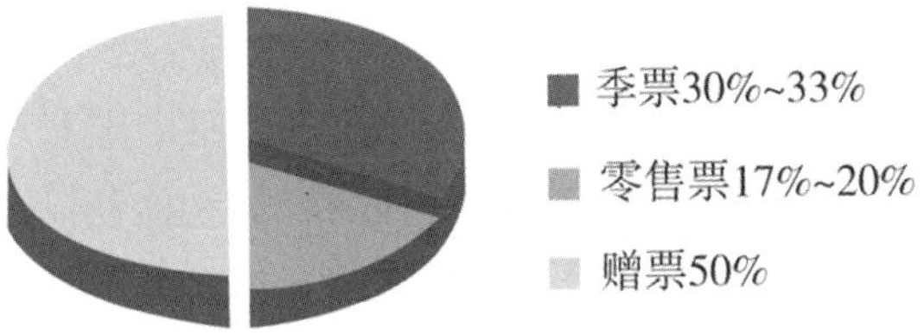

图2－3　国安足球俱乐部门票销售情况图

欧洲职业足球俱乐部门票定价的策略灵活，根据自身的发展情况和市场的需求调整票价上涨和下调的幅度，为不同层次和需求的消费群体提供了合理的价格。以意甲的罗马队为例，以较低的门票价格吸引观众，平均每场观众人数达到5万人，每人仅花12英镑就能欣赏到托蒂、小曼奇尼、皮萨罗的表演。此外，俱乐部把球票经营和体育场馆的经营相结合，体育场馆的维护和扩建都是为球迷服务，如英超最大的体育场——温布利大球场的维护和扩建，既增加了球迷站票区，也为高层人士和巨贾富商准备了豪华的观球包间区。

与国外比较，我国足球联赛的门票价格制定策略缺乏灵活性，门票的类型比较少，特别是没有设置站票，同时关系票、人情票过多，以及对扰乱票务市场的黄牛打击力度不够，导致我国联赛票务市场不规范，给俱乐部带来了巨大损失。

（2）运动场所服务、健身服务

近年来，随着“花钱买健康”的体育消费意识不断深入人心，我国健身市场也取得了进步和发展，体育训练培训市场蒸蒸日上，辅导站、俱乐部正吸纳越来越多的人参与体育健身娱乐。年人均支配收入6000美元以上的发达国家，体育健身娱乐消费为400美元左右。美国1988年消遣性与参与性体育产值达228亿美元。西班牙私人俱乐部会员月会费30~160美元不等，一般工薪阶层均能接受；美国健身中心年票为300~1000美元，参加活动的人十分踊跃。1996年，日本经济学家也正治雄的研究结果表明，体育休闲市场发展水平及市场结构与人均可支配收入的增长基本成正相关。

我国部分足球场地，如学校、体育场、俱乐部里的足球场向群众有偿开放，但是因为足球场地面积较大，草场的管理成本较高，所以场馆的开放有限，俱乐部一些条件较好的场地收费较高，普通人群承担不起。同时，足球又是集体项目，需要多人共同参与。

所以，在人们对健身消费投资时，足球没有占主要部分。2007 年，我国吸取了国外对体育服务的先进标准和先进经验，开始对健身场所服务进行认证，但主要集中在器械、瑜伽、健美的运动场所服务上，对足球运动场所服务的认证提法不多。这也反映了我国足球运动场所服务没有受到人们的注意。

4. 咨询市场

关于足球咨询市场的比较研究，我们从足球培训、足球学校、足球训练、足球服务策划4 个方面比较分析。通过对德国、日本、英国、法国等足球强国的足球培训体系的研究发现，目前国际上对足球教练员的培养都十分重视，每个国家都有一套适合自己国情的严格的培训和晋级制度，但足球教练员的培训内容却大体相同，即培训内容已不仅仅局限于踢球本身，涉及的学科越来越多。从初级到高级的教练员培训已成整体化、一致化、系统化。足球发达国家的球员训练多在俱乐部里进行，有良好的硬件条件，也有受过良好培训的专职教练员进行指导，整个国家的足球氛围较好，受到政府、财团、民众的全面支持。球员在俱乐部训练，在学校读书，训练、学习两条线进行。他们不仅受到严格系统的训练，还很注重个人修养的培养。他们知道维护自己的形象，否则无论是在公众当中还是在球队内都没有市场，还要受到新闻界的批评。而教练员在惩罚球员方面所能做的事情就是不让他上场比赛。极少数违规违纪现象严重的球员，将会立刻受到相应的处罚，直至开除。俱乐部对球员的管理十分严格，虽然也存在着球员不遵守纪律、不服教练员管、不好好训练的现象，但很少见。

我国一直在学习国外先进的培训体系，目前我国足球教练员的培训已与亚足联接轨，实行了 C 级、B 级、A 级和职业级教练员的培训体系。我国足球教练员培训体系已逐步走向规范化、系统化、制度化和国际化。

当前我国的体育场地、设施还达不到要求，由青少年自发组织进行足球活动从安全上还得不到保证。在我国足球训练中，训练水平受到足球培训的不发达与不完善的影响。在我国的国情与教育管理体制的影响下，足球学校存在高收费、粗放型经营管理的问题，足球学校没有能力负担队员的文化课教育，足球运动竞争残酷，淘汰比例较大，留下的队员只是少数的，淘汰队员的安置为社会带来了负担。在足球产业化、国际化的冲击下，我国足球在发展过程中，训练与管理的关系还需要进一步协调。在我国的训练管理体制、文化背景下，套用国外教练员的先进理念，冲突不可避免，也成为足球训练中的焦点。随着足球环境的整体下滑和足球培训体制种种弊端的暴露，众多足球学校、业余俱乐部纷纷解体。

服务策划在我国兴起得较晚，但是发展速度较快。我国体育服务策划市场发展较快，不少体育服务策划公司进行了注册，并已经初具市场规模，逐步走上了正轨。但受到我国服务策划的发展规模、公司的营销理念与从业人员的专业素质等因素的限制，业务局限于中小规模的体育比赛，如学校范围的、企业间的体育比赛。大型的、专门的足球赛事，还是由足球专管部门在组织，与国外相比还存在差距，同时我们也应看到在这个方面我国还有很大的提升空间。可见，足球训练与培训是足球市场的基础所在。与足球发达国家相比较，我国的教练员培训还应该侧重于多渠道、多层次、多形式的开展，加强职业道德、竞赛意识、科研意识的引导，重视教练员的能力，促进训练水平的提高。我国服务策划业需要加大规模，提高相关人员素质，推动足球产业的发展。足球咨询市场的现状制约了我国足球运动水平的提高，反之，我国足球运动水平的提高也将促进足球咨询市场的发展。国外相对成熟的培训、训练管理需要我们学习与借鉴，但是更要结合我国的国情。足球运动水平上不去，暂时飞速发展、繁荣的产业、市场也只是“海市蜃楼”。

5. 足球用品市场

体育用品产业和市场作为体育产业和市场中规模较大、发展较好的产业和市场，兴起于20世纪50年代。在世界体育用品领域中，西方国家占据大部分市场，但我国的体育用品市场占有率逐年增加。体育用品业是我国体育产业的排头兵，我国也是全球体育用品最大的生产基地，国际市场上大部分体育用品在我国制造，我国已成为世界上最大的体育用品加工基地。

我国对体育用品的分类尚没有统一。从总体上讲，我国体育用品分类过细，分类与分类之间不够明确，这些分类的目的主要用于商业，整个分类不能体现出足球用品的特点。在本研究中，对我国体育用品产业的研究将主要聚焦于运动服装与运动鞋两个子行业。

国外体育用品制造商将足球用品作为主要部分来做，产品结构专业、齐全，设计新颖独特。他们在注重款式的同时，更加注重科技投入与文化理念的传播在营销中的作用。体育用品进入市场的同时，他们就疏通了国际市场的渠道，并保证渠道的畅通，对技术的知识产权保护意识较强；企业规模大，涉及全球各大洲，但是实行集中管理。在注重产品技术与销售的同时，国外企业大力宣扬企业文化、理念，看准市场，大力着手于运动员与青少年，实施攻心营销战略。尽管价格不菲，但高端、优质的产品与超前、合理的营销策略，使某些国外品牌在大洋彼岸的中国取得了飞速进展，成为足球用品市场中的经典。

与世界著名品牌相比，我国的足球用品市场中本土企业有着明显的差距。我国足球产业起步较晚，相应的足球用品市场也是起步阶段。足球用品仅以价格低廉维持了部分消费群体。不论是科技含量还是附加值，我国与体育用品生产发达国家相比还有差距。根据各家发布的2017年度中期报告，从市场、营收、净利润和毛利等几方面数据看我国四大运动品牌上半年的表现（图2-4），在市值方面，安踏以853.53亿港元稳坐我国第一体育用品公司的宝座，是李宁的6.66倍、特步的13.83倍、361°的13.85倍，但是与世界巨头品牌相比还有些差距。因此，我们不得不重视我国足球用品市场的现状，找出差距，寻求出路。

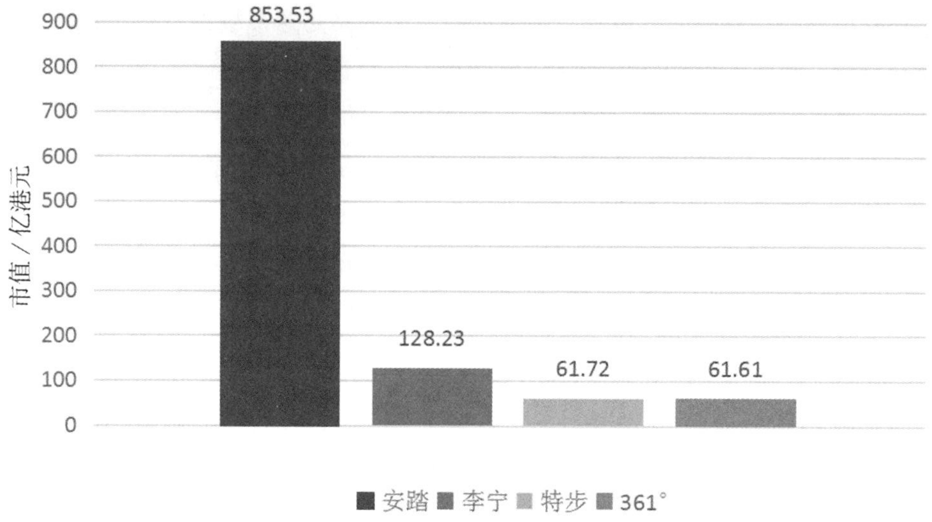

图 2－4　2017 年我国体育运动品牌市场统计情况

与国外足球用品市场相比较，我国足球用品模仿、跟随国际潮流的发展，但自身科技含量不高，产品结构有待调整与丰富，知识产权意识需要加强。同时，营销的手段与战略需要与国际接轨，保证国际市场营销渠道的畅通。最后，我国足球用品生产企业规模小，管理分散，科技开发不被重视，缺乏创新能力。

6. 中介市场

足球经纪人源于西方，最早出现在 19 世纪末 20 世纪初的英国，到 20 世纪 70 年代，随着足球活动价值得到迅速提升，足球经纪人得到了飞速的发展。我国足球经纪人是随着 20 世纪 90 年代初我国体育体制和运行机制进行社会化和产业化的改革，把部分项目推向市场而产生和发展的。截至 2021 年 1 月，中国足球协会公布我国共有 98 名足球经纪人，与欧洲足球发达国家相比，我国足球经纪人产生较晚且在数量上还有差距（表2－1）。究其原因是欧洲足球职业化历史时间长，职业化、产业化程度高。相反，我国的职业联赛水平以及本国球员的水平低，外国球员来华淘金者以及我国球员去国外淘金者也较少，对足球经纪人的需求就少，这主要受我国的足球环境制约。

表 2－1　足球经纪人情况表

国家	西班牙	意大利	英格兰	德国	法国	巴西	中国
人数	333	319	292	137	136	119	98

国外的足球市场已经相当的完善，俱乐部对有形资产和无形资产的开发并重。职业足球俱乐部的有形资产包括一切所有权属于俱乐部的场地、器材设施等。国外职业俱乐部对体育场地的开发有很多值得我们借鉴之处：出租场地、举办比赛、举办大型活动、

在非比赛日为来自世界各地的旅游者开放等都是俱乐部的开发内容。职业俱乐部的无形资产包括冠名权，冠杯权，会徽、队徽、吉祥物等标志使用权，电视转播许可权，场地广告牌和队服广告许可权，球星广告权等。国外俱乐部对无形资产的开发收到了巨大的回报。例如，2018—2019 年度拜仁慕尼黑俱乐部营收增幅为 14.1%，达到 7.504 亿欧元，在比赛和电视转播收益方面的收入取得增长，赞助费用也创了纪录。俱乐部经营有俱乐部标志的饮料、糖果、服装、食品、纪念品等五花八门的商品，一年仅队服就出售 60 万套。

需要特别指出的是，与国外足球俱乐部相比较，我国足球俱乐部缺乏相应的营销策略，由于无形资产的经营受到发展环境的制约，无形资产的开发程度低，俱乐部大多停留在球队冠名、主场经营权等极其狭窄的经营开发项目上，忽视了建立在俱乐部整体基础上更广泛的无形资产资源的开发。

第二节　足球项目市场运营

一、世界杯市场运作分析

世界杯的市场开发是成功举行世界杯的重要条件，它不仅可以提供世界杯所需的资金，还可以提供世界杯的技术支持，因此，人们将目光集中在世界杯营销活动上。“一切足球的狂欢，都将以足球的名义开始，以经济的计算结束，这才是全部意义上的世界杯。”4 年一度的国际足联世界杯是足球赛事中当之无愧的第一赛事；同时也是国际足联“疯狂敛财”和“日进斗金”的盛宴。以近四届世界杯为例：

2006 年德国世界杯：共投入 16 亿美元，东道主盈利 1.3 亿美元，国际足联收益 28.9 亿美元。

2010 年南非世界杯：共投入 40 亿美元，东道主收支平衡，国际足联收益 39.3 亿美元。

2014 年巴西世界杯：共投入 110 亿美元，东道主收益不明，国际足联收益 48 亿美元。

2018 年俄罗斯世界杯：共投入 132 亿美元，东道主官方预测未来 10 年内收益 310 亿美元，国际足联收益 61 亿美元。

（一）世界杯资金支出方向与盈利渠道

世界杯资金支出方向包括球队奖金、组委会、电视设备、营销费用、公益基金和其他方面。世界杯盈利渠道包括媒体版权、商业合作、纪念品、门票、招待特权等方面。

（二）世界杯足球赛市场开发战略——以 2018 年俄罗斯世界杯为例

国际足联的收入主要有转播权销售、厂商赞助、与世界杯相关的产品销售。国际足联从多个方面对 2018 年俄罗斯世界杯市场进行开发，分别是转播权销售、厂商赞助、与世界杯相关的产品销售、门票出售等。俄罗斯世界杯就像个印钞机，给国际足联带来了丰厚的利润。据报道，国际足联主席詹尼・因凡蒂诺在该组织举行的莫斯科会议上表示，2015—2018 年，该组织的收入达到 61 亿美元。而此次俄罗斯世界杯的总收益比国际足联预计的高 10%，比 2014 年的巴西世界杯带来的收益多 13 亿美元，创历史新高。俄罗斯世界杯出售转播权收入增长了 2%，获得的赞助比原计划多了约 2 亿美元，赞助费收入增长了 14%。此外，国际足联还扩大了与我国的合作，2018 年俄罗斯世界杯 20 个赞助商中，有 7 个来自我国。

1. 转播权的出售

1954 年，瑞士世界杯开辟了电视转播世界杯足球赛的先河。在国际奥委会进行商业化改革的同时，国际足联也在阿维兰热的领导下，开始发掘足球运动的商业特性，促使国际足联进入了一个飞速发展时期。20 世纪 70 年代初期是足球运动职业化的迅速发展时期，需要庞大的资金做保证，电视转播权问题自然而然成为国际足联考虑的重点问题。

世界杯在收视率方面稳居世界体育赛事收视率之首，超过了其他所有的主要赛事，包括奥林匹克运动会。2018 年俄罗斯世纪杯电视直播（含开闭幕式），在 52 个中心城市中吸引超过 1 亿观众，占总电视观众的 45%，每个观众平均每日收看 70 分钟的世界杯直播赛事。

转播权销售一直是国际足联稳固上升的收入来源。据官方数据显示，2018 年俄罗斯世界杯全球电视转播收入超过 27 亿美元，而此前的 2014 年巴西世界杯电视转播收入有 24 亿美元。

以我国为例，在国际足联授权下，央视享有 2018 年俄罗斯世界杯决赛阶段比赛中国大陆地区电视、广播、新媒体转播权和分授权权利，以及视频点播权、音频点播权及其转授权等权利，期限为 2018—2022 年。在垄断世界杯各项转播权多年之后，央视这一次终于选择了放手，愿意跟新媒体分销自己的版权，借此优酷也成了国内三家主流视频平台——“优爱腾”中唯一拥有本次世界杯直播权的平台。2018 年 5 月 29 日，优酷正式对外宣布成为 2018 年俄罗斯世界杯央视指定新媒体官方合作伙伴，并拿到 2018 年俄罗斯世界杯包括赛事直播、视频点播、赛场花絮等多项权益。而就在优酷拿下该届世界杯新媒体版权的一周前，中国移动旗下咪咕以 10 亿元人民币的价格，成为 2018 年俄罗斯世界杯新媒体及电信传输渠道指定官方合作伙伴。

2. 厂商赞助广告权的销售

经过共 21 届世界杯赛事的举办，赛事广告的开发在吸引众多赞助商的同时，也增加了赛事的收入。世界杯赛事广告也逐渐从赛事兴起阶段单一的场地广告发展为专利广告、活动广告、印刷品广告、延伸产品广告、赛场虚拟广告、地毯广告、全场广告等。

国际足联将赞助商分为三级。其中第一级为国际足联的合作伙伴，将会出现在国际足联组织的全部大型赛事中，相比 4 年前的巴西世界杯，2018 年俄罗斯世界杯新增万达、俄罗斯天然气公司和卡塔尔航空 3 个一级赞助商，阿联酋航空和索尼不再是国际足联合作伙伴。二级赞助商作为单届世界杯的合作方，2018 年俄罗斯世界杯 5 家二级赞助商中，我国企业数量增加至 3 家（海信、蒙牛、vivo），凸显国内企业对本届世界杯的重视。三级赞助商由区域品牌支持，我国的雅迪、指点艺境、帝牌成为俄罗斯世界杯的区域赞助商。2018 年俄罗斯世界杯期间，各国企业投入的广告费用共 24 亿美元。其中，我国企业世界杯期间的广告支出达 8.35 亿美元（约合 53 亿元人民币），超过美国的 4 亿美元，更远高于东道主俄罗斯的 6400 万美元，全球排名第一。与 2014 年巴西世界杯相比，2018 年俄罗斯世界杯上，我国赞助商从 1 家增至 7 家，并涵盖从顶级到区域赞助的三级赞助级别，在世界杯赞助体系创数量和赞助金额的新高。第一和第二级别的赞助由国际足联负责招商，万达在 2016 年斥资 1.5 亿美元（约合 9.5 亿元人民币）拿下国际足联一级赞助商，在 4 届世界杯（2018、2022、2026、2030）里享有国际足联旗下所有赛事的全部广告权与营销权。在万达集团之前，国际足联的顶级赞助商有可口可乐、俄罗斯天然气、现代起亚和 VISA（维萨）等。海信、蒙牛、vivo 则成为二级赞助商，占据了这一级别赞助商总数的 60%。尽管我国足球队无缘亮相俄罗斯世界杯，但处处可见中国元素——我国品牌占据一级和二级赞助商的 1/3，加上赞助球队及球星的企业，以及来自我国的小龙虾、吉祥物、纪念币等，几乎涵盖世界杯期间的吃喝玩乐。

3. 2018 年俄罗斯世界杯相关产品的开发及销售

世界杯相关产品是与世界杯赛事相关的产品，包括吉祥物、纪念品、邮票、纪念章以及印有世界杯赛事标志的衣、帽、鞋、袜、围巾、汗巾、助威棒等。世界杯相关产品的开发不但有助于拉动世界杯经济利润的大幅上升，更有利于带动全球制造产业的发展。销售世界杯标志产品许可证，发行重大赛事的纪念币、纪念邮票、吉祥物等，已成为世界杯主办国和国际足联集资的主要渠道之一。

（1）2018 年俄罗斯世界杯吉祥物开发

吉祥物，也叫活动造型，是赛事活动识别中视觉识别系统的基本要素之一，是为了更形象、更简便地诉求活动特质，以吸引视觉焦点并产生易于记忆的强烈印象，塑造识别活动的造型符号。随着科学技术的发展，历届世界杯吉祥物的外观、吉祥物的使用与传播推广的方式也有了更多的选择。世界杯吉祥物的主要销售群体为青年人，因此吉祥物的设计主要定位于青年人身上，以提升销售份额和市场推广效果。

这些个性十足的世界杯吉祥物为世界杯赛事的产品营销增色不少。比如，2018 年俄罗斯世界杯的多款 Logo 意义产品均融入了俄罗斯本土元素。2018 年俄罗斯世界杯的吉祥物是扎比瓦卡（Zabivaka），是一只带着潜水镜，身着俄罗斯 2018 字样蓝白色 T 恤和红色短裤的狼，旨在强调忠诚勇敢的重要性，同时考虑了这一形象容易被全球少年儿童接受。会徽用俄罗斯国旗的蓝色与红色填充起世界杯的形状，同时以金色线条镶嵌。主题曲为《Live It Up》，由威尔·史密斯、尼基·詹姆和埃拉·伊莱特等3位国际巨星演唱。比赛用球名为Telstar，采用了经典的黑白两色，深色梯形装饰由马赛克图案组成，文字则使用了金色。总体来看，2018年俄罗斯世界杯以俄罗斯元素为主，也旨在向世界展示东道国的文化。

（2）2018年俄罗斯世界杯邮票、纪念币开发

近几届世界杯足球赛事经济收入的一个重要来源是世界杯邮票、纪念币的开发以及产权出售。这样不仅可以为国际足联获得一定的经济利益，还可以为世界杯赛事做全球化的品牌推广。

2018年世界杯纪念币是为了纪念2018年世界杯足球赛在俄罗斯举行。俄罗斯中央银行于2017年7月4日发行4种面值3卢布的纪念银币以及一种面值25卢布普通制式或特殊设计的非贵金属硬币。每种银币将发行2.4万枚。25卢布普通制式的非贵金属硬币将发行1975万枚，特殊设计的非贵金属硬币将发行25万枚。消息指出，此次发行的硬币是俄罗斯合法货币，可以按面值完成所有类型的支付。据介绍，这套世界杯纪念币汇集了由意大利、法国、西班牙、阿根廷、俄罗斯、澳大利亚、南非、巴拉圭8个国家中央银行发行的俄罗斯世界杯纪念银币，每枚银币均为其发行国的法定货币。这也是我国首次引进世界杯题材的贵金属纪念币。“2018年俄罗斯FIFA世界杯金银邮票纪念币·典藏套装”巧妙地将足球文化、收藏文化与贵金属材质融合，方寸之间尽享世界杯的精神与历史，纪念意义非凡，藏品包括大力神杯、吉祥物银邮票四方联二联体、2018年俄罗斯世界杯官方流通纪念币、0.1克砂型纪念金。为庆祝2018年俄罗斯世界杯的举行，回馈我国亿万球迷对足球的热爱，国际足联授权，以珍贵的俄罗斯世界杯银币、普通纪念币和邮票为主要元素，限量发行“2018年俄罗斯FIFA世界杯纪念币·邮票套装”，仅在我国大陆地区销售。

（3）其他延伸产品的开发

从历届世界杯举办国来看，东道主的旅游市场会首先受益，尤其是半决赛和决赛时期，当地的酒店获明显放量；其次是网络转播取代电视转播成为主要转播渠道，同时2018年俄罗斯世界杯移动端直播崛起，时差因素也有利于国内球迷观赛；最后，体彩也有受益，销售额取得突破式增长。

从俄罗斯本土层面来看，世界杯期间餐饮酒店及纪念品商店成最大受益方。2018年莫斯科市内的1300多家酒店中有86%的房间已在世界杯期间被预订，其中半决赛和决赛举行地圣彼得堡和莫斯科的酒店预订最为紧张，许多酒店预订已客满。除酒店住宿外，世界杯带动机票预订量大幅增加，观赛游入境游客数量显著上升。预订世界杯期间飞往俄罗斯的国际航班数量已超过2017年同期预订量的2倍，游客数量在开赛时达到最高，并在剩余时间维持高位。而从2014年巴西世界杯来看，足球王国因其巨大吸引力，举办

当年游客增量达到10.61%，同比增长了8.21%，甚至高于2016年里约奥运会对游客增量的拉动效应。

4. 赛事门票销售

世界杯足球赛门票销售是世界杯赛事营销的重要环节，门票收入也是不容小觑的一股力量。门票销售不单是赛事本身经济上的获益，更是所有赞助商、广告商衡量赛事价值的标尺。随着世界杯足球赛在全球近一个世纪的成功推广，门票销售也显得越来越人性化，世界杯足球赛门票销售已从粗放单一的定价模式衍变为全球化以及人性化背景下不同阶段、不同价位灵活多变的销售模式。

从2018年俄罗斯世界杯门票销售情况来看，即使价格较高，但绝大部分门票已经销售一空，部分热门赛事更是一票难求。2018年俄罗斯世界杯球票分为两种类别：一种是普通球票，另一种是款待球票。普通球票的官方购买渠道只有国际足联官网，通过随机抽签的方式进行售卖。款待球票不需要通过抽签获取购票资格，国际足联授权委托给各大洲的代理商售票，其中俄罗斯世界杯在大中华区（含港澳台地区）的独家官方票务代理由盛开体育负责，此类票包含多达7~10项观赛体验服务，价格也因此相对较高。此外，2018年俄罗斯世界杯比赛场地囊括了11座城市中的12座体育场，容纳人数最多的卢日尼基体育场承办开幕式和决赛，圣彼得堡体育场则因其高达17亿美金的造价成了历史上最昂贵的球场。据国际足联公布的门票价格图表显示，门票分为对外销售的美元计价票和对俄罗斯国内民众销售的卢布计价票。美元计价票又根据观赛位置分为一类、二类、三类。7个类别的赛事，即揭幕战，小组赛，16强赛，1/4决赛，半决赛，3、4名比赛及最后决赛，门票价格各有不同。该次赛事为俄罗斯观众预留了35万张门票，价格从小组赛门票的1280卢布（约合20美元），到决赛的7040卢布（约合110美元）不等。美元计价票中，决赛最低票价为445美元，而最高为1100美元，小组赛一类门票为210美元，三类门票为105美元。

（三）国际足联世界杯赞助营销计划

国际足联世界杯赞助营销计划的内容包括寻求官方合作伙伴、官方供应商以及国际足联世界杯的授权认证，谋求最为合理、有效、完整的赞助途径。在所有2018年俄罗斯世界杯的赞助商、合作伙伴中，来自我国的公司便占据了7席。据2018年俄罗斯世界杯官网显示，目前2018年俄罗斯世界杯的赞助商共有19个品牌，分成3个级别，不同级别的赞助商可获取不同程度的营销权。第一级，国际足联合作伙伴，可以使用国际足联及其所有赛事活动商标在任何时间、任何地点进行各方面的推广。目前这一级别赞助商有7家，包括1个我国品牌万达。第二级，国际足联世界杯赞助商，可在全球范围内进行推广，但仅限于世界杯和联合会杯的相关商标。第二级别的品牌目前有5家，包括百威、麦当劳、海信、vivo和蒙牛。第三级，区域赞助商，只能在本国内就当届赛事进行推广和营销。区域赞助商，共设20个席位，每个大洲最多4席。目前欧洲区的分别为阿尔法银行、

Rostelecom、俄罗斯铁路公司和俄罗斯钻石矿商 Alrosa，亚洲区已有 3 家，都是来自我国的品牌，分别为雅迪、指点艺境以及帝牌。

二、职业联赛市场运作分析——以英格兰超级联赛（英超联赛）为例

（一）先进的俱乐部体制

英超联盟中所有俱乐部都是上市公司，上市能够使俱乐部产权关系清晰，责权明确，使俱乐部拥有真正的自主权，有利于实现其利益的最大化，同时可以使投资主体和方向多元化，发挥社会监督和市场监督作用。这种经营方式不仅能提高俱乐部的管理水平，促进俱乐部规范、透明、良性发展，从而形成高效的现代企业管理制度，还有助于俱乐部规避投资风险，保证整个联赛平稳顺利进行。

（二）成熟的经营手段

英超各俱乐部普遍拥有几十年甚至上百年的悠久历史，积累了丰富且行之有效的运营管理方法。比如英超俱乐部为培养长期支持者而实行的球迷会员制度。拥有一定数量的长期支持者是俱乐部生存不可或缺的要素之一，因此这项工作在英超俱乐部的日常经营中必不可少。这些都为英超各俱乐部培养了数量庞大的忠实“粉丝”，因此，部分英国家庭祖孙三代都是一支球队的铁杆球迷。

（三）充满活力的联赛体制

英超联赛本身就是一个有限公司，它从成立之初就拥有独立的商业开发权。这种体制充分地保障了各俱乐部的权益。同时，联赛经营的好坏以及俱乐部自身的成绩都会直接影响到俱乐部的切身利益，这使得各俱乐部的积极性也得到了充分调动。比如在分配电视转播权收入时，尽管每支英超俱乐部都会得到一部分英超联赛转播收入，但每支俱乐部所得到的收益都是由其转播场次决定的，这就促使每支俱乐部都要努力提高自身的实力和在球迷中的影响力，以获得更多的收入分成。

三、职业俱乐部经营分析

职业足球俱乐部是一个向公众提供足球竞技表演服务及相关产品的企业化组织，是自主经营、自负盈亏、自我约束、自我发展的法人实体。这一性质决定了它的使命，那就是通过最大限度地满足公众对足球比赛观赏娱乐的需要来实现企业价值的最大化。也就是说，职业足球俱乐部以足球竞技比赛为主营业务，以利益最大化为主要目的。它要实现俱乐部价值的最大化，就必须不断提高其产品（足球比赛）质量，吸引广大消费者

（球迷），从而促进竞技足球运动水平的提高。

（一）世界著名足球俱乐部财富排行榜

德勤会计事务所公布了 2018 年度世界足球俱乐部财富排行榜。榜单显示，皇马以 7.509 亿欧元的收入，成为 2017—2018 赛季全球收入最高俱乐部，这也是历史上首家俱乐部单赛季超过 7.5 亿欧元。根据德勤会计事务所对全球各大足球俱乐部 2017—2018 年度收入的统计，此次名列第二位、第三位的足球俱乐部分别是巴萨和曼联。曼联在 2016—2017 赛季以 6.76 亿欧元排行榜首，据统计曼联共 10 次登顶该榜单。（表 2－2）

表 2－2 2018 年度世界著名俱乐部财富排行榜

排名	足球俱乐部	金额/亿欧元
1	皇马	7.509
2	巴萨	6.904
3	曼联	6.660
4	拜仁	6.292
5	曼城	5.684
6	巴黎圣日耳曼	5.417
7	利物浦	5.137
8	切尔西	5.057
9	阿森纳	4.392
10	托特纳姆	4.283
11	尤文	3.949
12	多特蒙德	3.172
13	马竞	3.044
14	国际米兰	2.808
15	罗马	2.500
16	沙尔克 04	2.483
17	埃弗顿	2.129
18	AC 米兰	2.077
19	纽卡斯尔联	2.015
20	西汉姆	1.979

（二）足球俱乐部盈利渠道

目前市场上，足球俱乐部盈利的渠道主要包括比赛日收入、媒体收入、会员收入、商业收入和其他，但不同的俱乐部所选择的盈利方式也不尽相同。

（三）欧洲足球俱乐部的运营模式

第一类是上市的公众公司，如曼联。这类公司有完整的管理层，遵循商业化运作，需要定期披露经过审计的财务报告。

第二类是类似于切尔西和曼城被石油大亨和阿拉伯王子控制的俱乐部。这类俱乐部基本不需要担心盈利问题。

第三类则是以皇马和巴萨这样的会员制为代表的俱乐部。这类俱乐部所有的运作经费都来源于会员，有点类似于公益性质的俱乐部，但皇马、巴萨在经营运作之下已经成为世界知名的足球俱乐部。

1. 曼联盈利渠道组成明细

曼联是一家上市的足球俱乐部。

早在 2005 年，曼联就在伦敦证券交易所挂牌上市。随后，来自美国的格雷泽家族将这家上市公司私有化，曼联又成为一家私人公司。格雷泽家族一度因为财力不足，导致曼联债台高筑，招致曼联球迷大规模的反对，但是曼联这家公司在资本市场的努力并没有就此放弃。2012 年 8 月 10 日，曼联登陆纽约证券交易所，IPO 融资 1 亿美元，发行价为 14 美元，承销商为 Jefferies、瑞信、JP 摩根、美林银行、德意志银行。

在欧洲成熟的职业联赛中，曼联却有着更为成熟的盈利模式，运营得当，并依靠足球本身赚钱。这也让足球成为一项长期运营的事业，而不是资本击鼓传花的游戏。

曼联的财务报表中把其营业额分为 3 部分：比赛日收入、媒体收入和商业收入，而转会费及其增值税并未计算在其营业额内。

比赛日收入包括在老特拉福德球场所举办的比赛有关活动的收入，包括门票、包厢费、特许经营权、停车费、销售小册子收入；也包括球队参与其他并不在老特拉福德球场举办的比赛的分成、球队参加季前巡回赛的收入；还包括其他在老特拉福德球场举办的相关体育比赛、演唱会等活动的收入。

媒体收入包括所有英国国内及全球各地媒体签约所得的收入，包括英超联赛转播分成和欧足联转播分成。英超联赛转播分成是由英足总统一谈判并分配的，而欧足联转播分成以奖金的形式发放。此外，媒体收入还包括互联网或者移动应用中获得的媒体分成。

商业收入主要是赞助商的赞助费和其他商业合约收入，包括最低保障赞助收入、非比赛日在老特拉福德球场举行的会议或其他活动的收入，还有其他特许经营权授权费。

另外，对于会员制的俱乐部来说，有专门一项是会员会费收入，如巴萨的财务报表中就有这一项。曼联其实也是收会费的，每年每人 50 英镑，但是财务报表上没仔细列明。

2. 巴萨盈利渠道组成明细

巴塞罗那（简称巴萨）是一家纯正会员制俱乐部。会员制在全球足球俱乐部中仅有 4 家：皇马、巴萨、毕尔巴鄂以及奥萨苏纳。

会员制俱乐部有几大独特之处。

第一，俱乐部为全体会员所有，无论亏损还是盈利，都由全体会员一起承担。

第二，俱乐部的主席由选举产生，而并非由持股额最高的大股东进行指派。

第三，俱乐部如果经营不善，没有任何个人会遭受损失，而公司制的俱乐部如果欠债，俱乐部老板，也就是大股东必须承担责任，在必要的时候甚至需要用自己的财产来弥补损失。

巴萨俱乐部历史悠久，影响力极大，早期打下了坚实的经济基础，为使每个会员都有一种荣誉感，他们在历史上从不曾被某集团或私人所垄断，俱乐部的主人是全体会员。不管是拉波尔塔还是罗塞尔执政，他们都不占任何特别股份，只是为俱乐部效力。会员缴纳会费后，就开始拥有会员权利，可以在 4 年 1 次的主席大选中投票。

西班牙的总体经济实力在欧洲仅属二流，但会员制却使巴萨成为世界一流的俱乐部。会员的，就是公众的，这一模式让俱乐部成为公共财产。既然是公共财产，那么俱乐部便拥有广泛且雄厚得让人难以想象的支持，必要时政府甚至都会介入。植根于这样的土壤，巴萨当然有条件屡屡完成引援大手笔，而不必顾及外界的整体经济环境。巴萨现有会员 13 万，皇马大概在 10 万。每个会员每年交纳会员费，巴萨是 137 欧元/年，每位会员在俱乐部选举中拥有一票，这些都是俱乐部雄厚财政的保障。

2014 年 7 月 30 日，巴萨俱乐部主管经济的副主席法乌斯公布了 2013—2014 赛季的财务报表，数据显示，巴萨上赛季的收入高达 5. 31 亿欧元，这创造了巴萨的纪录，扣掉支出和税款，巴萨上赛季盈利高达 4100 万欧元，过去 4 个赛季，巴萨的盈利总共达到 1. 13 亿欧元。

3. 巴黎圣日耳曼盈利渠道组成明细

作为一家在 1970 年成立的足球俱乐部，巴黎圣日耳曼与拥有百年历史的巴萨、皇马、尤文、曼联和拜仁等豪门相比无疑是“小字辈”，即使是在法甲，它的资历也无法和波尔多、马赛等百年俱乐部相提并论。20 世纪 90 年代，巴黎圣日耳曼一度步入辉煌，不但在法甲称雄，在欧战也有所斩获，1994—1995 赛季杀进欧冠四强，1995—1996 赛季更夺得欧洲优胜者杯桂冠，成为除马赛外又一支拿到欧洲冠军的法国球队。但 21 世纪前 10 年，巴黎圣日耳曼却陷入低迷，甚至一度保级都困难，财政拮据的俱乐部不得不每年从巴黎市政府领取 100 万欧元的补助金。

2006 年 4 月，球队股东将巴黎圣日耳曼以 4100 万欧元的价格卖给了美国金融巨头摩根士丹利、殖民地资本投资公司及法国的巴特勒资本合伙投资公司三家公司。2009 年 6 月，巴特勒资本合伙投资公司承购摩根士丹利的所有股份，取得球队 95% 的股权。2011 年 5 月底，卡塔尔主权财富基金（卡塔尔投资局）斥资 5000 万欧元，收购巴黎圣日耳曼 70% 的股份。至此，巴黎圣日耳曼就成了中东人的球队。

当时，巴黎圣日耳曼的新老板塔米姆·阿尔萨尼不仅是卡塔尔王储，同时也是卡塔尔国家奥委会主席、国际奥委会委员，是卡塔尔体育界的头号人物。塔米姆·阿尔萨尼掌管下的卡塔尔体育投资基金是属于卡塔尔国有的一家主权投资基金，这家基金会的资产保守估计在 600 亿美元以上。

（四）球员转会市场分析

欧洲足球俱乐部商业化制度日益成熟。各大俱乐部的盈利也日益增长，同时俱乐部之间球员的转会也日益频繁。球员转会过程中的合同违约金（球员身价）赔付和新合约的签订过程是欧洲足球俱乐部商业化的最好诠释。例如，国际著名足球明星，“金球之王”梅西转会身价为 2 亿欧元，克里斯蒂亚诺·罗纳尔多转会身价为 9440 万欧元，加雷斯·贝尔转会身价为 9100 万欧元。这些过程都属于足球市场中介服务业（足球市场体系中已有详细描述）的一部分。

第三节　我国足球市场的发展与管理

一、我国足球市场运作的现状

足球商品是一种特殊的商品，不是独立存在的。它既是个体的人所具有的智慧、技术、战术的综合体，又是集体的人所具有的智慧、技术、战术的综合体，而且它以运动员作为载体，通过载体的活动去表现自身的存在、应用和发展。所以，足球市场化的基本特点是社会主体的一种属性、一种智慧、一种技术，这和一般商品显然不同。足球商品的消费群体——球迷和群众，是社会生活的基本主体，有巨大的购买力。在足球市场化过程中，足球运动的观赏主体是数以万计的球迷和观众，形成足球市场活动中巨大的消费群体，成为足球市场化运行过程中最大的推动力。

我国足球市场化的宏观前提是市场经济体制的确立和发展，其微观前提是我国足球的职业化、产业化、商品化。足球市场化有自身的特点，足球市场的运行是“无烟工业”“朝阳工业”，有强大的生命力和巨大的冲击波。足球市场化的内涵是足球资源的配置、足球要素的竞争、足球市场的运行和管理。足球市场化的发展有其必要条件和基本趋势。

中国足球职业联赛信任危机主要表现为裁判员丧失威信、赞助资金大幅减少、本土足球彩票夭折、俱乐部内部相互猜疑、观众上座率低迷。建议加大对失信者的惩罚力度、规范政府的参与行为、建立足够稳定和清晰的产权制度、完善法律制度、加强舆论监督以及成立足球职业联盟。

足球俱乐部竞技水平的高低是能否吸引球迷、开拓市场的关键，足球俱乐部所具备的文化内涵和文化品位是提升足球俱乐部社会形象的重要环节，建立适合足球市场的营销模式是足球俱乐部发展的原动力，应按照市场经济规律要求，转换足球产业的经营机制，探寻适合足球产业的发展道路。我国职业足球的发展前景广阔，但目前处于初级阶段，困难很多，主要原因和市场运作机制没有建立起来有关，因此建立完善的足球竞赛市场体系是当前的重要工作。

我国足球经纪人发展还处在起步阶段，存在着足球经纪人发展水平低、资信度不高、缺乏相应的管理制度、现行足球管理体制不适应足球经纪人发展的需要、从业人员素质低、大众对足球经纪人的作用缺乏足够了解等问题，这些问题妨碍了足球经纪人事业或活动的进一步发展。对这些内容的研究，找出适合我国国情、对足球经纪人发展具有实践指导意义的理论依据，能促进我国足球产业及足球市场健康有序发展，并有利于我国足球经纪人的规范发展。

二、我国职业足球俱乐部发展沿革

1992 年，足球管理体制改革，推动了我国足球运动管理体制的转变，打破了计划经济体制下体委系统省、市足球代表队的竞赛训练管理体制，实行了以俱乐部为主体的竞赛训练管理体制。1994 年，我国职业体育体制的建立，标志着体育社会化、产业化进入一个新的阶段。以足球为突破口，我国先后对篮球、排球、乒乓球等市场潜力较大的项目进行职业化改革，最突出的是 1994 年开始职业化的中国足球联赛。1994—2003 年，中国足球联赛由甲级联赛（分 A、B 两组）和乙级联赛组成。从 2004 年开始，中国足球联赛由超级联赛、甲级联赛、乙级联赛和业余队联赛（丙级，从 2002 年开始）组成。

中国足球职业联赛的出现，使足球市场火爆异常。早期的联赛，全年赛事有超过 600 万人次的观众到现场观赛，电视观众更是多达 10 亿人次。越来越多的国内外企业参与到我国足球市场中来，对推动我国职业足球运动的发展起到了重要的作用。中国足球经历了初期的繁荣后，在发展过程中出现了很多问题，使刚刚兴起的职业足球很快跌入低谷。从表面上看，假球、黑哨和赌球等不良风气阻碍了职业足球的发展，但从更深层次寻找原因，主要存在3个方面问题：一是足球投资者缺乏长远眼光，多为短期行为；二是俱乐部管理专业化素质低下，经营开发能力不强，管理方式落后；三是现行的俱乐部经营管理体制与职业化改革的初衷不相适应，严重制约了我国足球俱乐部经营效益的提升和可持续发展的潜力。

（一）目前我国职业足球俱乐部的管理体制

《中国职业足球俱乐部章程》明确规定："足球俱乐部是在中国足球协会和会员协会注册，从事足球运动的体育组织。"依其性质，足球俱乐部可分为具有独立法人资格的经济实体或具有独立法人资格的事业实体。职业足球俱乐部的领导管理体制是影响我国职业足球俱乐部发展的最主要因素。我国职业足球俱乐部的产权结构包括企业独立所有、政府与企业所有、政府与企业参股所有、政府所有等形式。其中，政府在70%的俱乐部中持有全部或部分产权。这种特殊背景，使我国的职业足球俱乐部与政府之间有着一些必然的联系。在我国职业足球俱乐部的资本中，国有企业资本所占比重较大，政府多扮演卖家角色，以场地等非现金资本形式完成资本投入，企业则扮演买家角色，以现金的形式投入，双方共同经营、管理职业足球俱乐部。因此，我国一些职业足球俱乐部更像国企。

虽然我国现有的足球俱乐部大部分已注册成立了公司，具有独立法人资格，机构设置也大多按公司制机构设立了董事会，由董事会聘任总经理，由总经理负责俱乐部的事务，但在实际经营管理中，大多数俱乐部不能单独进行市场运作，特别是政府和企业共建的俱乐部，往往因俱乐部的管理、经营存在分歧，最终影响到正常运作。

（二）我国职业足球俱乐部的经营现状

职业足球俱乐部是以经营足球训练和竞赛，并开发其附属产品，追求利润最大化的体育企业。其核心产品是竞赛表演。职业足球的显著特点是高投入。我国职业足球俱乐部经营收入来源主要有门票、媒体转播费、赞助与广告、商务开发4个方面。球队冠名权是目前我国职业足球俱乐部收入的最主要来源，占俱乐部总收入的30%～50%。其次是场地广告收入。在支出费用方面，教练员和球员薪酬占俱乐部总支出的60%～80%。沉重的债务负担，使我国多数俱乐部经营惨淡，影响了足球运动发展。

（三）中国足球超级联赛

1. 中国足球超级联赛（中超联赛）市场情况分析

中超联赛有限责任公司简称中超公司，成立于2006年4月14日，中国足协是中超公司的大股东。中超公司章程草案当中写明，中超公司的成立资本总额为200万元人民币。中国足协出资72万元，占有36%的股份，16家中超俱乐部各占4%。中超实施升降级制度，每年会有两家新俱乐部成为中超的新股东，取代降级的两家俱乐部各自的4%股权。

2018年，中超公司的整体收入突破15亿元人民币大关。2018赛季成为职业化以来收益最高的一个赛季。根据中国足协的官方报告，2018 赛季中超联赛上座率远超日韩联赛，电视直播覆盖 96 个国家和地区的 24 亿人口，已经成为名副其实的亚洲第一联赛。2018 年中超联赛场均观赛人数为 2.41 万，超过了上赛季的 2.38 万，更是远超近邻的日韩联赛，单就上座率而言，仅排在德甲、英超、西甲、意甲和墨西哥超级联赛之后，位列世界第六。2018 赛季，中超联赛的电视转播收视人次达到 3.37 亿，新媒体直播点播数据更是高达 10.54 亿。2018 年中超联赛实现媒体渠道覆盖 26 家，其中新媒体逐渐取代传统媒体成为球迷的主要收视渠道——2018 年新媒体渠道累计收视人次占比 51%，首次超过占比 49% 的传统媒体。

2. 中超俱乐部与联赛经营分析

2017 赛季中超 16 家俱乐部收入高达 70.82 亿元人民币，但是其投入更是高达 110.14 亿元人民币，一个赛季下来整体亏损约 40 亿元人民币，平均每家俱乐部亏损 2.5 亿元人民币。其中，商业赞助占总收入的 64%，赛事转播收入占 14%，球员交易收入占 11%，政府补贴占 6%，比赛日门票收入占 3%，其他收入另占 2%。在支出费用中，人工成本即球员和教练员工资占 67%，球员资产摊销占 18%，青训成本占 5%（2017 赛季新政未实施），管理费、比赛运营及其他成本合占 10%。即使是中超最强的俱乐部、中超七冠王、亚冠两次冠军获得者广州恒大淘宝足球俱乐部也在亏损。其报表中显示：恒大俱乐部在 2017 年营收 5.28 亿元人民币，同比 2016 年下降了 6%，另外俱乐部在净利润上再度减少，达到 -12.3 亿元人民币，也就是恒大俱乐部在 2017 年亏损约 12 亿元人民币。

从俱乐部收入比例来看，目前中超俱乐部的盈利模式还是流于传统的商业赞助模式，并没有对门票和其他周边产品进行研发，商业化程度过于单一。同比其他国家的联赛，中超联赛在商业赞助方面已经超越了 J 联赛、德甲和法甲。比赛日收入占比，中超联赛却是几个联赛中最低的。

总体来看，中超联赛的转播费、广告赞助、门票收入规模均较低，衍生品开发滞后，导致中超俱乐部营收规模较小，再加上没有很好的青训体系，球员和教练员的工资以及转会费投入过高，导致利润亏损严重。长远来看，俱乐部不是一个盈利稳定增长的投资体，依赖不断购买新球员来维持在球迷中的关注度，同时，比赛的不确定性也给俱乐部带来不小的业绩波动。

三、我国足球市场发展趋势

（一）我国足球市场发展总体趋势

1. 提高足球比赛质量

吸引球迷的是足球比赛，球迷想在观看足球比赛中得到情感的宣泄、情感的满足，可以说，比赛是球迷的生命。俱乐部只有提高自己球队的比赛质量，才能吸引住球迷，并吸引更多的球迷。只有这样，俱乐部才会有生命力，足球市场才会繁荣。目前中国足球比赛水平比较低，又出现了假球、黑哨等一系列问题，而足球俱乐部在其中扮演的角色在很大程度上伤了球迷的心。但是，如果这一情况得以改善，球迷仍会回到看台，为自己所喜爱的球队、球员加油呐喊助威。足球的发展要有一个过程，这个过程需要俱乐部以务实的态度去建立球队，建立以青少年为核心的足球人才培养体系，建立以职业道德为核心的足球文化体系。这个过程可能会遇到很多困难，但这是必须克服的困难，唯有这样，我国足球俱乐部才能得以发展。

2. 改变我国足球市场理念

目前，我国足球俱乐部在我国足球市场的经营理念有偏差，没有把工作做到实处，做到细处，没有认识到开发足球市场的潜在价值。毫无疑问，在开始足球市场运作时，尤其是商业开发上，可能只是满足了球迷的需要，而没赚到钱，但对球迷的服务为球队吸引了更多的球迷，才会有商家、企业来赞助，让球队为之做广告，从而使俱乐部在市场运作中得到经济回报。

3. 加强足球市场运作研究

要想运作我国足球市场并获得成功，必须认真研究我国的足球市场，注重对我国足球市场的培育。而这一切的基础是足球俱乐部经营者要改变经营理念，在经营理念科学的基础上，以球迷为本，进行足球市场的运作。如成都体育学院的校运动会以及研究生部的足球赛、篮球赛，是学生自己拉来的赞助。这从一个侧面反映出体育市场的广泛性。如果俱乐部高度重视，改变观念，研究足球市场具体的运作方法，以务实的态度去运作足球市场，相信不久的将来，我国的足球市场也会火爆起来。而最大的受益者就是足球俱乐部。所以，我国足球俱乐部必须根据所处地区的特点和球迷的情况，改变经营理念，寻求适合俱乐部自身的运作模式，以求生存和发展。

（二）中超联赛发展趋势

中超联赛目前存在着品牌建设的重视不够、经营水平不高、后备人才匮乏、管理制度不健全等问题，可以效仿欧洲成功联赛，强化品牌建设，提高经营管理水平，进行全方位市场开发，重视培养后备人才以及建立科学的管理制度。

1. 建设多级别联赛，扩大影响范围

中超联赛市场供求不平衡、东西部发展差异大的问题与东西部的经济发展水平有关。中超联赛管理部门可以加大对中西部地区的足球投入，尤其是加大青训的投入，努力培养青少年人才，同时在全国建立多级别联赛，让更多的中西部地区能够参加中低级别的联赛，获得冲击高级别联赛的机会。这样中西部地区的联赛俱乐部数量增多，中西部地区的受众就会增加，整个联赛的影响力范围广了，市场也会逐渐变大，有利于联赛的品

牌发展。联赛可以以地名或本地的人文地理文化为基础，采用中性命名方式，减少俱乐部名称的商业化色彩，加大开发球衣广告及球场冠名权。这样既可以保证收入，又不会因为赞助商的变更导致俱乐部名称的更改。此外，中超联赛要有统一的联赛标志、统一的主题曲和口号，俱乐部要有固定的队歌、队徽、队旗和象征颜色。

2. 加大市场推广力度，树立服务意识

加大中超联赛的市场推广力度，其中一个重要措施就是要使联赛的传播方式多样化。中超联赛管理部门和俱乐部可以与传统媒体和新兴媒体建立合作关系，使消费者不仅能在报纸、电视上得到联赛的信息，也能在手机、网络上获取信息，从而建立全方位的宣传模式；可以邀请明星担任中超联赛的形象大使，吸引更多的人，尤其是青少年投入这项运动，提升联赛在社会中的影响力；还可以每年举办若干场慈善公益性的比赛，比赛收益捐给受灾地区或慈善机构，打造良好的社会形象。俱乐部要加强与球迷协会的联系和沟通，相互支持，对于消费者的投诉要及时处理，规范新闻发布会等活动的时间、地点等。俱乐部在比赛日可以举办主题活动，每个比赛日推出一个主题活动，加强俱乐部与消费者的沟通，增强消费者的品牌忠诚度。通过这些措施，形成中超联赛、媒体、企业、消费者的多方良性互动模式。

3. 提高经营水平，进行全方位市场开发

要逐步提高电视转播权的营收比重，不仅要与央视和其他各大媒体签订转播协议，还要在转播收入上进行激励性分配，如可以按照50∶25∶25的原则，即一半的转播收入平均分配给各个俱乐部，25%的收入按照当年的成绩进行发放，最后余下的25%的收入按照当年俱乐部球队出场的次数和接受转播的次数进行发放。这样不仅可以激励俱乐部提高比赛水平，还能获得更多的转播收入。

在增加上座率方面，可以将门票价格定在普通大众都能接受的水平，以此吸引更多消费者到现场观看比赛，提高上座率。俱乐部还要完善门票购买渠道，如开通网上购票业务以方便消费者。俱乐部需要提高自身的造血能力，将周边产品推向市场。

4. 培养后备人才，建立科学管理制度

在青少年培养方面，中国足协可以在各个学校举办校园足球联赛，在社会上建设各级别的职业和业余联赛，规定各俱乐部必须拥有自己的青训系统，中国足协还可以把一些优秀年轻球员送到欧洲进行学习训练。在裁判员的培养方面，短期内可以适当引进外籍裁判员，但从长期来看，还需要加快培养本土人才。要充分利用现有资源，如即将退役的球员可以向裁判员方向发展。在联赛和俱乐部管理者方面，聘请高水平的职业经理人进行管理，谨慎投资，控制风险，在引援方面量入为出，充分考虑自身的经济实力。联赛实现管办分离，将经营权和管理权分开，明确各部门的职责和基本权益。

在联赛中实现管办分离、政企分开，俱乐部建立现代企业制度，实现产权明晰。要促使股东多元化，防止因为大股东退出而使俱乐部运转不灵。建立股东大会、董事会以及内部监督机构，提高决策运行效率，充分发挥现代企业制度的约束、激励和调节作用，充分保障投资者的权益，以吸引更多的社会资本，提高联赛和俱乐部的自主经营能力。中国足协在联赛中扮演监督者的角色，可由各俱乐部挑选代表组成专门的委员会，解决联赛中出现的问题，针对联赛中出现的违纪现象进行惩处，规范市场运作。

（三）中超俱乐部发展趋势

由于足球职业化发展只有短短的10多年时间，在我国还没有完全形成市场经济环境，因此，不少俱乐部还不是真正的经济实体，不具备真正意义上的独立法人资格，有很多权益受到损害。在人事、资金、场地设施等方面，俱乐部对政府（企业）的依赖性依然较强，造成政（企）俱不分的局面。俱乐部在实际经营过程中，受到政府、企业的多方面干预，难以作为独立的市场主体进行经济活动，压抑了俱乐部自主经营的能力和积极性。有些俱乐部忽视观众需求，没有真正投入人力、物力、精力去从事市场开发，不重视“小产品”的开发和“足球文化”的建设，对无形资产的开发和经营没能引起足够的重视。有的俱乐部甚至用违反市场经济规律的方式去运作足球产业，使经营开发陷入混乱、步入泥潭。因此，中超俱乐部必须顺应市场经济的发展趋势，做出相应的改变。

1. 加大管理体制改革力度，改善俱乐部经营环境

职业足球俱乐部是社会主义市场经济的产物，其健康发展必须适应市场经济的要求，必须有与社会主义市场经济体制相适应的职业足球运动管理体制。因此，应积极加大职业足球管理体制改革的力度，建立与社会主义市场经济体制相适应，符合现代足球运动规律，自主经营、自我发展，有活力的职业足球运动管理体制。调查显示，大多数专家认为，当务之急是成立一个联赛开发公司，加大由原先中国足协统一经营开发的广告、电视转播权等项目的经营力度，并在利润分配上充分考虑各俱乐部的利益。同时，对整个联赛在赛前、赛中、赛后进行整体包装，加大广告宣传力度，给各俱乐部经营开发创造一个良好的基础环境。

2. 转变经营观念，提高经营人员素质

各俱乐部要注重建设现代企业制度，逐渐提高俱乐部管理人员的经营开发素质，培养或引进一批了解足球运动发展规律、懂经营、知法律、有创新意识、有开拓精神的新型经营和管理人才，提高俱乐部本身的经营开发能力。

3. 大力培育足球市场

足球市场是职业足球俱乐部经营开发的基础，只有成熟的足球市场，才能吸引更多的投资者和赞助商。俱乐部要面向市场，按照市场规律来经营足球市场，俱乐部的运转应以服务于球迷、服务于赞助商作为工作的出发点。由此，才能促进足球市场的火爆，吸引更多赞助商，最终促进俱乐部的发展。

4. 加强法制建设，促进俱乐部经营效益的提高

社会主义市场经济本质上是法治经济，它要求以完善有效的经济立法确保经营活动有序、健康发展。目前，应尽快明确有关“电视转播权”的各种内在法律和经济关系，规范联赛中出现的假球、黑哨、假冒标志产品等影响足球市场发展的种种问题，为职业足球俱乐部经营开发活动的健康开展、俱乐部经营效益的提高提供法律保障。

5. 加强对职业足球俱乐部经营模式、布局与对策的理论研究

理论的缺乏必然导致实践的盲目。国家体育总局和中国足协应组织有关经济学专家、经营专家加快对职业足球产业化经营模式和布局的研究，尽快明确促使俱乐部由品牌优势向经济优势转变的产业化经营开发道路，确定职业足球俱乐部经营开发的区域布局、龙头项目及不同地区职业足球俱乐部经营开发的战略，加强对职业足球俱乐部经营开发活动的宏观指导，加快俱乐部经营开发的改革进程。

6. 加强与国外高水平俱乐部的交流与合作，学习先进的俱乐部运营理念和商业开发模式

全球化是当今社会发展的共同趋势，足球领域亦是如此。目前只有恒大已经与西班牙的皇家马德里俱乐部（皇马）建立了合作关系，但只是针对青训，这绝对是不够的。在未来，随着球队的不断发展，洲际顶级俱乐部之间的交流也将越来越重要。例如，英超的曼彻斯特联队，德甲的拜仁慕尼黑队，西班牙的巴塞罗那队，都因为其良好的球队品牌运作而成为全世界各国球迷追捧的对象。因此，加强与上述球队之间的合作与交流，学习其先进的市场开发模式与理念，从而最大限度地挖掘俱乐部的商业价值，加强相互之间球员的流通，也将成为中超俱乐部实现可持续发展的关键所在。

7. 加强球队的公关宣传，带动全民足球健身

一方面，足球俱乐部作为一支运动队，它的基本任务就是好好比赛，用良好的成绩来回报球迷和投资者；但另一方面，足球俱乐部也是一个公众实体，其一言一行也会对社会各界产生各种各样的影响。在国外，无论是欧洲足坛，还是美国的 NBA 联盟，都经常会组织球队做一些慈善和社会公益事业，从而在宣传球队和联赛的同时也加强了与社会各界的交流与互动。因此，在未来的发展中，中超俱乐部也可以借鉴和效仿欧洲足坛及 NBA 联盟的公关模式，更多地组织球队参与一些社会公益活动，为球队带来更多的支持和人气，为自己树立一个良好的俱乐部形象，从而带动更多的人投入足球领域。

第三章
网球项目市场特征

第一节　网球项目概况及市场分析

一、网球项目概况

网球运动孕育在法国，被称为手掌游戏——最早起源于12—13世纪法国传教士在教堂回廊里用手掌击球的一种游戏。1358—1360年，这种球类游戏从法国传到了英国。现代网球运动诞生于19世纪的英国伯明翰，后来普及发展在美国。网球运动最初是在美国东部各学校中开展的，不久就传到中部、西部，进而在全美得到普及。20世纪，网球运动在世界各地得到广泛发展，并成为一项世界性的体育运动。

网球是一项优美而激烈的体育运动，通常在两个单打球员或两对双打组合之间进行，球员在网球场上隔着球网用网球拍击打球。网球运动的特性主要是活动环境的自然性、参与方式的多样性、运动形式的高雅性和人际交往的和善性。

（一）网球运动的功能

1. 网球运动的体育功能

（1）促进身体健康

体育作为一项体力运动，最基本的功能就是锻炼身体。网球运动作为一项体育运动，自然也具有增强体质的作用。网球运动可根据练习者的要求调节运动量，具有广泛的适应性，运动量可大可小，从五六岁的儿童到七八十岁的老人都可以参加。长期进行网球运动，可使心跳强而有力，肺活量增大，耐久力提高，使人体各个器官得到全面、适宜的锻炼，增强体质。

（2）有效调节心理健康

①缓解心理压力。

现代社会是一个分工高度发达、竞争激烈、快节奏的社会，由此现代人往往承受着巨大的压力，精神焦虑是现代人的通病。网球运动不限时间，且水平相当的对手往往需要数个小时才能分出胜负，较长时间的大负荷运动，能让人们淋漓尽致地发泄情绪，有效地缓解心理压力。

②培养坚强意志。

广阔的运动场地，来回地发球、接球往往让人“疲于奔命”，若是遇上实力相当的对手，往往几个小时无法分出胜负。加上网球运动一般在户外进行，伴随太阳的暴晒、体能的大量消耗，只有意志坚强、追求胜利的强者才能战胜自身的弱点，进而打败对手，取得胜利。高强度的网球运动能够充分激发参与者的潜能，培养参与者的坚强意志。经常参与网球运动能够起到强筋骨、强意志的作用。

③完善自我。

网球运动公平的运动规则、永无止境的进步空间，能够让水平不同的参与者感到每一场比赛都是自己与自己竞争，而不是与对手竞争。每次与对手比赛之后，参与者大多能发现自身的不足，或改进技术，或增强体能。公平的网球运动能够给参与者一个广阔的发展空间，每一个爱好者都可以在网球运动中寻找到自己的定位，完善自我。同时，网球爱好者为加强自己的水平需要与更高水平的参与者进行交流学习，这个过程能够培养参与者的学习能力和与人交流的能力。

④消除孤寂感。

目前，我国参与网球运动的老年人数量也在逐年增多，老年人退休以后，脱离工作生活，心里会产生失落感，选择适当的体育运动，既能够满足老年人所需维持健康的运动量，又能够调节老年人心情，消除其寂寞感与失落感。网球运动是老少皆宜的体育运动，运动量可以根据自己的承受能力自我调节，节奏可快可慢，并且参与网球运动又需要有同伴，在此过程中就会更多地与人交流，消除孤寂感。

2. 网球运动的社会功能

（1）促进个体社会化

促进个体社会化包含促进个体规则意识建立、培养个体竞争意识、促进个体再教育。

首先，个体规则意识建立是指网球运动作为一项具有深厚文化底蕴的体育运动，其规则是极为公平合理的。网球运动一般没有一局定胜负的，正常情况下对抗的双方要经过多次对决后才能分出胜负。而网球运动要求每一局结束后双方互换场地，以减少可能因场地的风向、采光等客观原因所导致的不公平。每一局结束时双方还要交换发球权，接球员成为发球员，而发球员则成为接球员。当双方得三分时为“平分”，而平分之后要净胜两分才算胜一局。通过抽签或抛硬币的方式决定挑边或决定发球顺序，某方选择了挑边之后则由对手选择发球权。可见，网球运动规则的方方面面都能够体现出公平竞争的原则。透明、公平的运动规则能够让网球运动参与者在潜移默化中形成“按规则办事”的习惯，而这对整个社会的有序发展和市场经济的有序进行都有着重要意义。

其次，培养个体竞争意识是指网球运动是一项运动强度具有可调控性的体育运动，老少皆宜。网球运动比赛是一场体能、技能、智能的较量，参与者要想获得胜利，就必须具有强烈的竞争意识。网球运动公平、透明的运动规则能够保证竞争的有序进行。现代社会是一个分工高度发达、竞争激烈的社会，无论是国家、团体还是个人都必须具有竞争意识才能在竞争中获取发展。而网球运动具有培养参与者竞争意识的作用。当然，在打球过程中，参与者与搭档之间团结协作的精神也能培养参与者在社会生活、工作中团结协作的精神，进而将个人之间的竞争向团队之间的竞争演进，实现人与人之间的团结协作，完成更大规模、更高层次的竞争。

最后，个体再教育是指“德、智、体全面发展”，这也是我国培养人才的目标。网球运动作为一项重要的体育运动，在我国体育教育中占有重要地位，能够有效实现我国培养人才的目标。当然，网球运动本身就具有培养参与者规则意识、竞争意识、审美意识等多方面的教育功能。

（2）增强人际交往

网球运动是一项对抗性运动，参与者同时需两人或四人，因此开展网球运动对于个人来说能加强人与人之间的交流，促进友谊。由于平等本身就是体育的精神之一，参与网球运动的人不论是董事长、政府高官还是普通职员在运动场上都是平等的，球友与球友之间很容易拉近关系，获得信任。研究表明，参与网球运动的人往往是具有较高素质的人，因此参与到网球运动中来就能有更多的机会与社会成功人士结识，为今后的发展储备更多的人脉，无形中给未来发展提供更多的机会。所以，人际交往是网球运动重要的社会功能之一，有利于个体人际交往能力的提高，能促进个体更好地发展。

（3）娱乐功能

根据马斯洛的需求层次理论，当生理、安全等较低层次的需求得到满足后，人们就会要求更高层次的需求，譬如自我实现的需求。网球运动的趣味性很强，它能让参与者为击球而快乐地奔跑，让参与者体验到乐趣和快感并且不知不觉地喜爱上这项运动。在参与网球运动的过程中，参与者发一个好球，接到一个漂亮的回球，击打出一个必胜的扣球，无疑会给参与者乃至观赏者带来享受。由此可见，网球运动是娱乐、休闲的一种极好形式，能够让参与者在工作、学习之余娱乐心性、实现自我。

（4）经济功能

目前，网球运动在全球已成燎原之势，并跻身最受大众欢迎的世界三大体育运动之列。随着经济的快速发展，我国人民生活水平不断提高，健康意识也在不断地增强，“花钱买健康”的思想已为越来越多的人所接受。正因如此，我国体育产业化进程很快，网球运动经济在我国也产生了很大的经济能量。由于网球运动在我国开展的时间还较短，因此其经济利益的发展空间很大。随着“大师杯”的“春风”，作为在我国还是“朝阳产业”的网球休闲运动产业，无论是在资源、市场潜力、效益还是在发展速度和规模等方面都优于其他体育产业。网球运动对于参与者的生理和心理健康都具有极大的积极意义，能够有效增强参与者的体质，提高参与者的工作效率，而这本身对于整个社会经济发展而言，就是巨大的推动力。

（二）网球文化

对于网球文化的概念，大部分研究者认为，网球文化是观赏和参与网球运动的人的思维方式和行为方式的制度化凝结，是网球运动的理论知识、技术、战术、习俗和制度的总称。网球文化包含了大众性、产业性、休闲性、竞技性这几个特征。

关于网球文化的内涵和特点，可归纳为以下几个方面。

1. 文明、高雅、礼仪是网球运动的本质

网球属于隔网类运动项目，没有身体的接触，多了一些从容优雅，网球选手协调地挥舞球拍，球路和身体恰到好处地结合，是一种力量和智慧的体现。网球运动文明、高雅，更多地带有绅士时代的影子，让沉醉其间的人们多了一些骑士风骨和贵族精神。这种风骨和精神就是网球礼仪，充盈着网球独有的魅力，决定着网球运动的本质精神。

2. 谦虚自信、相互尊重是网球运动的基础

网球技术学习是一个循序渐进的过程，所以要求人们在学习的过程中踏踏实实练好基本动作，要求人们经历一个从简单到复杂、从拿捏到熟练的过程。它既要求球员刻苦训练、善于动脑、善于发挥自己的长处，又要求球员相互配合进行练习，不断发现问题，弥补自己的不足，学习他人之长，不断进步。

3. 公平、公正是网球运动的核心

网球运动中规定球是圆的，这样它向任何方向运动的机会都是均等的，保证了比赛的公平。网球比赛是每局结束交换发球权，互相交换至比赛结束。网球场地是长方形的，但是仍然存在风向、风力、采光等客观因素的影响，所以场地是每局交换的。双方都得三分时为“平分”，平分后连胜两分才为胜一局。比赛通过抽签或抛硬币方式决定挑边或决定发球顺序，某方选择了挑边之后则由对手选择发球权。

4. 培养人的竞争意识是网球运动的魅力所在

现代化社会是一个竞争激烈的社会，作为一个现代人至少应该具备顽强拼搏、奋发进取的竞争精神。网球属于一项隔网对抗性的运动项目，参加这项运动可以培养竞争精神和对抗意识。网球的规则是平分之后一方先取得两分才能取得一局的胜利，这往往是运动者到最后的激烈斗争，体现了力量、速度、体力的对抗。只有到最后才能体现一个人顽强、拼搏、自信的心理特征，这正是竞争意识的表现。

网球运动与和谐社会的关系主要表现为大众网球的发展为和谐社会的建设提供了物质和精神支持；网球运动与个体发展关系密切，网球运动能够培养个体积极向上的生活方式；网球运动与经济息息相关，网球运动的蓬勃发展势必给体育经济带来良好的发展契机；网球运动的参与者文化程度较高，并且网球运动能够培养个体超越自我、超越他人的竞争意识，使之形成开拓进取、敢于拼搏、不畏艰难的价值追求，对社会主义文化建设起到补充作用；网球运动自身的规则非常明确，并且参与网球运动的个体会自觉遵守，由此将会使个体形成自觉遵守规章制度的良好习惯，为社会主义法治建设提供有力保证。

（三）网球协会

网球协会见表3－1。

表3－1　网球协会一览表

名称	简称	成立时间	职能	主管赛事
国际网球联合会 International Tennis Federation	ITF	1913年3月	世界网球运动的最高管理机构（由210个国家或地区的网球协会构成）	网球四大公开赛、奥运会网球比赛
职业网球联合会 Association of Tennis Professionals	ATP	1972年9月	目标是保护男子职业网球运动员的利益	ATP世界巡回赛1000大师赛
国际女子网球协会 Women's Tennis Association	WTA	1973年9月	女子职业网球的最高管理机构	WTA皇冠明珠赛、WTA超五巡回赛

（四）著名网球赛事

1. 网球四大公开赛

网球四大公开赛简称四大满贯（Grand Slam Tennis），是指澳大利亚网球公开赛、法国网球公开赛、温布尔登网球公开赛、美国网球公开赛，每年依次各举办一次，有各自固定的举办时间。网球四大公开赛全部具有一百年以上的历史，是职业运动员每个赛季的目标。赢取这四个公开赛中的一个冠军也叫赢得大满贯。四大公开赛是每个赛季的重头戏。（表3－2）

表 3 -2　网球四大公开赛一览表

名称/标志	举办国家	起始时间		比赛月份	比赛场地	特点
		男	女			
温布尔登网球公开赛 Wimbledon Championships	英国	1877 年	1884 年	6—7 月	草地	摩擦力最小，球速最快，弹性最小（网球运动最古老和最具声望的赛事）
美国网球公开赛 US Open	美国	1881 年	1887 年	8—9 月	硬地	摩擦力 < 澳网，球速 > 澳网，弹性 < 澳网
法国网球公开赛 French Open	法国	1891 年	1897 年	5—6 月	红土	摩擦力最大，球速最慢，弹性最强
澳大利亚网球公开赛 Australian Open	澳大利亚	1905 年	1927 年	1—2 月	硬地	摩擦力 > 美网，球速 < 美网，弹性 > 美网

2. ATP 世界巡回赛 1000 大师赛

ATP 世界巡回赛 1000 大师赛（ATP World Tour Masters 1000）是 ATP 下辖的 ATP 世界巡回赛的一个系列，简称“ATP 1000 大师赛”或“ATP 大师赛”。该系列比赛共包含 9 个站的大师赛，分别分布在欧洲、北美洲和亚洲（2009 年后）。这一系列比赛对顶尖的男子网球选手来说极为重要，其重要程度仅次于网球四大公开赛和 ATP 年终总决赛。（表 3 -3）

表 3 -3　ATP 世界巡回赛 1000 大师赛一览表

举办国家（城市）	赛事名称	首次举办时间
加拿大（蒙特利/多伦多）	加拿大大师赛	1881 年
摩纳哥（蒙特卡洛）	蒙特卡洛大师赛	1897 年
美国（辛辛那提）	辛辛那提大师赛	1899 年
意大利（罗马）	罗马大师赛	1930 年
美国（印第安维尔斯）	印第安维尔斯大师赛	1976 年
美国（迈阿密）	迈阿密大师赛	1985 年
法国（巴黎）	巴黎大师赛	1986 年
西班牙（马德里）	马德里大师赛	2002 年
中国（上海）	上海大师赛	2009 年

3. 网球三大团体赛

团体赛是一个国家网球选手整体竞技实力的比拼，其中包括男子选手参加的戴维斯杯、女子选手参加的网球联合会杯以及男女选手共同参加的霍普曼杯。（表 3－4）

表 3－4　网球三大团体赛一览表

名称	创立时间	类型	举办频率	其他
戴维斯杯 Davis Cup	1900 年	男子网球团体赛	每年一次	由国际网球联合会主办，因美国人戴维斯倡议举办而命名
网球联合会杯 Fed Cup	1963 年	女子网球团体赛	每年一次	为庆祝国际网球联合会成立 50 周年创办
霍普曼杯 Harry Hopman Cup	1988 年	混合网球团体赛	每年一次	以澳大利亚网坛传奇人物霍普曼的名字命名的世界混合网球团体赛

二、网球项目市场分析

（一）市场需求

网球市场是指从事网球经营、管理、服务以及网球相关产品生产的经济群体和经济活动的总和。没有众多的网球运动爱好者，就没有众多的观众和球迷，也就没有网球市场。大众网球运动的普及和业余网球比赛的广泛开展，是网球市场发展的前提条件。大众消费水平的提高和消费结构的改变，使得参与网球运动成为可能，为网球市场的广泛开发提供了机遇。强烈的竞争意识、赶超意识、民族自尊心和对体育文化、网球文化的领悟，是影响网球市场的社会因素。体育社会化最终决定于生产社会化。随着生产的发展和社会分工的扩大，人们对网球的消费需求也在扩大。网球运动参与商品交换的频率逐渐加大，并获得极大经济效益和社会效益时，才有可能形成产业。网球市场既是生产社会化的产物，又是网球运动本身社会化、产业化发展的必然结果。

高水平网球运动的观赏性、趣味性、艺术性能够为社会广大人民群众提供富有魅力的精神享受，使网球竞技技艺和网球比赛成为一种商品进入市场。竞技水平是网球比赛这种特殊“商品”的质量标志，竞技水平越高，它所提供的商品价值和文化价值就越高。而要保证这种特殊劳务的“商品质量”，必须有一批高水平的网球运动员和教练员。众多处在一流水平的网球运动员或接近一流水平的网球运动员共同参加比赛，其比赛的胜负才具有不可预测性，比赛才有悬念，这体现了网球运动特有的艺术魅力。因此，没有高质量的比赛，就没有观众，也就没有市场。

（二）市场结构

网球市场是市场经济条件下网球运动与商品经济结合的产物。只有在市场经济充分发展的条件下，网球劳务服务才能真正作为商品进行交换，商品交换原则才可以渗透到社会活动的各个领域，其价值的体现不仅仅是门票的收入，随着商品价值的不断开发，由比赛产生的社会效益也会通过广告、电视转播等方式转化成巨大的经济效益。目前在我国，网球市场主要包括网球运动训练培训市场、网球赛事市场、网球场馆经营市场、网球器材装备市场、网球运动咨询服务市场等。

（三）网球市场未来发展趋势

1. 加强政策制度创新，促进网球产业发展

制度是影响经济效率的重要因素，制度创新在体育赛事产业核心竞争力中起着基础性的作用。体育赛事产业的制度创新，是指系统的体育赛事产业的制度革新、改革、替代等，可以理解为一种更高效的制度改善及替代另一种制度的过程。发展尚不成熟的国内职业网球赛事，要形成核心竞争力，除了需要政府创造有利于积极创新和投资的网球产业环境外，还要继续推进体育体制改革，培育群众体育价值观。首先，经济方面。要加大赛事产权制度、税收制度和信用制度创新。通过这些制度创新，不仅可以明晰赛事各参与主体的所有权，保证合约的顺利实施，以降低赛事运营过程中的交易成本，还可以进一步激励各参与主体的市场行为，积极培育网球赛事消费市场，吸引更多知名赞助商和消费者参与赛事运营和消费。其次，组织管理方面。要继续推进体育赛事体制改革，合理界定政府与市场的关系，逐步建立“管办分离、责权清晰、运转流畅、办事高效”的赛事组织管理体制，以此来激发运动员的比赛兴趣，提高运动员的技战术水平和裁判员水平，促进体育赛事产业良性发展。最后，精神文化方面。要加大对体育基础设施建设力度，鼓励并扶持网球健身产业的发展及资金需求，进而培育群众的体育价值观。

2. 加强网球文化教育，培育网球文化根基

面对纷繁复杂的世界格局和同级别赛事竞争的挑战，我国网球市场的发展也有着许多机遇。良好的经济秩序环境、不断提升的赛事级别和奖金、世界一流的场馆硬件设施、强制性的世界顶尖选手参赛制度和众多的潜在网球群体等都为我国网球市场奠定了坚实的基础。可以说，与历史悠久的网球四大公开赛国家相比，我国网球市场所欠缺的不是硬件条件，而是网球文化的积淀。例如，赛场文化上，低迷的上座率、猖狂的黄牛党、观众观赛礼仪的缺失等；场外文化上，网球普及程度不够、网球教育培训滞后、网球精神尚未形成等。这些现象都说明了我国与国外在网球文化底蕴上的差距，这也注定了我国将要完成一场“马拉松式”的追赶。为此，要增强我国网球的文化底蕴，彰显五千年文明大国形象，除大力宣传外，更重要的是让更多的人认识和了解网球运动。首先，加大网球教育投入力度，除了技战术层面，更应该融合国内外网球文化特点，在精神层面予以深入挖掘。其次，积极开展大众化的网球赛事和活动，并通过赛前网络、媒体、手册宣传等手段，引导和规范球迷和观众的参赛礼仪。最后，转变发展理念，构建基于广泛群众基础的网球人才体系，以此为我国网球市场的发展奠定文化根基。

3. 加强电视媒体开发，营造全民网球氛围

为了在商战中获得最大利益，媒体的作用不容忽视。电视转播与相关媒介的宣传是体育赛事发展过程中很重要的环节，也是赛事的重要经济来源之一。因此，对于刚刚起步的我国网球市场而言，合理地开发电视转播资源与积极的媒介宣传就显得尤为重要。首先，充分借鉴职业体育赛事发达国家电视转播实践，建立纵向合并营销方式为主、准市场营销方式为辅，买方市场采取联合购买或者联合购买结合分销形式的多种营销方式并存的多元化赛事转播营销机制。其次，继续积极融合互联网、手机媒体、移动电视、App 等新生媒体力量，开发多媒介手段，加强与各大体育视频、微电影等网站的合作，利用新生媒体广泛性、即时性、移动性、便携性的特点和优势，建立全方位、多元化的媒体集群，采取多元化经营手段，实现多种传播渠道的赛事转播体系。最后，运用“明星效应”来推广我国网球市场，加强明星与媒体合作，邀请大众喜爱的明星参与电视节目，与赛场内观众进行互动交流及参与多媒体展览等活动，进而增强我国网球市场的知名度和美誉度。

4. 加强国内球员培养，提高网球竞技水平

我国网球市场的发展，除了要通过商业开发、广告效应吸引更多的世界顶级球员参与中国职业网球赛事外，更应该注重国内本土球员的培养和包装。当前，我国网球运动的发展呈现出了“阴盛阳衰”的局面，女子网球运动员在国际赛场上屡获佳绩。我国女网之所以能取得今天的优异成绩，除了靠自身的不懈努力外，还与国家体育总局聘请外籍高水平教练员团队，引进科学、先进的训练方法，以及在资金和政策上的大力支持密不可分。在中国女网渐入正轨之时，反观中国男网，似乎还不尽如人意。我国网球市场的发展固然离不开优秀国外球员参赛，但缺少优秀本土球员参赛的现状使得赛事本身的民族情结元素缺乏，直接影响了观众的消费需求和上座率。为此，要加大对我国国内球员的培养力度，加强球员输送制度改革和增加训练科技投入，注重本土球员的包装。尤其是男子网球，更应该虚心汲取女子网球的成功经验，结合自身发展特点和规律，踏踏实实地进行改革。只有实现“阴阳平衡”，我国网球整体水平才会真正提高，才能为我国网球市场的发展提供助力。

5. 加强赛事服务质量，保障消费体验流畅

随着我国经济的持续稳定增长，国人生活水平日渐提高，人们对体育竞赛表演产业市场提出了更高的要求，一流的赛事服务质量成为人们选择消费的关键因素之一。观众作为体育赛事需求的主体，对赛事的认同和喜爱程度，直接关系到赛事的成功与否。没有观众支持的体育赛事，运动员的表演将毫无意义，赞助商也将对赛事毫无兴趣。因此，要使我国职业网球赛事更具观众吸引力，保持高上座率，除了引进大牌明星参赛外，更应该注重赛事服务的提升。首先，在赛事运作过程中要充分融入中华民族的传统文化元素，使赛事中国化、特色化，加深国人对赛事的民族情感烙印。例如，举办具有浓厚中国韵味的开幕式，开发设计具有中国传统文化特色的门票和吉祥物等。其次，除了给观众呈现精彩的比赛外，更应该注重赛事过程中“亲民”行为建设，给观众提供贴心、周到的服务。例如，提供便捷的交通、舒适的座椅、可口的餐饮，分发纪念品，设立残疾人特殊观看区以及主持人与观众进行互动等，使观众产生浓厚的愉悦体验。最后，完善赛事服务质量评价体系。建立专门化、标准化的赛事服务评价体系，不仅可以规范赛事主办方以及其他赞助企业的行为，还能进一步提高观众的信心指数，为我国职业网球赛事的品牌建设提供助力，以此创造更大的价值。

6. 加强人力资源开发，构建人才保障体系

在资源要素中，人才资源作为一种能动的、特殊的资源最为重要。人才是拉动体育市场的主要的无形要素。职业化、商业化体育赛事的策划、推广、经营离不开专业化的人才保障体系，这些专业人才及团队的智力投资，对商业体育赛事整体发展的推动作用是直接经济投资所无法比拟的。处于初级发展阶段的我国网球市场，缺乏适应市场需求和赛事发展的专业人才和团队是制约其发展的瓶颈。针对这一现实问题，首先应建立体育赛事产业专业人才培训体系。体育赛事产业专业人才培训，作为体育赛事众多要素供给的初始环节，所创造的价值对于赛事的整体水平来说至关重要，应从理论知识与实践操作两个层面全方位构建人才培训体系。理论上，应根据职业网球赛事特点和专业人才职业特点，与国内外高校、科研院所等机构联合制定科学的课程培训内容。实践上，必须重视并加强实践操作，并在国家等有关部门的协助下，建立海外实习基地，依托国外赛事资源进行学习和实践。其次，完善相关的从业标准与资格考核体系以及合理高效的用人选人机制，并吸收不同专业领域人才参与赛事运作，为赛事实现可持续发展提供人力资源支撑。

第二节　网球项目市场运营

一、网球赛事的发展及其特性分析——以网球四大公开赛为例

（一）竞技水平分析

网球四大公开赛作为最成功的职业网球赛事，无论是现场观众数量、参赛球员规模、赛事奖金额度、官网点击率、电视收视率，还是媒体转播、衍生品销售等均位于各类职

业网球赛事的前列。高竞技水平无疑是其得以成功的关键。作为赛事主体的职业网球运动员，往往能够凭借其精湛的表演能力影响着观众、赞助商、转播商和宣传媒体等消费主体的行为选择。而明星球员对赛事价值的影响更是不可估量，无论是商业赛事还是公益赛事，人们对体育明星都表现出了强烈的兴趣。网球四大公开赛正是凭借着数量可观的高水平职业球员参赛才得以吸引越来越多的社会关注，而这也正是赛事精彩程度、上座率和收视率的重要保证。同时，网球四大公开赛每年都会请到 18 名左右的金牌裁判员（全球共 26 名）。因而，拥有高竞技水平球员参赛和高水平裁判员队伍是网球四大公开赛得以成功的重要因素。

（二）赛事制度分析

首先，在赛事管理体制上，网球四大公开赛基本上由该国的网球协会负责，首席执行官管理赛事运营。这种管理体制与我国职业网球赛事相比，组织关系更加密切，职能划分更加清晰。其次，在政府保障性制度上，澳大利亚网球公开赛所在的墨尔本市每年用于体育基础设施建设的资金投入非常巨大，而且还要求每位步入 35 岁的公民必须选择一项经常从事的体育锻炼项目，并制定了体育设施“免费或低费”向公众开放的标准。此外，在瑞典、西班牙等国家，体育事业基本上享有税收减免政策，甚至对体育赛事赞助企业免征所得税，以此来吸引更多的知名企业参与赛事赞助。这些制度上的设计，不仅提高了体育设施的利用率，更重要的是促进了群众体育价值观的形成，进而为体育赛事产业的发展奠定了坚实的制度保障。最后，在赛事转播制度上，网球四大公开赛普遍采用多元竞争赛事转播制度，且非常注重长期的保障性合作，而这与我国一元赛制转播格局大相径庭。

（三）赛事文化分析

网球四大公开赛所拥有的独具特色的深厚的文化底蕴和悠久的历史渊源，也是其永葆青春的砝码。赛事文化是在长期的发展过程中培育和沉淀而成的，是赛事特有的、不能被模仿和复制的，也是赛事核心竞争力中的焦点元素。始于 1877 年的温布尔登网球公开赛，是网球四大公开赛中最古老、最具美誉度和声誉度的一项草地网球赛事。法国网球公开赛始于 1891 年，以其浪漫的色调和红土场地而独树一帜，成为世界著名网球运动员和球迷一直向往的神圣之地。美国网球公开赛始于 1881 年，是最具商业气息的硬地网球赛事，更是唯一一个实现男女“同工同酬”的网球赛事。该赛事凭借高额的奖金和中速硬地场地吸引了众多世界顶尖选手参加。澳大利亚网球公开赛始于 1905 年，每年的 1—2 月份举行，是网球四大公开赛中最年轻的赛事，凭借其百年历史以及阳光和激情享誉海内外。网球四大公开赛所拥有的文化特色以及彼此避开的比赛时段，在赛事运作网络中起到了关键性的作用。

（四）赛事收入分析

网球四大公开赛作为成熟的体育赛事，在发展过程中形成了较为清晰的赛事收入结构。以温布尔登网球公开赛为例，其赛事在以高贵的气质吸引世界目光的同时，也在经济效益上实现了历史性的创收。电视转播费、企业赞助费、门票收入和特许经营收入等作为温布尔登网球公开赛的主要收入来源，在保障赛事运作开支的基础上，还为伦敦的财政收入以及税收做了巨大的贡献。在温布尔登网球公开赛的收入结构中，电视转播收入占到总收入的40%左右，企业赞助收入占35%左右，门票收入约占15%，特许纪念品收入占10%左右。可以说，温布尔登网球公开赛是网球四大公开赛赛事中收入结构最为均衡的职业网球赛事，这种均衡的赛事收入结构有效地避免了单向度收入所带来的运作风险。

（五）赛事服务分析

除了具有高竞技水平外，优质的赛事服务也是网球四大公开赛赢得美誉度的重要原因。高品质的赛事服务以赛事参与主体的利益诉求为出发点，从比赛开始到参与其中，通过完善服务理念、提高服务质量和规范服务操作，来满足服务对象的合理需求，并确保一定程度的满意度和舒适度。在赛事运作过程中，网球四大公开赛都非常注重赛事服务质量。在场馆配套服务设置上，澳大利亚网球公开赛建立了大满贯椭圆俱乐部，配有超大屏幕、音乐会、酒吧、俱乐部等场所以及网球电影节。与此同时，美国网球公开赛比赛期间，在赛事组织服务细节上更是独具匠心：根据目标观众休闲娱乐的需要，设置各种配套设施供球迷娱乐，以此来激发观众的兴趣；为了避免洗手间高峰拥堵分设出入口；通往中央球场的电梯赛前全部向上，赛后则全部向下；在球场边缘还专门预留出残疾人的位置；美国网球公开赛中心甚至还为不同年龄段的人们免费提供部分培训课程。这些服务细节都颇具人性化。除此之外，高素质的志愿者服务队伍、宽敞的媒体区、便民的购票网络以及合理的票价等都是优质赛事服务的体现。

二、国内外网球赛事发展对比

从表3－5可以看到，中国网球公开赛与网球四大公开赛以及同级别网球赛事相比在赛事开始时间上相对较晚，奖金数量虽然与同级别相比略显优势，但与网球四大公开赛相比还有较大的差距，在赛事签位数量上更是显得薄弱。综合以上数据分析，中国网球公开赛近年来虽然与自身相比在赛事级别与奖金数额上都有所提升，但是与国际顶级赛事相比还有较大的差距；虽然在硬件设施的建设上完全可以满足发展成为顶级网球赛事的条件，身处的外在环境有一定优势，但自身发展历程还相对比较年轻，存在较大的上升空间。

表 3－5　世界八大网球综合赛事发展对比表

赛事名称	开始年份	持续时间/年	奖金总额	签位
澳大利亚网球公开赛	1905 年	113	5500 万美元	男 128 女 128
法国网球公开赛	1891 年	127	3363 万美元	男 128 女 128
温布尔登网球公开赛	1877 年	141	4657 万美元	男 128 女 128
美国网球公开赛	1881 年	137	5300 万美元	男 128 女 128
巴黎银行网球公开赛	1976 年	42	890 万美元	男 96 女 96
索尼爱立信网球公开赛	1985 年	23	931 万美元	男 96 女 96
马德里网球公开赛	1990 年	28	719 万欧元	男 56 女 60
中国网球公开赛	2004 年	14	1000 万美元	男 32 女 60

注：数据来自各网球公开赛官网（截至 2018 年的数据）。

中国网球公开赛的目前赛事举办地是北京奥林匹克公园网球中心，是 2008 年成功举办北京奥运会网球比赛的后奥运遗产，拥有 17 块正式比赛场地、6 块练习场，可容纳 30600 位观众，总占地面积 16.68 公顷。从表 3－6 可以看到，按照赛事积分排名的世界顶级网球赛事中，全球范围内拥有该领先场馆设计的网球场馆的网球赛事为数不多。另外，在座位数量方面，中国网球公开赛也具有一定优势。虽然中国网球公开赛在比赛场地与场地材质上与其他地区顶级赛事比没有绝对优势，但目前综合实力在亚洲地区也属于国际一流水平。

表 3－6　世界八大网球综合赛事场馆对比表

赛事名称	比赛场地/块	座位/个	场馆设计	场地材质
澳大利亚网球公开赛	23	17121	开合式屋顶	室外硬地
法国网球公开赛	23	28900	露天场地	室外红土
温布尔登网球公开赛	22	33200	开合式屋顶	室外草地
美国网球公开赛	18	39400	露天场地	室外硬地
巴黎银行网球公开赛	23	16100	露天场地	室外硬地
索尼爱立信网球公开赛	12	21699	露天场地	室外硬地
马德里网球公开赛	10	18500	开合式屋顶	室外红土
中国网球公开赛	17	30600	开合式屋顶	室外硬地

注：数据来自各网球公开赛官网以及各赛事场馆官网介绍说明。

三、网球明星效应与品牌运营——以李娜为例

（一）李娜效应及其价值

1. 李娜效应

李娜的个性魅力效应巨大。李娜的魅力不仅源于其精湛的球技和不俗的成绩，更源于其率真的个性。这种个性不仅帮助李娜迅速融入了世界体育，还正在影响着我国体育的未来。

李娜的职业魅力效应巨大。敬业精神与执着造就了她的成功。我国体育无疑需要这样一种职业素养，需要这样一种敬业精神，更需要这样巨大成功的荣誉。

李娜的社会责任魅力效应巨大。李娜率直的个性和良好的职业风范的背后是她怀有一颗慈善之心。法国网球公开赛夺冠后她将政府颁发的 60 万元奖金（税后 48 万元）加上个人出钱凑够 50 万元善款，捐给了武汉市孤残养老院。

2. 李娜价值

李娜不仅具有极高的文化价值和精神价值，更重要的是她也拥有超强的商业价值。李娜的商业价值可从以下几个方面概括。首先是直接商业价值。其主要来自竞技比赛的核心业务，包括奥运会和职业联盟创造的商业价值。其次是间接商业价值。竞技体育塑造并成就了李娜。通过商业运作，这些体育人才也能创造商业价值。李娜个人或团队通过竞技比赛中的优良表现得到观众认可，引起李娜效应，获得广告收入，间接为社会创造了价值。再次是衍生商业价值。网球比赛对其他产业和行业产品或服务的需求导致其他产业和行业产出的增加，衍生商业价值表现了网球赛事对其他产业的拉动能力。此外，李娜也带来了一些无形价值。例如，观众更加热爱观看网球赛事，提升了文化消费的质量；有更多城市举办网球赛事，提升了城市形象；李娜取得的成绩，振奋了民族精神等。

（二）李娜对运动项目市场发展的启示

第一，为我国体育体制改革提供了启示。如果说举国体制是李娜早期成长的保证，那么“单飞”则是李娜在职业网球领域取得突破的重要原因。李娜的成功说明我国培养运动员方式在继承传统举国体制的同时，必须与时俱进地借鉴与融合世界体育先进的元素，与世界接轨。李娜的成功是国家与个人利益形成共振的结果。

第二，为我国职业体育改革提供了借鉴。真正的转变应是体育观念上的转变，是我国体育体制的转变。我们应以李娜夺冠为契机，推动我国竞技体育职业化进程。在不影响举国体制、奥运战略实施的前提下，使竞技体育与群众体育相结合，体育与教育相融合。

第三，为我国运动员个性成长及成功提供了借鉴。依托举国体制、依靠营销团队、

依靠家庭支撑这些传统模式还将是部分我国运动员成长的基本模式，但李娜的成功却在告诉我们另外一种选择，即融个人智慧与集体理性、国家利益与个人财富、个人职业成功与国家形象传播等于一体的独特模式。

第四，为我国运动员品牌价值塑造提供了范本。一个运动员要想实现自身价值的最大化，除了运动项目的国际流行度、普及度及个人的表现之外，还需要个人形象的塑造与维护、商业价值的开发和媒介形象的传播等诸多方面。

（三）科学运营“李娜品牌”，充分挖掘品牌价值

第一，着力打造“李娜品牌”，提高品牌知名度。把李娜符号转化为“李娜品牌”，加强对“李娜品牌”的价值塑造。第二，切实维护“李娜品牌”，提高品牌美誉度。保护品牌价值，合理选择代言；防范市场风险，维护品牌形象；不断提升“李娜品牌”，加强媒介传播。第三，打造湖北名片，充分发挥“李娜效应”。发挥李娜“地理效应”，打造湖北名片；发挥李娜“联动效应”，推动湖北体育产业发展；发挥李娜“文化效应”，促进湖北社会经济发展。

第三节　我国网球市场的发展与管理

一、我国职业网球赛事的发展历程

（一）初步启蒙时期（1997—2001 年）

1997—2001 年我国职业网球赛事主要事件见表 3 – 7。

表 3 – 7　1997—2001 年我国职业网球赛事主要事件一览表

年份	主要事件
1997	巴士集团收购 ATP 巡回赛上海站的举办权获得批准
1998	第一届喜力网球公开赛首次举办并获得“最佳赛事组织奖”
1999	第二届喜力网球公开赛出现亏损
2000	第三届喜力网球公开赛开始盈利
2001	第四届喜力网球公开赛成功举办

（二）逐渐探索时期（2002—2008 年）

2002—2008 年我国职业网球赛事主要事件见表 3－8。

表 3－8 2002—2008 年我国职业网球赛事主要事件一览表

年份	主要事件
2002	上海首次举办网球大师杯赛
2003	第五届喜力网球公开赛
2004	中国网球公开赛首次在北京举办；第六届喜力网球公开赛
2005	第二届网球大师杯赛；第二届中国网球公开赛
2006	第三届网球大师杯赛；第三届中国网球公开赛（首次使用鹰眼系统）
2007	上海获得 ATP 1000 大师系列赛的永久举办权；第四届中国网球公开赛
2008	网球大师杯赛移师欧洲；第五届中国网球公开赛

（三）快速发展时期（2009—2018 年）

2009—2018 年我国职业网球赛事主要事件见表 3－9。

表 3－9 2009—2018 年我国职业网球赛事主要事件一览表

年份	主要事件
2009	上海首次举办 ATP 1000 大师赛获得年度最佳；第六届中国网球公开赛的赛事奖金、级别全面升级
2010	第二届上海 ATP 1000 大师赛获得年度最佳；第七届中国网球公开赛
2011	第三届上海 ATP 1000 大师赛获得年度最佳；第八届中国网球公开赛
2012	第四届上海 ATP 1000 大师赛；第九届中国网球公开赛
2013	第五届上海 ATP 1000 大师赛；第十届中国网球公开赛
2014	第六届上海 ATP 1000 大师赛；第十一届中国网球公开赛
2015	第七届上海 ATP 1000 大师赛；第十二届中国网球公开赛
2016	第八届上海 ATP 1000 大师赛；第十三届中国网球公开赛
2017	第九届上海 ATP 1000 大师赛；第十四届中国网球公开赛
2018	第十届上海 ATP 1000 大师赛；第十五届中国网球公开赛

二、我国职业网球赛事的发展现状

（一）球员参赛现状

高规格职业网球赛事的扎根，为我国网球赛事的发展翻开了崭新的一页，成了我国网球发展的新的起点和坐标。然而，上海网球大师赛和中国网球公开赛自创建伊始就频遭大牌球员退赛及过早出局的尴尬局面。中国网球公开赛（截至 2018 年）产生了 7 个男单冠军和 8 个女单冠军。冠军数量的增多造成的冠军含金量的降低，使这些视赛事价值为根本的职业球员难以对其产生足够的参与兴趣。总之，缺少世界顶尖球员的参赛现状会直接降低球迷的观赛热情，在一定程度上损害主办方办赛的权益和赛事品牌。

（二）商业赞助现状

职业网球赛事作为以营销为核心的体育赛事之一，自 1968 年网球进入公开赛起，与企业的联系就从未间断。赞助企业不仅为赛事奠定了更为坚实的运作基础，还拓宽了赛事的市场化运作空间。然而，虽然赞助企业的数目每年都呈递增趋势，但知名企业却极为稀少，而且多数企业以提供商品和服务的形式来赞助。除此之外，我国国内企业缺乏相关的指导和经验，盲目赞助情况严重，出现了赞助形式单一化的局面，企业在赞助过程中只注重外在运作，忽略了企业与赛事之间的内涵联系，难以找寻到企业文化与赛事文化的最佳结合点。同时，我国的税收制度更是将体育赞助划归到捐助行为行列，进而使得赞助企业丝毫享受不到税收上的优惠政策待遇。这些问题的存在不但对赞助企业的利润带来创伤，也进一步影响了我国职业网球赛事的发展。（表 3－10）

表 3－10　2018 年我国职业网球赛事赞助概况

<table>
<tr><th colspan="2">中国网球公开赛</th><th colspan="2">上海网球大师赛</th></tr>
<tr><td rowspan="2">首席赞助</td><td rowspan="2">梅赛德斯奔驰、北京奔驰</td><td>冠名赞助</td><td>劳力士</td></tr>
<tr><td>尊耀赞助</td><td>光明</td></tr>
<tr><td rowspan="2">钻石赞助</td><td rowspan="2">中国人寿、中信银行</td><td>钻石赞助</td><td>摩根大通集团</td></tr>
<tr><td>荣誉赞助</td><td>喜力啤酒、梅赛德斯奔驰、中国建设银行、阿联酋航空</td></tr>
<tr><td>白金赞助</td><td>阿联酋航空、嘉实基金、天佑德青稞酒、特仑苏、百岁山、人人贷</td><td>指定赞助</td><td>静安昆仑大酒店、百岁山、联邦快递、海沃氏等 10 家；中国电信、尤尼克斯、天使鱼、拉科斯特等 17 家</td></tr>
</table>

（三）赛事收入现状

历经多年的运营，目前我国职业网球赛事的收入结构较为清晰，收入种类与澳大利亚网球公开赛、温布尔登网球公开赛等大满贯赛事的收入相符，主要由企业赞助、电视转播、特许经营和门票4 部分收入构成，充分说明我国职业网球赛事的运营方向和策略是符合世界惯例的。但是，从收入的内部结构看，目前赛事的收入主要依靠企业赞助。之所以出现赞助收入所占比例过大的现象，主要是因为我国职业网球赛事与国外网球赛事相比尚不成熟，赛事质量以及大众认可度还相对较低，且赛事转播运营权开发有限，转播运营商单一，相关产品开发滞后，营销手段单一，等等。这些因素都在一定程度上制约了赛事收入结构的均衡发展。（图 3 – 1）

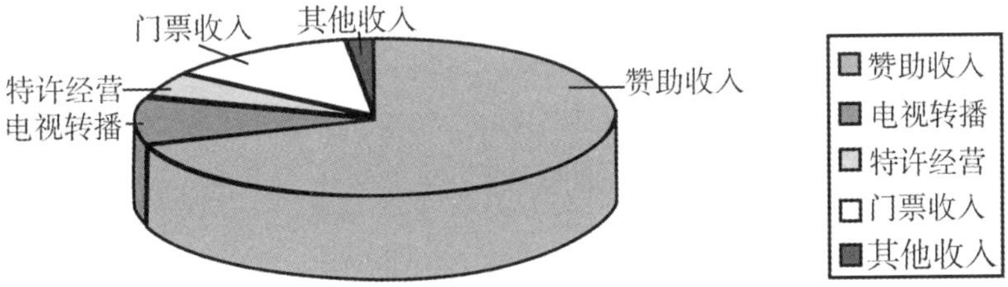

图 3 – 1　我国职业网球赛事收入结构

（四）电视转播现状

与国外体育赛事转播百花齐放局面不同，我国是央视独揽全局的现状。央视凭借强有力的政策保障、雄厚的经济基础、高端的转播技术、优秀的人力资源和成熟的观众市场等优势，占据了体育赛事转播的主地位，所转播的节目几乎涵盖了国内外各种重大体育赛事，中国网球公开赛和上海网球大师赛的电视主转播权也被央视所包揽。赛事转播作为一种市场行为，理应建立在多元转播资源基础上，央视的垄断行为从长远角度来看势必影响赛事转播市场的有序发展。（表 3 – 11）

表 3 – 11　2009—2018 年网球赛事电视主转播商一览表

	温布尔登网球公开赛	美国网球公开赛	中国网球公开赛	上海网球大师赛
电视主转播商	BBC、NBC、ESPN、NHK、网球频道等广播公司和电视台	哥伦比亚广播公司、ESPN2 和网球频道	央视	央视

（五）媒体宣传现状

赛事媒体宣传是赛事品牌传播和市场推广的重要环节之一，赛事凭借广泛的媒介覆盖网络，能及时、准确、富有针对性地向外界传达赛事信息。著名的网球四大公开赛赛事，为了扩大赛事的知名度，吸引人们尤其是中青年群体和中产阶级群体的关注，在开赛前期都会进行各种形式的大量宣传工作，诸如电视宣传、网络宣传、报纸宣传等，根据需要还会邀请世界名流加入赛事的宣传工作。与此同时，随着新媒体时代的到来，网络媒体在体育方面的逐渐兴盛也是体育赛事主要的发展趋向，而且网络媒体以其多样化的传播方式，如视频直播点播、微博等，满足了不同观众获取赛事信息的需求。这里需要特别强调的是，中青年群体作为通过互联网渠道获取信息的主力军，是构成赛事观赛团队的主体。新生代市场监测机构的数据显示，我国参与网球运动的人群年龄主要是25～34 岁。

梳理我国职业网球赛事的传播方式发现，除了电视传播这一主流体育传媒之外，似乎对网络媒体的开发还相对欠缺，而针对中青年和中产阶级群体的宣传手段和策略更是少之又少。这充分表明，目前我国职业网球赛事的网络转播与主流传播趋势的融合性不足，以及赛事宣传手段单一化、宣传目标定位盲目化。这些问题的存在，对于我国职业网球赛事的宣传和推广、运作和发展极为不利。

我国参与网球运动人群年龄结构见图 3－2。

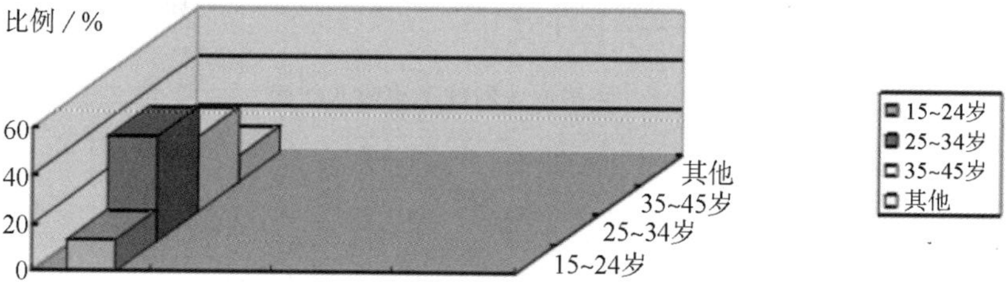

图 3－2　参与网球运动人群年龄结构

资料来源：中国体育产业发展报告（2008—2009 年）。

三、中国网球公开赛无形资产的构成要素

（一）电视转播权

中国网球公开赛的电视转播权按照转播对象区域不同分为国外转播权、国内转播权（不包括港澳台地区）。就中国网球公开赛的现状以及身处的环境来看，央视利用自身的优势在赛事的宣传上为中国网球公开赛的赛事品牌塑造及传播搭建了一个超级平台，也是中国网球公开赛企业执行品牌战略、实施赛事营销的重要战略资源。也就是说，中国网球公开赛通过央视拥有一个庞大的本地电视媒体观众群，每年确定有超过 150 小时的中国网球公开赛转播时间以及高达 7 亿的覆盖人口，为中国网球公开赛的赛事推广以及营销奠定了坚实的基础。（表 3－12）

表 3－12　中国网球公开赛转播商列表

赞助级别	赞助单位
持权转播商	爱奇艺体育
	一点资迅
	央视体育
	北京电视台冬奥纪实

（二）特许商品开发经营权

中国网球公开赛特许商品都由商用徽记延伸设计而来。它包括会徽、吉祥物、口号等。中国网球公开赛推广有限公司在 2008 年 5 月对其商标——中国网球公开赛（China Open）商用徽记在中国工商管理局进行了工商注册保护。中国网球公开赛的标志特许经营采用高级赞助商分授权模式，即赞助招商与特许经营相结合。李宁（中国）体育用品有限公司和北京外企元隆文化发展有限公司分别成为中国网球公开赛标志特许商品的生产商和零售商，分别对中国网球公开赛特许商品中针织类的与非针织类的产品进行开发、生产以及销售。商业运作模式采取收益分红的形式，收取销售利润的 30%。其中，特许商品种类的授权不包括邮票、纪念币等需要经国家相关主管部门许可或专营的产品，以及邮品、贵金属制品等特定的产品。因为采取全权授权利益分成的模式，特许商品销售量的好坏关系到中国网球公开赛利益的多少，所以，从产品开发和销售角度来分析，这与赛事文化的影响力及赛事品牌成熟程度有着直接的关系。

（三）新媒体转播权

中国网球公开赛新媒体独家转播权在 2011 年由悠视网获得。这就意味着悠视网将在赛会期间在网络电视、手机视频和 IP 电视等新型的媒体领域独家直播中国网球公开赛赛事。新媒体具有更强的时效性、互动性与直观性，新媒体的引进对中国网球公开赛赛事的宣传与推广来说具有极高的价值。伴随我国选手一次次在国际网坛上夺冠，关注赛事的中青年群体增加，及时革新赛事中的媒体技术、方便国内外媒体的转播就显得极具意义。

四、中国网球公开赛无形资产的商业运作渠道

（一）媒体营销

中国网球公开赛媒体合作伙伴众多，涉及电视、电台、平面、网络等诸多传媒手段。多次多类型的报道创造了中国网球公开赛的赛事媒体价值。这也是获取赞助商支持的前

提条件。媒体合作伙伴创造出的媒体价值扩大了赛事影响力并能以此吸引赞助商。（表3－13）

表3－13　赛事总体媒体曝光价值

媒体类型	2009年赛事媒体价值/美元	2010年赛事媒体价值/美元
国际电视转播	273 096 349	278 991 238
电视广告	25 549 048	25 695 151
网络媒体广告	13 843 338	24 747 879
中国网球公开赛印刷品广告	11 836 492	13 335 983
户外广告	7 389 930	10 905 147
平面媒体广告	4 240 146	1 454 706
中国网球公开赛其他宣传活动	771 537	689 860
电台广告	416 325	591 283
总计	337 143 165	356 411 247

（二）品牌营销

使中国网球公开赛品牌价值与赞助企业的品牌价值达到最好的匹配是中国网球公开赛组委会一直追求的目标，正处于成长期的中国网球公开赛现阶段收入需要以针对性强、也相对比较稳定的赞助为主体。为确保赞助商权利得到最大限度的保障，以及建立长期有效的合作关系和互惠互利的商业开发模式，中国网球公开赛的品牌定位是不容忽视的。中国网球公开赛组委会商务部分别为各级别赞助商制定了成套的商业计划套餐，限制了行业分类，从而使赞助商利益最大化。

在中国网球公开赛的赞助理念中，只有一个行业的领军企业才能进入中国网球公开赛。这主要是因为，顶级网球赛事的观众群体的共同指向性十分明显，其年龄、背景、消费特点指向清晰，是中高端消费品牌进行推广的最有效受众之一。

中国网球公开赛赞助商的构成从商业的角度来讲，已经拥有汽车、酒类、饮料、餐饮、保险、服装、食品、体育用品、办公用品、酒店、票务、金融等行业的赞助商。根据现阶段中国网球公开赛赞助商的共性，赞助商均为各自行业的知名企业，如奔驰汽车、中国人寿、中信银行等，其品牌形象和地位与中国网球公开赛打造国际高端职业网球赛事的理念相吻合，同时产品的定位也与中国网球公开赛观众的消费需求相匹配。通常在国际市场上，组成大型网球体育赛事赞助商队伍的中坚力量还包括快速消费品、化妆品、IT等行业。目前中国网球公开赛作为国内顶尖网球赛事，在赞助商领域中依然存在一些空白行业，如钢铁、个人护理产品、IT类产品、零售业及国际快递等。

（三）赞助营销

赛事赞助商在付出相应的赞助费用的同时，也拥有着相应的权益，也就是一些赛事的无形资产。虽然组委会未对这部分无形资产进行标价开发，但各赞助商都会根据级别、行业、赞助金额的不同获得相应的权益，并且这些权益也会存在很大的差别。将赞助商所获的场地使用权加以市场评估便可以体现出这部分权益所产生的价值。媒体曝光价值是赛事转播权买卖中收益的大小，赞助商通过组委会为其提供的有关活动和赛事本身对赛事标识的使用，以及场地广告牌位的综合体现。

赛事转播权等无形资产通过赞助营销体现市场价值，如用给予赞助商的广告时段换取赛事转播及报道权利。赞助商根据所获利益及赞助金额多少依次分为首席赞助商、钻石赞助商、白金赞助商、独家合作伙伴、供应商。从这种营销方式角度出发，很多赛事无形资产并没有在市场买卖中体现自身价值，而是通过赞助商间接体现的。这样的无形资产商业运作方式一般出现于赛事发展的初级阶段。此阶段赛事的品牌效应及赛事影响力尚不显著，而中国网球公开赛目前正处于这样一个阶段。（表3－14）

表3－14　2018年中国网球公开赛赞助商表

赞助级别	公司名称	行业
首席赞助商	梅赛德斯奔驰	汽车
	北京奔驰	
钻石赞助商	中国人寿	保险类
	中信银行	金融服务类
白金赞助商	阿联酋航空	机票服务类
	嘉实基金	金融理财类
	天佑德青稞酒	白酒类
	特仑苏	奶制品类
	百岁山	矿泉水类
	人人贷	金融贷款类
独家合作伙伴	央视体育	电视转播
	爱奇艺体育	官方视频网
	业之峰装饰	装饰
	利亚德	显示屏
	丽日帐篷	帐篷
	Asics	体育用品
	Ashley	家居装饰

续表

赞助级别	公司名称	行业
供应商	海德体育用品	网球用品
	威尔逊体育用品	网球用品
	国道黄金	黄金制品
	新元素	餐饮 - 西餐类
	仙踪林	餐饮 - 中餐类
	明慧茶院	餐饮 - 茶类
	朗万科技	电子设备
	恰好时	网球场设施
	DecoTutf	网球场涂层
	英派斯	健身产品类
	视觉中国	摄像、视频
	瑞幸咖啡	咖啡饮料
	跃进新能源	新能源汽车
	聚鲨环球精选	食品类电商平台 App
	亦茶亦画	茶叶
	CALVET	葡萄酒

五、培育我国网球市场的有利条件

（一）社会主义市场经济的建立和发展为网球市场的培育提供了明确的方向和体制保证

我国市场经济的建立和发展，为包括网球市场在内的体育市场的培育和发展奠定了基础，使其能够以市场为基础配置体育资源。经济改革促进了经济发展，促使生产效率提高，使人们可支配的闲暇增加，我国经济出现相对集中消费的“假日经济”现象，这为培育网球市场提供了有利的空间和时间条件。政治体制改革为网球市场的民主法制建设提供了有力保证。

（二）我国经济的快速发展为网球市场的培育提供了坚实的经济基础

经济的快速发展，为包括网球市场在内的体育市场提供了多方面的有利条件：①国家积累增加，对网球市场发展的经济支持力度会相应加大；②第三产业的兴起为网球产业和网球市场的培育提供了施展空间；③企业经济实力增长，对网球市场的经济支持会有所增加；④人民消费水平的提高，恩格尔系数的下降，以及消费结构的变化，为网球市场的培育创造了有利条件。

（三）网球运动的逐步普及为网球市场的培育提供了广阔的空间

近些年来，社区、学校等网球场地设施增加，随处可见打网球的热闹场面，中国网协也在积极出台相关政策来推广这项运动，一些地区也通过举办一些赛事来推进这项运动蓬勃发展，再加上李娜、张帅等优秀网球运动员的脱颖而出，更产生了广泛的社会影响。

（四）网球市场的培育有“后发优势”可以利用

所谓“后发优势”，就是后起者可直接引进、吸收和利用先行者所创造出来的诸多成果和经过长期积累的成功经验，在较短的时期内实现某种跨越，而不必样样从头开始，重蹈先行者的弯路。培育我国网球市场应该充分利用这种“后发优势”，以克服其劣势。国际上影响最大、水平最高的网球单项比赛有网球四大公开赛以及 ATP、WAT 巡回赛和年终总决赛，而团体赛有戴维斯杯和联合会杯比赛，北京现在也是职业巡回赛其中的一站，上海还举办过大师杯总决赛。这些经验可以直接被引进吸收，并结合我国国情为我所用。有许多关于市场培育的经验和成熟的做法可以借鉴，国际及国内其他球类市场培育的成功经验也可以有选择地吸取，从它们之中所获得的经验教训更有借鉴意义。

（五）网球运动的特点赋予我国网球市场的培育以独特的优势

网球运动是隔网对抗且趣味性很强的运动项目之一。网球运动简便易行，已经从贵族运动发展成大众的“潇洒运动”。在草地上，古典而优雅，虽然疾风迅雨般地“厮杀”，争夺全然没有绅男淑女的矜持，但隐隐透着的仍是大家风范与气度；在红土地上，凝重而深沉，不屈不挠地“搏杀”，奔跑中蕴涵的是对胜利的渴望；在硬地上，灵动而多彩，充斥着无拘无束的天性，放任着满天满地的幻想……在这个追求时尚、追求美的时代，人们更加喜欢这项运动，而且网球场地设施大幅度地增多，全国高校大多开设了网球课，这些都是开展网球运动极为有利的条件。

六、我国网球市场发展的不利因素

（一）经济困难和国力的制约

目前，按照我国人民群众的生活水平，能够花钱租场地打球的人数和次数还不多。

同时，企业在总体上能够给体育提供的资助不会很多，对网球文化价值利用的积极性还不高。国家每年支持网球运动的资金有限，与实际需要相距甚远。资金的短缺，将是今后相当长一段时间内困扰我国网球市场发展的重要因素。

（二）体制转换的困难和问题

由于市场机制和与之配套的一系列社会机制还没有完善，现行的体育管理体制、体育运行机制、人们的思想观念同市场经济的要求还有相当差距。这使体育工作出现了一些新情况、新问题和新矛盾。网球的竞赛体制、训练体制、组织管理体制、人才培养体制等方面的探索创新，都会遇到传统体制带来的障碍、利益调整带来的冲击，以及理论和实践上的新的困难。

（三）法规建设滞后

《中华人民共和国体育法》实施以后，我国的体育开始进入依法行政、有法可依的轨道，但是还存在两个问题：一是相对于一些经济部门，我国体育行政法规的体系尚未建立，配套法规欠缺，尚不能很好地规范体育行为；二是在现有法规的贯彻执行方面，还存在“法制”意识不强、有法不依、执法不严的情况。

（四）市场竞争的挑战

随着社会的进步和体育事业的发展，许多普及的体育项目走向市场。足球、篮球、排球、乒乓球、羽毛球的风靡和一些新项目的兴起，使网球在项目结构调整中地位相对降低，在体育市场中所占份额相对减少。运动员和教练员的再教育、进修、培训制度不健全，直接制约着整个网球运动水平的提高，影响着“网球产品”的质量。城市建设中网球场地建得少以及收费过高，都是制约网球市场发展的重要因素。

七、开发和培育我国网球市场的建议

我国网球市场虽然存在一些困难和问题，但这些都是在前进中出现的。这些困难和问题也只能靠进一步改革和发展去逐步解决。在开发和培育网球市场的过程中，可以采取以下主要措施。

（一）加强网球消费意识的引导

充分开发网球的各种“社会价值”。推进网球社会化、产业化，把消费作为出发点和落脚点，扩大网球市场的消费群体。

（二）继续深化体制改革

如何真正实现政府职能进一步由直接管理向间接管理转变，从微观调控向宏观调控转变，从单纯依靠行政命令向依靠法律、政策、经济等多种综合手段转变；如何建立有序、竞争、高效的运行机制；如何建立政策引导、法律指导和检查监督机制；如何理顺管理部门和协会等其他社会网球组织之间的关系……这些问题应当在改革探索的实践中逐步解决，积累正反两方面的经验教训，不失时机地进行体制改革和实践，逐步形成具有中国特色的管理体制。

（三）继续健全和完善职业网球俱乐部体制

进入职业网球市场的俱乐部，应该是产权明晰、责权明确、自主经营、自负盈亏、管理科学的企业法人。目前，我国的“职业俱乐部”与严格意义的职业俱乐部还有一定差距，应当从产权改革到规范化管理对其进行全面建设。

（四）尽快提高网球竞技水平

竞技水平是网球运动这种特殊“商品”的质量标志，要通过进一步改革竞赛体制和训练体制，处理好“练”“赛”关系，要重视“塑”形象、“创”品牌、“树”球星，有重点地培育网球明星，要加强国际交流与国际合作，重视吸取和借鉴世界上先进的训练方法和经验为我所用。

（五）加强网球市场的理论研究

目前，关于网球产业、网球市场等经济与网球运动交叉领域的研究十分薄弱，与客观需求很不匹配。建议国家体育总局及网球运动管理中心加强这方面的改革引导和科研投入，实行立项优先、投入倾斜、成果重视等措施，引导和鼓励理论工作和实践工作相结合的科学研究，为我国网球市场的不断发展提供理论依据。

（六）加强群众性网球运动的投入

有条件的部门、学校、基层单位应加强群众性网球运动的投入，创造条件，让更多的人喜欢打网球，这样才有更多的人看网球、欣赏网球比赛，才有比较稳定的网球市场。

第四章
篮球项目市场特征

第一节　篮球项目概况及市场分析

一、篮球项目概况

（一）篮球运动介绍

篮球运动是围绕高空球篮和篮球而展开的集体攻守对抗的体育运动，其活动都是围绕着如何激励参与者能更快、更准、更多地将篮球投进高空球篮和阻止对手将篮球投进高空球篮而展开的。所以说，“高”是篮球运动的目标，“准”是篮球运动的目的，高速度、高强度的对抗条件下争高求准是篮球运动的最大本体特征。篮球运动技、战术系统的实践操作与实战运用过程，是在对抗变化着的特定时间、距离、场地、设施条件要求下，运用跑、跳、投等手段来完成的。在这一过程中，无论智力、生理还是心理都要承受各种复杂因素的综合影响。适量参加篮球活动，对促进人的生理机能（特别是内脏器官与感受器官的功能、中枢神经系统的支配能力）、增进健康，以及综合提高身体素质、心理修养等有积极作用。

（二）篮球运动发展历程

篮球运动是1891年由美国人詹姆斯·奈史密斯发明的。当时，他在马萨诸塞州斯普林菲尔德基督教青年会国际训练学校任教。当地盛产桃子，这里的儿童又非常喜欢玩将球投入桃子筐的游戏。他从其中得到启发，并博采足球、曲棍球等其他球类项目的特点，发明了篮球运动。

1892年，篮球运动首先从美国传入墨西哥，并很快在墨西哥各地得到开展。这样，墨西哥成为除美国外，第一个开展篮球运动的国家。此后，这项运动先后传入法国、英国、中国、巴西、捷克斯洛伐克、澳大利亚、黎巴嫩等国家，在世界范围内得到了开展、普及和发展。1896 年，美国人鲍勃盖利将篮球传入中国，篮球运动首先在天津、北京等城市青年会中开展起来。1910 年，中华民国首届全国运动会上，篮球首次被列为表演项目。1913 年，篮球被列为我国国内正式比赛项目。自 1951 年起，篮球一直是亚运会的正式比赛项目。1932 年国际业余篮球联合会成立，男子篮球被国际奥委会承认为奥运会正式比赛项目。1946 年，美国出现职业篮球联赛，并发展为目前的 NBA。1976 年，女子篮球被列为奥运会正式比赛项目。

（三）篮球运动的本质

构成篮球运动本质的基本要素包括人、篮球、球篮。篮球运动的本质基础在人与篮球、球篮的“融和”。首先，“融和”突出了篮球运动中的主体；其次，“融和”的终极目标是使篮球运动中作为主体的人在其中得以完善和发展；最后，“融和”构成了篮球运动的功能，包括政治、经济、教育、休闲娱乐、强身健体等一系列功能。

（四）篮球运动的特征

高空立体对抗性。篮球运动的显著标志和篮球运动的本质特征是高空立体对抗性。篮球运动具有高空性、瞬时性、立体性、对抗性、准确性。

运动内容结构多元性。篮球运动内容结构具有学科理论广泛性和整合性、技术复合性和多样性、战术多样性和多变性。

竞赛规则限定性。篮球运动竞赛规则经过 100 多年的发展，日趋完善，具有自身的完整性和独立性，已经成为识别篮球运动的一个显著标志。

社会性与教育性。篮球运动简单易行，趣味性很强，可以因人、因地、因时、因需而异。通过变换各种活动方式，篮球运动更加方便与吸引人们参与，可达到活跃身心、强身健体的目的，进而提高社会的文明氛围，充实人们的业余文化娱乐生活。

观赏性。篮球运动发展至今不仅是一项竞技运动、一种社会活动、一种教育手段，也是一项综合艺术。它是作为社会文化教育和人类的娱乐需要而存在的，是社会的审美对象之一。

（五）篮球运动的功能

篮球运动的功能是指篮球运动以其竞技性、娱乐性、观赏性等自身特点作用于人和社会所能产生的良好影响和效益。随着篮球运动的不断发展，其对社会、经济和文化的促进作用越来越被人们重视。同时，随着人们对篮球运动认识的进一步深入和提高，篮球运动也将更好地为人类物质文明建设和精神文明建设服务。篮球运动的功能归纳起来主要有以下几个方面。

1. 政治功能

体育与政治最直接的联系就是爱国主义和民族精神。运动员是以国家为单位参加国际性比赛的。因此，他们的成败就赋予了特殊的政治含义。运动员代表国家的形象，他们的胜利伴随着升国旗、奏国歌和观众的肃立致敬，这无疑是国家和民族的自豪与胜利，牵动着民族自豪感与自信心。篮球运动作为一种竞技性极强的运动，常常成为检验各国综合实力和体育运动水平的一面镜子。篮球竞赛常常被作为一种手段，用来提高国家威望、振奋民族精神、创造安定的社会环境，以及改善和促进国家关系、充当和平友好使者和慈善者。

2. 经济功能

在当今体育产业化的时代，篮球可以说是经济发展的一个重要平台。篮球自身是一项具有很强的竞争性、对抗性、娱乐性、趣味性和易普及性的项目，因此，篮球深受广大群众喜爱，也是我国较为普及的运动项目。同时篮球作为一个雅俗共赏的文化产品，吸引着数以亿计的观众，有着巨大的市场。因此，一些大型企业把篮球作为一种产业来经营，以职业化手段开发篮球的商业价值，取得了巨额的经济利益。同时，篮球具有较长的产业链，可以拉动电视转播业、体育广告业、标志产品业、体育赞助业、体育旅游业等。

根据篮球对经济发展的作用，开发篮球市场具有以下功能。

——有利于培育和建设我国整个篮球市场，建立、健全我国篮球市场体系。职业篮球市场是整个篮球市场体系中最有活力、最有影响力的市场，其发展程度直接影响整个篮球市场的形成和发展。

——有利于带动和促进其他相关产业的发展。发展职业篮球市场，有利于带动和促进电视转播、体育广告、标志产品、体育旅游、场馆经营等相关产业的发展。

——有利于提供丰富的体育劳务产品，更好地满足人们对精神文化产品的需求。

——有利于我国篮球无形资产的开发，使中国男子篮球职业联赛（CBA）成为我国体育产业的一个重要品牌。

3. 文化功能

篮球本身就是人类社会物质文明和精神文明的产物，其发展水平又对整个社会文化的发展起到积极的、重要的作用。篮球也是社会文化生活的一部分。欣赏激烈的篮球比赛和球员们精湛的球艺，能使人们的生活空间和余暇得到扩展和充实。公平激烈的篮球比赛传播着平等竞争的文明风尚，也鼓舞着人们对真实、自信、进取和创新的向往。同时篮球比赛过程中的精彩变幻和竞赛结果的不可预测性，也给人们带来了极大的悬念与乐趣，满足了人们对美好生活的追求。

另外，从物质文明方面看，竞技篮球的发展也带动了篮球场馆的设计、造型和建设的创新，并有可能成为城市一些雕塑的选择内容，如著名篮球明星乔丹的雕像就矗立在芝加哥联合中心球馆前；还有一些著名球星的退役背心被悬挂在篮球馆里作为纪念。

4. 教育功能

篮球还有很强的教育功能。篮球是一项把变换、结合、转移、持续融为一体的集体攻守对抗项目，要求运动员反应快速、判断正确、随机应变、有勇有谋、机智善断。为了在比赛中获得胜利，不仅要充分发挥每个球员的个人能力，还必须充分发挥全体球员的整体能力。通过比赛，运动员的个性、自信心、意志力、进取心、情绪控制能力、自我约束能力等都能得到不同程度的发展。另外，篮球场上的竞争是在统一、严格、平等的规则下进行的。因此，长期从事篮球运动对形成现代市场经济条件下人类社会发展需要的竞争意识、团队精神、公平竞争、法制观念、规范行为、拼搏精神、顽强意志、文明自律等非智力因素的良好品质有着特殊的作用，还可以培养尊重裁判员、尊重对手、尊重观众等高尚的体育道德。同时，通过观看篮球竞赛，观众自身也潜移默化地接受了精神文明教育。

5. 社会功能

（1）竞技篮球对大众篮球的普及和推动作用

在高水平篮球比赛中，运动员娴熟的、高超的篮球技术和灵活多变的战术，对于篮球爱好者来说具有很好的示范性和指导性作用。竞赛可以吸引更多的人参加篮球运动，在更大的范围内推广这项运动。普及与推广大众篮球也为高水平的竞技篮球奠定了更广泛的人才基础，有利于竞技篮球的可持续性发展。

（2）篮球比赛现场是消遣娱乐的场所

高水平篮球比赛是一种精神文化产品。运动员高超的运动技术、巧妙的战术组合、教练员运筹帷幄的指挥以及比赛过程与结果的不可预测性，都给人们带来了精神享受。

（3）篮球比赛是文化传播的纽带

高水平篮球比赛作为一种人们喜闻乐见、雅俗共赏的大众文化，不分国度、不分种族、不分制度、不分阶级，使人们都能享受篮球带来的乐趣。人们通过“篮球语言”共同享受篮球、理解篮球，通过赛场将篮球文化传播到世界各个角落。

（六）篮球协会简介

1. 国际篮球联合会

国际篮球联合会，通常称为国际篮联，是一个国际性的篮球运动组织，由世界各国的篮球协会组成，总部设于瑞士尼庸。它负责制定国际篮球球例、制定篮球比赛用的篮球场和篮球规格（如篮球筐的高度、篮球场的长与宽、禁区的大小、三分线的距离和比赛用球等）、控制球员的调动、任命可以在国际篮球比赛执法的裁判员和举办大型篮球比赛。国际篮联成立于1932年，现共有215个会员国家。1989年，其开始分为5个地区委员会，专责处理该地区篮球事务，5个地区委员会包括非洲地区委员会、美洲地区委员会、亚洲地区委员会、欧洲地区委员会和大洋洲地区委员会。（表4－1）

表 4-1　国际篮球联合会情况一览表

中文名	国际篮球联合会
外文名	Fédération International de Basketball
简称	国际篮联（FIBA）
主管部门	国际篮联中央局
成立日期	1932 年 6 月 18 日
总部地点	瑞士尼庸

国际篮联的机构有代表大会、中央局及其执委会、秘书处和专门委员会。代表大会是最高权力机构，每 4 年召开 1 次，每个协会会员可派 2 名代表与会。

国际篮联设有技术委员会、国际竞赛委员会、法律事务与资格委员会、申诉委员会、财政委员会、医务委员会、残疾人篮球委员会和传播媒介委员会。其下属组织还有世界篮球教练员协会（WABC）、国际轮椅篮球联合会（IWBF）和国际篮球文献与研究中心（ICDRB）。

国际篮联的主要比赛有奥运会篮球赛（包括选拔赛）、世界篮球锦标赛（男、女，每 4 年 1 届）、世界青年男子篮球锦标赛（22 岁以下）、各大洲篮球锦标赛（每 2 年 1 届）、篮球世界杯等。

中国篮球协会于 1936 年加入国际篮联，1958 年退出，1974 年恢复在国际篮联的会员资格。截至 2021 年 3 月，国际篮联数据显示，中国男篮国家队排名世界第 29 位，中国女篮国家队排名世界第 9 位。

2. 中国篮球协会

中国篮球协会通常称为中国篮协，是全国性群众体育组织，也是中华全国体育总会的下属会员，主管篮球运动，成立于 1956 年 6 月。1997 年 11 月 24 日，国家体育总局篮球运动管理中心（与中国篮协一个机构两块牌子）成立，隶属于国家体育总局。该组织主办多个联赛，如男子和女子篮球联赛，以及大学生篮球联赛等。（表 4-2）

表 4-2　中国篮球协会情况一览表

中文名	中国篮球协会
外文名	Chinese Basketball Association
性质	全国性群众体育组织
主管部门	中华全国体育总会
成立日期	1956 年 6 月
总部地区	北京市

中国篮球协会的成立具有以下意义。第一，宣传与普及篮球运动，组织青少年积极参加篮球运动，以增强体质和提高运动技术水平；第二，按照国家体育行政机关和国际组织有关规定，协助举办国际性竞赛，向有关部门提出国际活动及有关事项的建议；第三，协助组织全国性的各类各级篮球竞赛和训练工作；第四，拟定篮球运动竞赛制度、竞赛规则和竞赛纪律，报请体育行政主管部门批准后施行；第五，协助组织培训教练员、裁判员，提出对等级运动员、教练员、裁判员以及运动员制度资格的审查和处理意见；第六，根据国家体育总局和中华全国体育总会、国家奥委会委托，选拔和推荐国家队教练员、运动员，协助组织国家队集训和参加国际篮球比赛；第七，负责出国任教的教练员的选拔和运动员个人到境外训练比赛的归口管理工作；第八，协助组织篮球运动的科学研究工作。

中国篮球协会的目标如下：团结全国篮球工作者、运动员和积极分子，努力发展我国的篮球运动，推动篮球的普及和技术水平的提高，使我国篮球运动攀登世界高峰，促进精神文明建设，增进与各国篮球协会和运动员的友谊，加强与国际篮联、亚洲篮联的联系与合作。其具体任务是根据国家的体育方针、政策和有关法规，统一组织、协调全国篮球运动的开展，推动群众普及活动和运动水平的提高，促进亚洲和世界篮球运动的进步。

（七）篮球重要赛事简介

1. 国内篮球联赛简介

（1）中国大学生篮球联赛（CUBA）

央视每年都会现场直播 CUBA 部分重要场次的比赛。CUBA 于 1996 年开始酝酿，1997 年建立章程，1998 年开始正式推行，设男子组和女子组。CUBA 已成为我国篮球运动比赛中的两大赛事之一，影响力仅次于中国男子篮球职业联赛（CBA），每年的基层预赛参赛队伍已经超过 1200 支，分区赛参赛队伍为 112 支。（表 4－3、表 4－4）

表 4－3 CUBA 情况一览表

中文名	中国大学生篮球联赛
外文名	Chinese University Basketball Association
简称	CUBA
主办单位	中国大学生体育协会
创办单位	中国大学生篮球协会（大篮协）
成立日期	1998 年
联赛宗旨	发展高校篮球，培养篮球人才

CUBA 在短时间内实现超常规、跨越式发展，与组织者坚持“发展高校篮球，培养篮球人才”的宗旨和社会化、产业化的运作方式密不可分，其特点可以概括为一句话，即“育人是宗旨，文化是特色，品牌是优势”。

表 4 –4　CUBA 联赛赛程简介一览表

联赛阶段	赛程
预赛	基层预赛必须以学校为单位进行（比赛地点由主办单位与承办单位协商确定）
分区赛	承办单位由参赛的会员院校提前 1 年申办，经 CUBA 组委会评议后选定； 基本上按照地域关系，全国共分东南、西南、东北、西北 4 个赛区
十六强赛	比赛时间：每年 5 月中下旬
四强赛	比赛时间：每年 6 月中旬
冠军挑战赛	比赛时间：每年 9—11 月

（2）中国大学生篮球超级联赛（CUBS）

CUBS 是由中国篮协和中国大学生体育协会于 2004 年创办的一项大学篮球赛事。在发展的短短十年间，该赛事吸引了众多我国顶尖大学球队参加。CUBS 的推出对进一步提高高校篮球水平、拓展我国篮球运动员的培养渠道、扩大我国篮球市场都将发挥重要的作用。（表 4 –5）

表 4 –5　CUBS 情况一览表

中文名	中国大学生篮球超级联赛
外文名	Chinese University Basketball Super
简称	CUBS
成立日期	2004 年 6 月 1 日
传统强队	东北师范大学、广东工业大学
影响	中国大学生篮球的最高水平赛事

CUBS 与 CUBA 是同一个系统中 2 个不同层次的联赛。CUBS 和 CUBA 的本质区别在于：CUBA 始终把维护业余体育的纯洁性放在第一位，参赛队员必须是全日制在校大学生，不允许在中国篮协注册的专业运动员参赛；CUBS 则首次向在中国篮协注册的专业队员敞开了大门，各高校在引进专业运动员上有了较大的运作空间，与赛季时间没有冲突的 CBL 球员、青年队球员只要入学手续完备、年龄适合并能提供“在校在读”的证明就可以参赛。（表 4 –6）

表 4－6　CUBA 与 CUBS 基本情况对比一览表

对比面	中国大学生篮球联赛（CUBA）	中国大学生篮球超级联赛（CUBS）
成立时间	1998 年	2004 年
主办单位	中国大学生体育协会	中国大学生体育协会 中国篮球协会
承办单位	承办各阶段比赛的高校	有关省市学生体育协会或高校
协办单位	恒华体育发展有限公司（推广单位）	中国大学生体育协会篮球分会 北京众辉国际体育管理有限公司
参赛单位数目	700 所左右	16 所
项目	男子与女子	男子
参赛资格要求	运动员年龄为 18～26 周岁，没有在篮球运动管理中心或中国篮球协会注册的	入大学时年龄不得超过 24 周岁，允许注册运动员参赛

（3）中国男子篮球职业联赛（CBA）

CBA 是由中国篮球协会所主办的跨年度主客场制篮球联赛，是中国最高等级的篮球联赛。其中诞生了如胡卫东、刘玉栋、王治郅、巴特尔、姚明、朱芳雨、易建联等球星。（表 4－7）

表 4－7　CBA 情况一览表

中文名	中国男子篮球职业联赛
外文名	Chinese Basketball Association
简称	CBA
主办单位	中国篮球协会
成立日期	1995 年
队伍数量	20（2014—2015 赛季）
比赛时间	每年 11 月至次年 3 月（常规赛）
比赛形式	常规赛、季后赛
电视直播	CCTV、各地方电视台

CBA 在 1995—1996 赛季由 555 香烟取得联赛的冠名权，1996—1997 赛季到 2000—2001 赛季联赛名称为希尔顿中国男子篮球甲级联赛，之后摩托罗拉和联通新时空分别取得过联赛的冠名权，联赛在 2005 年正式更名为中国男子篮球职业联赛。2013 年 CBA 吸收四川队，队伍扩充为 18 支。2014—2015 赛季 CBA 球队数量由 18 支增加到 20 支。

CBA 常规赛自每年的 11 月左右开始至次年的 3 月左右结束，长度和美国的 NBA 相仿。CBA 成立之后，总共有 4 支球队夺得过总冠军，八一队和广东队都曾 8 次夺冠，北京队近 4 年 3 次夺冠。

2. 国外篮球联赛简介

（1）美国职业篮球联赛（NBA）

NBA 是世界上水平最高的篮球联赛，是美国四大职业体育联赛之一。超过 6 000 万美国家庭可以收看到 NBA 电视台（NBA TV）。NBA 也是社交媒体上最受欢迎的体育联赛之一。NBA 及其球队、球员的社交媒体平台拥有超过 6 亿的关注粉丝。（表 4 - 8、表 4 - 9）

表 4 - 8　NBA 情况一览表

中文名	美国职业篮球联赛
外文名	National Basketball Association
简称	NBA
创立时间	1946 年 6 月 6 日
球队数量	30 支
常规赛	82 场/球队
联赛地区	美国、加拿大
季后赛	4 轮，7 局 4 胜制度
著名活动	全明星周末/NBA 选秀
传统豪门	凯尔特人、湖人、公牛、马刺等
著名球员	乔丹、奥尼尔、姚明、科比、詹姆斯等

表 4 - 9　NBA 赛制规则一览表

赛段划分	规则内容
选秀	NBA 选秀是 NBA 联盟为促进球队齐头并进采取的均衡政策，保证了联盟的竞争性和可持续发展。NBA 选秀拥有储备雄厚的人才保障
季前赛	NBA 季前赛是 NBA 各支队伍的热身赛。为了扩大 NBA 在全球的影响，季前赛有约三分之一的比赛在美国以外的国家举办
常规赛	NBA 常规赛采用主客场制，从每年的 11 月的第一个星期二开锣，到次年的 4 月 20 日左右结束。在这期间，30 支球队总共要进行 1189 场常规赛，每支球队要打满 82 场比赛，主客场各占一半
全明星赛	NBA 全明星赛是一项表演性的赛事，目的是进一步宣传 NBA
季后赛	NBA 季后赛在每年 4 月下旬开始，东西部各有 8 支球队获得季后赛资格。季后赛包括总决赛一共有 4 轮，第 2 轮叫分区半决赛，第 3 轮叫分区决赛，获胜球队称为分区冠军，东西部分区冠军晋级总决赛，7 局 4 胜者为当赛季总冠军，总冠军球队中表现最优秀的球员获得总决赛 MVP 荣誉

2014 年 10 月 13 日，NBA 中国与安踏体育用品有限公司在北京宣布双方结成长期合作伙伴，安踏正式成为 NBA 官方市场合作伙伴以及 NBA 授权商。

（2）美国女子篮球职业联赛（WNBA）

WNBA 是美国 NBA 主办的女子篮球职业联赛，成立于 1996 年。1997 年举办第一届 WNBA，每年 5 月至 8 月进行常规赛，9 月进行季后赛。以 NBA 先进的市场推广为依托，WNBA 在美国浓厚的篮球文化背景下，不但在市场推广上占尽资源优势，在视觉媒体上也同样保持了良好的曝光度，NBC（美国全国广播公司）、ESPN（娱乐与体育节目电视网）和 Lifetime Television 均是其合作同盟。当前 WNBA 在青少年中已经形成强大的号召力，在形象树立和商业推广方面也有着不俗的成绩。（表 4－10）

表 4－10　WNBA 情况一览表

中文名	美国女子篮球职业联赛
外文名	Women's National Basketball Association
简称	WNBA
创立时间	1996 年 4 月 24 日
总机构	纽约
球队数量	12 支
现任总裁	凯茜・恩格尔伯特
首个赛季	1997 年
电视直播	ABC、ESPN、NBA TV

二、篮球项目市场分析

（一）市场需求与定位

篮球市场是指从事篮球经营、管理、服务以及篮球相关产品生产的经济群体和经济活动的总和。目前，我国篮球市场主要包括篮球运动训练培训市场、篮球赛事市场、篮球场馆经营市场、篮球器材装备市场、篮球运动咨询服务市场等。

随着生产的发展和社会分工的扩大，人们对篮球的消费需求也在扩大，篮球市场作为提供劳务服务的独立部门逐渐形成。篮球运动参与商品交换的频率逐渐加大，获得极大经济效益和社会效益时就有可能形成产业。篮球市场既是生产社会化的产物，又是篮球运动本身社会化、产业化发展的必然结果。

高水平篮球运动的观赏性、趣味性、艺术性能够为社会广大人民群众提供富有魅力的精神享受，使篮球竞技技艺和篮球比赛成为一种商品进入市场。竞技水平是篮球比赛这种特殊“商品”的质量标志。竞技水平越高，篮球比赛所提供的商品价值和文化价值就越高。而要保证这种特殊劳务的“商品质量”，必须有一批高水平的篮球运动员和教练员。众多处在一流水平的篮球运动员或接近一流水平的篮球运动员共同参加比赛，其比赛的胜负才具有不可预测性，比赛才有悬念。这体现了篮球运动特有的艺术魅力。因此，没有高质量的比赛就没有观众，也就没有市场。

（二）市场发展趋势

在篮球市场快速发展的今天，保证篮球市场的多元化、合理化已经成为发展篮球市场的重中之重。因此，建设一条具有中国特色的篮球市场道路，也成了我国篮球市场建设事业的重中之重。

1. 积极培养和选拔优秀的篮球人才

随着篮球运动在我国的快速发展，我国对篮球人才的需求量也越来越大，因而篮球人才的培养与补充也就显得越来越重要。只有培养优秀的篮球人才，才能快速提高我国的篮球水平，延长篮球运动员的职业寿命，最终缩小我国篮球水平与世界强国之间的差距。为此，政府有关部门要加大对广大青少年、篮球爱好者进行篮球知识的普及力度，培养广大青少年对篮球运动的兴趣，通过开展学校间篮球竞赛、篮球知识竞赛、篮球动画设计等比赛，使广大年轻篮球爱好者更加懂篮球、爱篮球。

2. 加强我国篮球文化与世界的交流互动

篮球运动在其100多年的发展历程中，获得了无数篮球爱好者的喜爱，并且成为非常受欢迎的运动项目。其能在短短100多年内获得如此大的成功，不仅因为篮球运动拥有大量的爱好者，还因为它具有强大的交流与学习功能。我国可以通过与世界上其他国家、地区的交流互动，学习其他国家、地区的先进篮球经验，并对接世界篮球的发展趋势，篮球文化也可以在公平、平等、互利的大环境下得到可持续的发展。

3. 促进篮球市场发展

积极促进篮球周边产业的发展，通过互利互惠、和谐发展的方式使我国的篮球市场得以快速、高效地发展。合理的管理体制和完善的运行机制作为篮球发展的基础，在篮球市场的建设中是不可或缺的部分。完善篮球市场的管理体制及运行机制是目前建设健康的篮球文化的重中之重，应当在遵循社会发展要求、符合篮球运动自身规律、符合人民群众需求的条件下合理建设我国的篮球市场，从篮球文化传播现状着手构建群众篮球文化。有关部门应当促进相关制度的革新，完善场地管理制度和器材管理制度，提供良好的篮球运动环境，构建和谐的运动氛围，最终收到篮球运动大众化、社会化的效果。

4. 完善篮球市场的管理体制及运行机制

我国未来的篮球市场管理体制及运行机制的发展应当注重以下几个方面。第一，在篮球运动和篮球文化的推广上加大力度。第二，在建立和完善合理的管理制度的基础上，建立一个适合我国篮球运动发展的组织模式，采取以政府为主、以篮球协会为辅的管理形式，在提升相关部门管理水平的同时提高篮球协会自身素质。第三，应当把篮球运动的发展同人民群众的日常生活结合起来，把篮球文化的传播作为一项日常工作开展起来。

5. 改革职业篮球俱乐部的管理体制及运行机制

通过制定职业联赛的准入标准来推动各俱乐部加强自身建设，进一步推动俱乐部自身的发展。我国篮球市场发展的历程表明，篮球市场的开拓与繁荣离不开职业篮球的贡献，而职业篮球的发展也离不开俱乐部的支持。虽然我国的职业篮球在几十年内取得了长足的进步，但若想更进一步，则离不开俱乐部的支持。而篮球俱乐部若想在我国篮球市场的发展中发挥更大的作用、贡献更大的力量，必须结合自身实际，寻找一条符合我国国情的发展道路。

第二节　篮球项目市场运营

一、NBA 市场营销策略现状

虽然美国没有悠久的历史，但它的体育行业起步很早，并且体育市场化程度相对较高。经过几代人的拼搏，NBA 市场运作模式现今才被誉为经典的市场运作模式，它的营销策略和商业运作模式才成为经典。今天 NBA 已经走过了风风雨雨的 70 多年，目前拥有 30 支球队，这个规模使得它攀上了体育联盟最高峰地位，成为世界上市场化程度最高的体育联盟之一。不管是 NBA 的全球化市场战略、官方授权产品，还是其电视转播权的营销、纪念品和边沿商品的衍生价值，都给 NBA 带来了巨大效益。这种正确的市场营销策略手段使得 NBA 成为一个较为完美的商业体系。

（一）全球化市场战略

NBA 的全球化市场战略有以下几点。第一，NBA 与全球的电视、电台、网站合作，并建立自己的官方网站；第二，NBA 与全球著名企业合作，完美提升自己的品牌知名度和价值；第三，NBA 在世界各地开辟分公司以提供授权产品，有利于 NBA 在世界各国开展营销活动；第四，NBA 还抓紧全球的篮球人才，实施全球人才策略。可以说，NBA 在全球化市场战略上走了一条非常开放的道路，在开发本土市场的基础上更加积极地拓宽国际市场，开辟了一条生根于美国、开花于世界的路线。

1. 与全球的电视、电台和网站合作

对体育来说，清一色的比赛只能吸引少部分当地人的眼光，利用传媒进行包装与宣传才能真正把自己推销出去，这便是市场营销的基本概念。因为任何一种消息都是符号文化的体现，只有接收消息，才能实现个体与个体、个体与群体、群体与群体之间的文化交流。传媒就是符号文化的一种载体。全球的电视、报纸、杂志和电台广播都有 NBA 提供的咨询服务。每年全世界近 200 个国家和地区，通过 40 余种不同的语言转播比赛赛事，将近 6 亿人在同一时段收看比赛。与此同时，NBA 通过自己的官方网站，利用先进的网络媒体进行大张旗鼓的宣传。2008 年，NBA 选择了 TOM 集团作为在中华地区的长期战略伙伴，双方共同建立了赛季的 NBA 中文官方网站。NBA 还致力于建立中国网站，比如 2009 年 NBA 巨星科比宣布和新浪签约，开通微博并打造自己的个人中文官网，这样方便和中国网友交流沟通。NBA 报道一直广受网友关注，腾讯体育拿到 NBA 的视频直播权和点播权之后，网友可以享受最优质的 NBA 直播体验。可以说，NBA 已经形成赛事传播主体化、传播范围国际化、传播内容多样化和传播方式交互化的网络传播策略。

2. 与全球著名企业合作

在 NBA 收入中靠电视转播权赢得的部分是主体，但拉赞助也是 NBA 收入中不可或缺的部分。NBA 和它的市场合作伙伴紧密合作，目标就是让全世界球迷同时欣赏这项世界级的运动，同时给商业伙伴提供更强大的合作机会。NBA 现在拥有 7 个全球性市场合作伙伴，使得全球性市场合作伙伴在合作期间完美提升自己的品牌知名度。除了全球性这样的合作伙伴，NBA 还在其他国家有不同的合作伙伴。我国一共有 20 多家企业与 NBA 签约为中国官方合作伙伴，如蒙牛、李宁、联想、红牛、新浪和搜狐等，此外，还有日本的 JOMO，爱尔兰的 MBNA 等。因此，NBA 广告收入不可小觑。2000 年，NBA 和美国最大的网络服务商美国在线（AOL）签订了合作计划，利用 AOL 这一全球第一大传媒公司稳固了自己的地位。同年九月份，NBA 又和全球最大搜索引擎雅虎签下合约，为雅虎体育提供即时球场数据和精彩镜头等。

3. 开辟分公司以提供授权产品

NBA 总部在美国纽约，同时在世界各地也开辟了自己的分公司。在澳大利亚墨尔本有大洋洲分公司，在瑞士日内瓦有欧洲分公司，在美国迈阿密有拉丁美洲分公司，在中国香港有亚洲分公司。此外，其在英国和日本也设有办事处。这些分公司和办事处把 NBA 产品授权给全世界超过 100 个国家和地区的观众和球迷。当前大约有 20% 的产品销量来自美国境外。这些 NBA 授权产品主要包括运动用品、运动服、入场券、文具、书籍、录像带、家居设计、电子游戏和电话卡等。

4. 实施全球人才策略

NBA 经营者、管理者明白，一个伟大的球星代表的是市场的巨大价值。比如 20 世纪全球风云人物乔丹，他精妙的球技征服了全世界，其形象塑造极大地提高了公牛队和联盟的形象。继乔丹之后，NBA 才人辈出，包括奥尼尔、科比、詹姆斯、库里和杜兰特等，成为 NBA 难得的无形财富，大大提升了 NBA 电视转播的收益。因此，为了使 NBA 成为一个国际性全球化的品牌，NBA 放眼全球，在世界各地设置了 11 处办事机构，持续引进世界上最优秀的球员，包括诺维斯基、姚明、纳什和东契奇等。这些国际球员占到全部球员的近 20%。这成为 NBA 联盟成功走向国际市场最重要的一步。因此，每一年的 NBA 选秀活动群英荟萃，全世界的篮球高手跃跃欲试。

（二）把竞赛作为核心产品延伸战略

NBA 是职业篮球联赛，以竞赛产品为核心。只有保证高质量、高水平的竞赛，才能吸引更多的球迷和消费者。这样能更快地发展营销活动，统一更大的市场。在延伸产品方面，NBA 以商标授权的方式充分利用 NBA 商标及旗下球队的商标，授权各式各样的商品制造，包括球队标志的授权产品、运动服装、纪念品、球员卡、文具、书籍杂志、录像带、电子游戏、玩具、饰品等，从中赚取授权利润。NBA 无论是设计理念还是产品包装都是非常符合消费者心理的，而且 NBA 一直将这种观念贯穿于整个营销过程中。NBA 比赛技术性、观赏性、娱乐性相互交叉结合，比赛中经常有漂亮的啦啦队和可爱的吉祥物出现，最精彩的还是富有悬念的比赛结果。这些让观众痴迷，是一种全身心的享受。公牛队主场联合中心就设立了中心球馆，彰显了其“以人为本”的服务理念。场馆中设置了电子显示屏，球迷可以轻松地通过大屏幕观看实况转播和慢动作回放等，豪华包厢和个人座位让一些观众体验了“头等舱”的感觉。包厢内还提供了各种食物和专业的服务人员。这才是真正的全方位服务。

（三）多渠道宣传策略

NBA 非常注重提高和宣传自己形象，电视转播和拉赞助是 NBA 将自己推向世界的主要手段，NBA 通过电视将精彩的比赛以及广告传送到世界各地。除了电视、电台等传统媒体的直播和转播外，报纸、杂志也是 NBA 势在必得的阵地。NBA 还建立了自己的网络部，这样有利于及时获取双向交流的机会，增强了自己在互联网上的媒体实力，使国际互联网成为其向世界展示独特风格的大舞台。同时，球星和世界各地优秀球员的加盟使 NBA 的形象得到了成功的维护与宣传。

（四）公共关系策略

NBA 的成功，在很大程度上依赖于通过各种媒体的功能所建立起的公共关系。一方面，NBA 每天为世界各地的报纸、杂志、电视台及广播电台等上千家媒体提供 NBA 咨询并提供采访；另一方面，NBA 充分利用各种媒体为其大力宣传。NBA 及俱乐部全面灵活地运用公关策略和手段，积极提高球员的知名度，从而间接提高职业篮球联盟的形象，还充分运用一切公关手段，与世界级的公司建立战略伙伴关系。为了让 NBA 成为一个更国际化的品牌，NBA 不断引进各个国家的优秀球员。这是 NBA 走向国际市场极为重要的一步。NBA 利用世界各地的公关活动造势，推动篮球运动的影响力，进一步深化 NBA 国际性品牌的形象，使其影响力扩散到全世界的每一个角落。

（五）盈利策略

据 2015 年福布斯网站数据统计，职业篮球联盟（National Basketball League）30 支球队总价值 332 亿美元，营业利润大约 48 亿美元。

NBA 盈利模式主要包括以下方面：42. 3% 来自门票收入，37. 0% 来自电视转播收入，15. 2% 来自场租（各类包厢、停车等），5. 5% 来自特许经营。其盈利来源主要有转播权收入、赞助商收入、门票收入、授权商品收入等。

1. 转播权收入

从 20 世纪 20 年代中期起，报纸、杂志、广播电台及电视媒体一直推动着 NBA 的发展，从 1953—1954 赛季 3. 9 万美元的电视转播费用，发展到 2008—2009 赛季至 2015—2016 赛季期间 8 年共 74 亿美元、平均每年 9. 25 亿美元电视转播费用。2015—2016 赛季 NBA 总决赛现场场均观众人数创下 1994 万人的历史纪录，其中，中国媒体市场 NBA 电视直播收视人数约为 6. 74 亿，CCTV5 收视人数高达 6. 4 亿，NBA 收益达 51. 8 亿美元。

2. 赞助商收入

2015 年，NBA 中国赛赞助商数目创下历史纪录，多达 16 家，包括乔丹、康师傅、腾讯体育、中兴手机、英利、帝亚吉欧酒、健力宝、李宁、联想和匹克等。2016 年 1 月 20 日，NBA 官方报道，百事可乐取代 NBA28 年的合作伙伴可口可乐，百威英博顺延 4 年合同，天梭与 NBA 签下 6 年 2 亿美元的赞助合同。

3. 门票收入

据福布斯及世界金融评估可知，NBA 1989—1996 赛季平均门票收入达到 7. 11 亿美元，2002—2010 赛季平均门票收入提高到 12. 08 亿美元。

4. 授权商品收入

授权商品包括促销授权（促销赠品与图案形象授权）与通路授权（NBA 专卖店）。NBA 联盟国际授权商已遍布全球 100 多个国家和地区，充分利用 NBA 及其各球队商标授权各类商品制造和销售（NBA 商标、球队队标及吉祥物、运动员服装、纪念品、体育用品、文具、球员卡、出版物、游戏等）。授权商品的全球销售额 1/4 来自海外，仅我国就拥有 2 万多家授权商品专卖店。

二、NBA 中国市场营销策略现状

（一）NBA 中国市场营销的产品类型

转瞬间 NBA 已经进入我国 20 多年，在这 20 多年中，NBA 成功地让自己在我国市场顺利长大，并且把我国体育市场变成了 NBA 的秀场。因为 NBA 的营销策略，我国企业开始争先恐后希望与 NBA 合作。这直接反映出 NBA 的这种营销策略是优秀的，是其他国内职业体育联赛无可比拟的。为了做到实体化、市场化的运动营销，NBA 必须有过硬的市场营销产品类型。服务于产品是 NBA 营销策略的中心。总体来说，NBA 中国市场营销的产品类型主要分为比赛、娱乐产品和球星 3 种。

1. 比赛

体育产业的核心就是比赛，这是无可争议的。NBA 本身就是力量、速度、激情的代言词，而比赛就必须有吸睛点。NBA 中国赛的营销手段主要包括两个方面。一是激烈竞争的季后赛制，季后赛采取 15 个队伍进行长达 7 局的淘汰赛制，每一个队伍的球员都不遗余力地拼尽汗水去捍卫球队的荣誉。常规赛前来观看的球迷就非常多，季后赛的票房更是可以达到季前赛、常规赛的几倍。二是 NBA 比赛堪称视觉盛宴，休息阶段赛场上会不断出现憨态可掬的各种吉祥物，还有充满青春活力的美女啦啦队。这一切在动感音乐和灵动灯光的配合下融为一体，征服观众的内心世界。

2. 娱乐产品

“文体不分家”，体育运动本身就是服务于广大人民的娱乐生活。娱乐营销是一种聪明的营销方法。因为人类的创意无限，所以娱乐营销的方法也没有一定的限制，五彩纷呈的内容和方式反而会获得意想不到的收获。NBA 在我国的娱乐营销手段也是如此。它通过这些基本娱乐方法加强沟通交流。打持久的顾客关系管理战也是 NBA 的拿手好戏。现代营销理念注重建立长期的顾客关系，因此要建立深厚的公共关系，用自己的感情去回报当今社会。NBA 每年都在我国开展类似的公益活动，与喜欢篮球、关注 NBA 的新一代建立了深厚的公共关系。

3. 球星

1999 年，王治郅成功冲出国门，成为正式 NBA 球员。随后姚明、巴特尔、孙悦、易建联等中国篮球明星纷纷进入 NBA。NBA 这么积极地引入我国篮球运动员不单单是为了赢得比赛，更多是因为商业上的动机。2002 年是 NBA 的姚明年，也是我国体育篮球界的姚明年。2002 年的夏天，当大卫·斯特恩在纽约麦迪逊花园读出“姚明”这两个字时，NBA 的中国营销战略已经进入了动车车道。姚明现象可以称得上是一种无形的潜在价值成功的案例。可以说，球星是民族乃至国家的一种代表，他们靠着自身那种阳光健康的形象和巨大的号召力，时时刻刻影响着国家间的文化交流与互融。球星作为无形资产的一种，被人们认为是一种重要的新型经济资源，其价值表现在常常能得到超额利润。

（二）NBA中国营销策略

1. 与传媒合作

在这个高新技术产业发达的年代里，处处可见各种高清巨大的显示屏。我国球迷可以非常方便地在家里、在街头看NBA的每一场比赛。我国电视台对NBA的播放频率也非常之高。在我国，央视和NBA的合作次数最多。2012年11月，NBA中国与CCTV及央视未来广告宣布达成全新长期合作伙伴关系，合作包含了一系列精彩、受欢迎、范围广的内容，如比赛、延时直播及一系列NBA原创节目。NBA和央视合作，目的是让我国球迷感受和接收到更多原汁原味的NBA明星和比赛的魅力。这次合作最大的亮点是，我国球迷可以通过央视的平台看到更多更精彩的NBA赛事及与NBA相关的节目。

除了电视这种传媒方式以外，网络一直是球迷和NBA营销者喜欢的一种宣传手段。由于很多人上班工作忙，没有时间等着看按时按点的电视直播NBA，因此他们更热爱没有时间限制的网络媒体。这样球迷不但可以看到自己国家的电视转播，而且可以看到海外的电视直播。

2. 与我国企业合作

近几年，NBA在我国的商业盈利成倍增长。NBA营销者明白强强合作的意义。他们利用NBA本身自带的那种激情燃烧的品牌效应吸引我国各大企业与其携手发展。随着NBA市场的逐步稳定化，我国各大企业纷纷向NBA投来合作书。截至2018年，20多家企业与NBA签约为中国官方合作伙伴，如蒙牛、李宁、联想、红牛、新浪、搜狐等。这些企业与NBA之间的相互联系造成了双方的互赢。NBA在获取我国球迷和观众的信誉度的同时，还提升了自己在每一个中国人心中的地位。

3. 公共关系策略

NBA在我国的公共关系运作包括媒体关系运作、球迷公共关系运作等。NBA的中国媒体关系在经济力量的刺激下是共生关系：大众传媒通过对NBA的报道吸引了受众，扩大了社会影响力，从而得到广告收益，发行量和收视率的提高为媒体引来了更多的广告商家，使媒体获得巨大收益。在NBA经济收入比重中，电视转播可谓是重中之重。NBA在这些年的摸索过程中，良好地处理着和媒体的关系，包括定期召开发布会，提高其曝光率等。最有特色的是每个赛季初的媒体日活动，各个俱乐部都会细心安排各种各样的活动来吸引我国的观众，参加媒体日活动的NBA球星会和观众一起拍摄宣传片，接受我国各媒体的采访，让我国球迷知道NBA近况和近期的比赛计划。

三、NBA 体育文化

经过 70 多年的发展，NBA 已经成为当今世界最成功的体育赛事之一。NBA 兼有体育性质、经济形态和文化特征，特别是其文化特征已经成为 NBA 在全球扩张的最主要动力因素，它形成了一整套独具特色的以篮球赛事、篮球理念、篮球经营为核心的 NBA 体育文化。对 NBA 来说，它的球队、球星、比赛、球队 LOGO、广告赞助、授权商品等，在一定意义上都成为其体育文化的结晶，这也是 NBA 体育文化的魅力所在。从广义上讲，NBA 体育文化为 NBA 在其发展历程中所创造的物质财富和精神财富的总和。而从狭义上讲，NBA 体育文化主要是指以 NBA 联盟为核心，以篮球这一运动项目为载体，以 NBA 球员为主体创造出的一种精神财富。它包括 NBA 篮球运动的精神、理念，以及体现、传达这些精神、理念的物质载体等。

（一）NBA 体育文化的构成

1. 物质文化

物质文化是 NBA 体育文化最基础的部分。这一部分包括 NBA 的各种篮球器材和物质设施以及相关的 NBA 各种纪念品、球衣、球鞋等，还包括 NBA 在发展过程中所创造的巨大的物质财富。这些物质层面的东西作为 NBA 体育文化传播的物质载体被世界广大球迷认识并接受。

2. 制度文化

时至今日，NBA 已形成了相对比较完备的比赛规则和相关制度，这一系列制度体系维持着 NBA 的正常运转，构成了 NBA 独特的制度文化，以便 NBA 能区别于世界其他篮球体系。NBA 的选秀制度保证了 NBA 人才资源新陈代谢的畅通。它是 NBA 联盟运行的起点和发动机。NBA 的工资制度是世界上先进的工资制度。它保持了联赛的平衡性与竞争性，促进联赛的健康协调发展。这一制度保证了联盟最好的球星平均分布在各个球队，确保了 NBA 比赛的激烈度和精彩度。NBA 的零容忍制度要求在 NBA 比赛中，球员不允许对裁判员的判罚发表任何不尊敬的言论或是喋喋不休的抱怨，球员要无条件地服从裁判员的判罚。该规则允许裁判员对过于激烈地抱怨的球员吹罚技术犯规，甚至将其驱逐出场。零容忍制度的出台不仅有效地约束了球员的行为，树立了球员的良好形象，还提高了裁判员的威信，遏制了球场暴力事件的发生。

3. 精神文化

精神文化是 NBA 体育文化中最核心的东西，构成了 NBA 的整个精神文化系统，包括篮球观念、战术思维等。

（二）NBA 体育文化的特征

1. 兼容并包的多元性

NBA 体育文化是美国社会文化的结晶，美国文化的多元特性和多样化价值观体系早已为 NBA 体育文化的特征奠定了多元性的基调。NBA 体育文化的多元性体现在球员来源的广泛性、篮球技术的多样性、篮球战术理念和战术风格的多样性等方面。

2. 高度的商业化

经过 70 多年的发展，NBA 已成为年收入近 45 亿美元的巨大体育产业组织，成为一个完美的商业体系。如果说篮球竞技本身的观赏性是 NBA 存在、发展的发动机，那么成功的商业运作就是有着无穷能量的燃料。NBA 离不开商业。它高度的商业化体现在高效的经营管理、弥漫全球的商业品牌传播、投其消费者所“好”等方面。

3. 极强的竞争性

NBA 极强的竞争性主要体现在 3 方面。一是 NBA 的量化管理法。量化管理法是指在进行工作时，将工作以数据化的形式做出规定，并使之贯穿工作全过程的一种方法。NBA 正是将这种量化管理以合理的、科学的方式引进到了联盟的管理中。二是 NBA 选才上的“挑剔性”。NBA 的人才储备量极其强大，他们来源于美国广泛的群众基础和美国大学生篮球联赛（NCAA）。这都为 NBA 提供了极优秀的篮球人才。三是 NBA“优胜劣汰”的生存法则。

4. 极高的娱乐性

NBA 绝不是一个简单的篮球比赛。它已经发展成一个集合多种娱乐元素为一体的成熟的体育娱乐联盟。球迷在观看精彩比赛的同时，还能参与赛场互动。可以说，为吸引球迷而精心设计的赛场上的点点滴滴，将球迷紧紧地包围在 NBA 的赛场文化中，如 NBA 全明星、NBA 主场内的“娱乐秀”、NBA 球队的吉祥物和啦啦队的表演等。

（三）NBA 体育文化对我国的影响

从 NBA 进入我国后，我国篮球开始主动借鉴美国先进的篮球理念，汲取篮球精华。随着 NBA 经营模式的传入和球员的选择越来越自由，我国篮球正在逐步向媒体开放，CBA 各球队的训练和比赛也被公众更多地关注，我国更多的企业如安踏，也开始全程赞助 CBA 球队和球员，对球员的个人形象进行全方位的包装。我国整个篮球行业也正朝着市场化和娱乐化方向发展。这也是在学习 NBA 的商业整合推广战略。

NBA 销售的不只是比赛，更是一种生活方式。在美国，体育运动既是受美国人推崇的娱乐活动，也是其生活消遣的重要消费文化。受到这种消费文化的影响，越来越多的人开始喜爱篮球运动，参与该运动项目并在这方面消费，如对球鞋、球衣的购买，对篮球纪念品的珍藏，或是买票去观看一场篮球赛等。

（四）NBA 体育文化在中国的传播策略

随着 NBA 中国赛、球员加盟、电视转播、球迷活动、球星访问等一系列商业、文化活动的开展，NBA 在我国经过多年的发展，现今已经成为我国观众热爱的体育赛事之一。NBA 缘何能在我国取得成功？这其中既有 NBA 的主动努力，又有全球化时代媒体的支持。

1. 借助传媒的力量

（1）电视转播

NBA 前总裁大卫·斯特恩曾说过，“电视让 NBA 无处不在”。电视媒体集视听手段为一体，给观众以强烈的现场感、真实感和冲击力，并且电视给人们提供了丰富多彩的体育文化和娱乐生活。

（2）网络攻势

随着网络走进千家万户，信息与文化无处不在，并时时刻刻地影响和改变着人们生活的方式，NBA 体育文化当然也不例外。NBA 赛事曾经覆盖我国 25 家电视网络以及网络门户，包括国内著名的新浪、搜狐等。

（3）手机用户

当前用手机随时随地看比赛已经非常普遍，手机用户可以浏览 NBA 比赛视频，观看即时赛事报道，以及进行比赛互动，等等。手机用户在观看比赛的同时，可以发送信息到留言平台和主持人进行交流或是进行有奖竞猜活动。在电视媒体的赛事转播中，观众发送的短信数量象征着比赛的收视率和关注度。

2. 公共关系的绝佳运用

NBA 利用媒体大打“明星牌”的同时，还热衷于公关活动。NBA 会对球员进行全套公关课程培训，训练他们如何面对球迷，如何与媒体进行互动交流，NBA 始终是把球队和球员最好的一面展现给大众。在我国，NBA 举办了一系列跟篮球有关的比赛和活动，并成立专门的运营公司，通过球迷跟球星的近距离接触，让我国球迷更加细腻地“品尝”原汁原味的 NBA 体育文化。

四、NBA 管理制度及经营策略

（一）NBA 管理制度

1. 组织及管理结构

如图 4－1 所示，NBA 联盟由两大部分组成，一部分是 NBA 董事会，一部分是 NBA 总裁办公室。NBA 董事会是联盟的最高权力机构，由所有球队的老板或老板指定的代表组成。NBA 总裁办公室下属包括联盟管理部、资产公司、娱乐公司、WNBA，以及 NBA 下属的各俱乐部。NBA 董事会与 NBA 总裁办公室及各部门之间是雇佣关系。

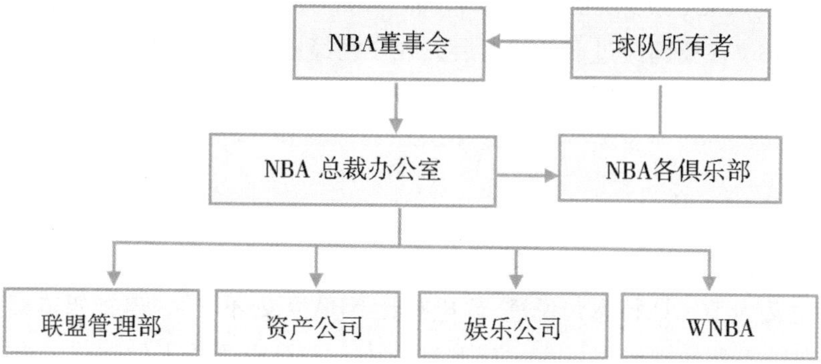

图 4－1　NBA 组织及管理结构图

2. 规范机制

NBA 的发展与其健全的法律法规体系是分不开的。NBA 在几十年的运作过程中遇到过大到劳资协议的制定，小到队员比赛场上的冲突等各种各样的问题和矛盾，但是这些问题和矛盾都能够按照相应的政策法规来解决。另外，美国还为 NBA 提供特殊的法律法规，高薪制和合同制保证了球员薪水不受拖欠以及俱乐部对球员的约束力，选秀制、转会制和工资帽制度平衡了 NBA 各队的实力，对电视转播权捆绑销售、平均分配能平衡各俱乐部的收益，等等。这些制度都是为了达到联盟和各俱乐部间的共赢。

（二）NBA 经营策略

1. 品牌策略

NBA 联盟极为看重自我品牌的打造与维护，任何一场比赛都对硬件设施（如地板）、篮球、啦啦队等有严格规定。NBA 品牌价值的树立主要通过对 NBA 商标的推广和授权、设置球迷的互动活动、制定 NBA 口号、建立公共关系、真情回报社会社区等活动，完整地输出 NBA 文化，充分实现 NBA 的品牌价值。

2. 球星策略

NBA 的经营者十分懂得开发球星对市场的重要价值。对球星的包装和宣传，不仅给联盟带来了巨大的经济效益，还进一步扩大了 NBA 的无形资产和品牌效应。从联盟早期的奥拉朱旺，到后来的乔丹、科比，以及现在的詹姆斯、杜兰特等，众星闪耀。NBA 通过包装形象更鲜明的球星、用各种方法吸引更多球迷注意而得到更广泛的观众基础，最后吸引更多的广告商从全球各地蜂拥而来。这就是 NBA 的经营哲学。

3. 媒体营销策略

NBA 的成功，很大程度上依赖于强大的媒体营销能力。

第一，电视营销。首先，NBA 拥有非常广阔的电视覆盖面。NBA 比赛除了通过美国本土电视台进行播出外，目前在超过 200 个国家，通过 40 多种语言进行全球直播，并由此获得巨大的商业回报。2014 年，NBA 联盟与 ESPN、TNT 两家电视台签订了 9 年总价值为 240 亿美元的新转播合同。2015 年，腾讯与 NBA 签订了 5 年 5 亿美元的合同，获得了中国地区未来 5 年 NBA 赛季的网络独家直播权。其次，NBA 还向电视台提供赛事之外的各种节目，包括精彩球赛集锦、场下花絮解密等。

第二，网络营销。NBA 设有自己独立的官网，并且在多个国家设有本国性质的 NBA 官网，每天实时更新 NBA 的比赛动态、比赛数据、球星照片以及采访内容等。这些庞大的信息汇总让观众最直接、最全面地了解 NBA 的特色文化。联盟官网不仅对球迷开放，还为各个媒体以及地区性的电台提供 NBA 在线咨询服务，使媒体更好地宣传整个联盟。

综上所述，NBA 的组织及经营结构完善合理，将俱乐部和联赛的权利切分得非常干净。NBA 的法规政策完善，市场行为可以得到较好的约束。NBA 的营销渠道多，覆盖面广，产品丰富，并且造星能力非常强大。

五、篮球明星效应

（一）迈克尔·乔丹

商业代言：乔丹是历史上最值钱的体育明星之一，是佳得乐、恒适、麦当劳的主要代言人。（表 4－11）

表 4－11　迈克尔·乔丹情况表

中文名	迈克尔·乔丹
外文名	Michael Jordan
别名	飞人、篮球之神
国籍	美国
出生日期/地	1963 年 2 月 17 日/纽约
所属运动队	芝加哥公牛队（1984—1998 年） 华盛顿奇才队（2001—2003 年）
专业特点	得分、防守、领导力超强
主要奖项	6 次 NBA 总冠军 2 次奥运会冠军 3 次 NBA 全明星 MVP 5 次 NBA 常规赛 MVP 6 次总决赛 MVP

（二）科比·布莱恩特

商业代言：2010年12月13日，科比与土耳其航空签署了一份2年的合同，成了土耳其航空公司的全球品牌大使。2011年2月17日，科比与梅赛德斯奔驰签约，成为smart中国区品牌大使。2013年1月16日，科比正式出任联想智能手机中国及东南亚地区代言人。2015年8月，科比宣布担任手游《NBA英雄》代言人。（表4-12）

参演影片：2009年《科比工作进行时》（*Kobe Doin' Work*）。

图书作品：2010年6月，由科比独自撰写，他的第一本也是迄今为止唯一一本图书作品——《科比24》在中国进行全球首发。

球衣销量：2002—2003赛季、2006—2007赛季、2008—2009赛季、2009—2010赛季科比的球衣销量在NBA联盟中都排在首位。

慈善事业：在投身职业生涯的同时，科比投身于慈善事业，通过各种途径帮助贫困儿童。他不遗余力地对社区做贡献。其中，许愿基金会、圣犹达儿童医院和美国男孩女孩俱乐部是他慈善活动最重要的三个舞台。

表4-12　科比·布莱恩特情况表

中文名	科比·布莱恩特
外文名	Kobe Bryant
别名	飞侠、黑曼巴、蜗壳、渣科
国籍	美国
出生日期/地	1978年8月23日/宾夕法尼亚州费城
所属运动队	洛杉矶湖人队
专业特点	得分高效，善于组织与防守
主要奖项	1届NBA常规赛MVP 2届NBA总决赛MVP 4届NBA全明星赛MVP 5届NBA总冠军 18次全明星

（三）勒布朗·詹姆斯

商业代言：2003年8月22日，詹姆斯和可口可乐公司的雪碧公司签约6年。2007年1月31日，詹姆斯成为首位代言微软品牌产品的NBA球员，微软邀请詹姆斯为次周推出的全新电脑系统Vista做代言。2011年，詹姆斯与芬威体育集团达成合作协议，他成了利物浦足球俱乐部的全球独家高级形象代表，而报酬则是利物浦的若干股权。（表4-13）

表 4－13　勒布朗·詹姆斯情况表

中文名	勒布朗·詹姆斯
外文名	LeBron James
别名	老北京、LBJ、詹皇、King James、小皇帝
国籍	美国
出生日期/地	1984 年 12 月 30 日/俄亥俄州阿克伦
所属运动队	洛杉矶湖人队
专业特点	技术全面，突破能力强，有上篮技巧
主要奖项	4 届 NBA 常规赛 MVP 3 届 NBA 总决赛 MVP 3 届 NBA 全明星赛 MVP 3 届 NBA 总冠军 2 次奥运会冠会

演艺经历：詹姆斯和冰立方合作为 ABC 拍摄了一档以他本人生活为题材、时长一小时的特别节目。2009 年，詹姆斯主演狮门电影公司出品电影《不只是一场比赛》（*More Than A Game*）。2015 年 7 月，詹姆斯出演电影《生活残骸》（*Trainwreck*），他在里面扮演的是自己。2016 年 5 月，詹姆斯确认参演《空中大灌篮 2》，《空中大灌篮 2》于 2021 年 7 月 16 日在美国上映。

慈善活动：詹姆斯成立的非营利性“勒布朗·詹姆斯家庭基金会”举办多次慈善活动，其中一项名为“King For Kids Bikeathon”（儿童自行车马拉松）的慈善活动颇受欢迎。2011 年，詹姆斯提出新教育计划，提倡孩子们恢复课余活动。2015 年 8 月，勒布朗·詹姆斯家庭基金会跟阿克伦大学合作，将为有资格的学生提供4 年的奖学金，这是詹姆斯的“I Promise”（我保证）项目。2018 年 7 月 31 日，詹姆斯在阿克伦捐建的名为“I Promise”的公立学校正式揭幕。

（四）凯文·杜兰特

商业代言：2013 年，据美国篮球新闻网站（HoopsHype）报道，在 NBA 球员中拿到商业合同最多的是杜兰特，杜兰特手中握有商业合同 63 份。（表 4－14）

公益活动：2018 年 3 月 29 日，杜兰特入选 2017—2018 赛季肯尼迪公民奖最终五人名单。

表 4－14　凯文·杜兰特情况表

中文名	凯文·杜兰特
外文名	Kevin Durant
别名	Durantula、杜少、杜神、狼蛛、阿杜、小杜、KD、雷神、死神
国籍	美国
出生日期/地	1988 年 9 月 29 日/华盛顿哥伦比亚特区
所属运动队	布鲁克林篮网队
专业特点	得分手段多样，投篮精准
主要奖项	2017、2018 年 NBA 总冠军和 FMVP 2014 年 NBA 常规赛 MVP 9 届 NBA 全明星阵容 2012 年 NBA 全明星 MVP 6 届 NBA 最佳阵容一阵 4 届 NBA 得分王

（五）姚明

公益活动：2015 年 2 月 10 日，姚明正式成为北京申办冬奥会形象大使之一。2013 年 9 月，姚明和英国的威廉王子、大卫·贝克汉姆一起为慈善救援组织拍摄了一组宣传救助野生保护动物的宣传片；11 月 29 日，NBA 中国与姚明共同宣布，NBA 姚明学校于 2013 年 12 月 1 日起正式接受报名。2010 年，以“城市，让生活更美好”为主题的世博会在上海举行，姚明亦担当起了上海世博会形象大使等。（表 4－15）

表 4－15　姚明情况表

中文名	姚明
外文名	Yao Ming
别名	移动长城、小巨人、大姚
国籍	中国
出生日期/地	1980 年 9 月 12 日/上海
所属运动队	休斯敦火箭队
专业特点	20 英尺外精确跳投
主要奖项	8 次 NBA 全明星 ESPN 全球最有潜力运动员奖 劳伦斯世界最佳新秀奖 中国篮球杰出贡献奖 世界最具影响力 100 人之一
重要事件	专题影片《姚明年》发行

政治活动：2013 年 2 月 1 日，姚明当选第十二届全国政协委员；2013 年 7 月 28 日，姚明经国际奥委会宣布成为南京青奥会大使；2017 年 2 月 23 日后，姚明开始担任中国篮协主席，被历史推到了舞台的最中央；2017 年 7 月 20 日，在 2016 年底成立的新 CBA 公司召开股东大会及董事会、监事会会议，完成了改选，姚明正式出任 CBA 公司董事长一职。

第三节　我国篮球市场的发展与管理

一、我国竞技篮球发展历程

（一）推广和普及阶段（1949—1955 年）

1949 年，中华人民共和国成立。在“发展体育运动，增强人民体质”和“普及与提高相结合”思想的指导下，在各级政府行政主管部门大力推动下，篮球运动在我国的普及和发展进入了一个新的阶段，学校、工厂、机关等都不同程度、不同层次地开展起了篮球运动。这一时期，我国篮球虽有所发展和提高，但起点较低，整体水平还比较差，在与国外球队交流方面往往处于下风。总体来说，通过与国外强队的交流，我国对快速灵活的打法和身体对抗的重要性有了比较深刻的认识。这对促进我国篮球运动的发展和提高有较大的影响。

（二）迅速提高阶段（1956—1958 年）

随着我国篮球运动的发展，为了适应新的竞技能力和竞技水平的需要，我国篮球水平得到了提高，篮球队伍得到了壮大。这一时期我国开展的篮球赛事日益增多，比赛逐渐激烈，而且很多国外球队也开始造访我国，进行交流学习。这标志着我国男、女篮已具备了一些与世界强队相抗衡的能力。

（三）发展缓慢的过渡阶段（1959—1965 年）

1959 年冬季到 1961 年，我国经历了 3 年经济困难时期。由于经济上的影响，我国篮球运动发展的步伐逐渐放缓，参加各类比赛的队伍逐渐减少，各队的开支面临着很大的困难。这一时期，我国不同级别的篮球队克服重重困难，积极同国外前来的球队交流比赛，还参加了一些不同级别的国际篮球赛事。

（四）停滞及复苏和调整阶段（1966—1974 年）

1966 年 5 月开始的“文化大革命”，使党和国家及人民遭到中华人民共和国成立以来最严重的挫折和损失。体育事业遭受到了极其严重的破坏，篮球运动同其他体育项目一样，终止了一切训练和国内外的竞赛与交往活动。这一时期我国的篮球事业一度处于瘫痪和停滞状态。1973 年，随着全国篮球联赛和集训比赛的举行，我国篮球运动才有了新的起点，得到了一定的恢复和发展。

（五）冲出亚洲走向世界及其后的迅速提高阶段（1975—1994 年）

在此期间，我国共举办了五届全运会。由于我国篮球竞赛体制改革得当，在篮球界人士的辛勤努力之下，我国全运会篮球比赛每届都有很明显的改观和进步。第五届全运会是在全国篮球训练工作会议之后，各队经过 1 年的刻苦训练和精心的备战之后举行的。各队由于以我国女排为榜样，明确了训练的指导思想，在技战术训练中贯彻了“积极、快速、灵活、全面、准确”的方针，因此取得了比较大的进步。

（六）改革创新阶段（1995 年至今）

我国篮球运动经过多年的发展，竞技水平不断提高，篮球人口也持续增加，在世界大赛中也取得了令人瞩目的成绩。在这样大好的形势下，中国篮协根据国家体委（现国家体育总局）深化改革、积极进行竞赛体制和机制改革的精神，决定从 1995 年起对我国篮球竞赛工作进行重大改革，将全国篮球比赛的主要赛事推向市场，在 1995 年首次实行全国男子篮球队甲级联赛主客场的新赛制。于是，我国篮球史上第一个有商业赞助、面向市场、具有商业性和职业性的篮球联赛从此诞生了。

二、我国篮球事业发展现状

（一）我国职业篮球联赛

NBA 在全世界流行后，我国职业篮球联赛马上树立了我国自己的 CBA 品牌。我国男子篮球甲 A 联赛的组织者非常明智地认识到，树立自己的 CBA 品牌十分关键，也十分紧要和重要。我国早在“1999—2000 年全国男子篮球甲 A 联赛总结”和“2000—2001 CBA 联赛总结”中就专门表态：“塑造 CBA 品牌、联赛的社会形象是与我国生存发展密切相关的重要问题，CBA 要想在品牌塑造、市场的经营与开发上能够取得突破就要找到薄弱环节，更新观念，改变思维方式。”如此看来，CBA 在我国多年的发展，使品牌在形式和联想物上都不断加码，个性得以解放。CBA 在报纸、电视、杂志上不遗余力地宣传，获得不少的大型电视转播版权费。CBA 还强力培养自己的明星球员来打造自己的品牌，如姚明、巴特尔、王治郅、易建联等，并且广泛吸收各个国家的外援来在球市上推销自己，成为 CBA 的一道亮丽的风景线。

自 2017 年姚明当选篮协主席，他一直在致力于 CBA 的改革，从职业化到市场化，目前都已经取得了积极的成果。不过对于如何提高我国本土球员的实力，目前似乎也没有特别好的办法，需要长远计划，而外援成了一个最大的争议点。2019 年 10 月 17 日，CBA 审议通过了 2020—2021 赛季的外援使用方案，姚明对 CBA 新政策做出四大改革。第一，CBA 球队外援注册人数由 2 名增加到 4 名。俱乐部根据不同的对手派上相应的外援。当然这项政策也有两面性，实力稍弱的俱乐部在外援上被拉开，但是争冠俱乐部没有受到多大影响。第二，每支球队每场比赛由原先的 4 节 6 人次改变为 4 节 4 人次，排名后五的球队可以使用 4 节 5 人次。显然我国本土球员将获得更多球权支配的时间，而外援的作用进一步被弱化。第三，CBA 取消了亚洲外援，国内球员将获得更多的表现机会。第四，开赛前发布“联合宣言”，这是一项新创举。宣言内容涉及国家队建设、青训制度、联赛发展等多个方面。这四大改革看似改动不大，实际将对 CBA 产生不少影响。

（二）我国职业篮球明星

我国职业篮球明星在我国篮球事业中起到举足轻重的作用。既然篮球运动是一种产业，那就需要人们愿意在篮球运动中消费，形成相应的市场。既然是市场，就要有自己的主打品牌。打造自己的篮球明星，便是我国篮球的首要任务。我国的篮球明星——姚明，让我国篮球走出国门，让我国球员在世界引起轰动，使得国际的 NBA 篮球经纪人对我国投以诧异的目光。同样的我国篮球明星，如刘玉栋、孙军等，在球场上的人气也很高。这些篮球明星通过自身的优秀形象，获得非常高的媒体曝光率，吸引了众多商家的眼球，使得篮球明星代言各种广告成为篮球市场经济的健康成功产物。所以说，篮球明星和广告曝光效应实现了市场关系的相互维持，顺应了市场经济的发展。这充分说明，有着广告效应的篮球明星宣传是使篮球走向实业化、产业化运作的特殊但又极为重要的一项工程。

从 2004 年开始，中国职业篮球新赛制推动了我国篮球产业的发展，新赛制非常注重 CBA 联赛的商务性开发，实行公开竞标招商，合作伙伴变成赞助的形式。这样一方面给赞助商提供了更高的回报广告价值，另一方面使得 CBA 商标有更大影响力。

（三）各省市俱乐部

随着篮球联赛在中国的发展，我国各个省市的俱乐部也陆续建立。这些使得 CBA 走向职业化和市场化道路。

（四）篮球协会实体化改革现状

1956 年 6 月，中国篮协建立，中国篮协是全国性的、行业性的、非营利性的社会组织，是中华全国体育总会以及中国奥林匹克委员会的会员，是代表我国加入国际篮联的唯一合法组织。1997 年 11 月，国家体育总局设立篮球运动管理中心。篮球运动管理中心既是事业单位，又是中国篮协的办事机构。

2017 年 2 月，姚明当选篮协主席。同年 3 月，《关于篮球改革试点有关事项的通知》印发，规定篮球运动管理中心承担的业务职责从 4 月 1 日起正式移交中国篮协，中国篮协向管办分离的实体化改革迈出关键一步，我国篮球改革的方向渐渐清晰。

1. 篮球协会发展历程

（1）体育行政部门实体化时期（1956—1996 年）

早期，中华全国体育总会（简称全国体总）作为中国篮协的上级协会，从成立之初到现在一直带有浓重的行政色彩。1954 年，国家体委成立后，全国体总领导全国体育工作的职责由国家体委替代，其机构、编制、经费也并入国家体委。这种转变使得全国体总在实际上变为体育行政部门的附属，中国篮协作为全国体总下属会员单位，当然也是体育行政部门的附属。在这一时期，中国篮协作为社会组织的实体化水平极低，与体育行政部门合署办公，完全附属于体育行政部门行使职能，依赖政府部门的人、财、物和制度发挥作用。

（2）事业单位协会实体化时期（1997—2016 年）

1997 年 11 月，篮球运动管理中心（简称篮管中心）成立，作为中国篮协的办事机构。中国篮协与篮管中心合署办公，篮管中心的领导同时担任中国篮协的领导职务，“一个机构，两块牌子”，中心与协会同构，具有事业单位和社会组织的双重属性。此时，中国篮协从体育行政部门独立出来，凭借篮管中心事业单位的属性，依托其人、财、物、权力、制度、机构等实现对我国篮球事业的管理。中国篮协的实体化水平得到提高。然而，在社会主义市场经济的大环境下，篮球运动市场化、社会化发展的需求越来越强烈，中心与协会同构形成事业单位化管理和社会组织化管理并行的模式，与现实需求之间价值取向的差异越来越大。

（3）纯社团性协会实体化时期（2017 年至今）

实体化改革，预示着中国篮协将与国家体育总局、篮管中心脱钩，成为独立社团法人，变为真正实体的社会组织。随着《关于篮球改革试点有关事项的通知》的印发和篮管中心的业务职责移交中国篮协，中国篮协也将切实承担起篮球运动的专项管理职能，研制篮球运动目标规划，规范篮球行业发展，推动篮球项目的普及和提高。同时，这也宣示着管办分离、事社分开的改革已经开始，中国篮协实体化改革进程已经迈入了纯社团性实体化改革的新阶段。中国篮协应承担起推动篮球事业全面发展的重担，组织管理体制运行顺畅，实现协会的组织机构、人事管理、财务管理、权力运行等各方面的独立，成为权、责、利高度统一的独立的实体化社会组织。

2. 篮球协会的实体化改革

目前，中国篮协已经完成了设立独立银行账户、变更社团法人证书、构建组织架构、安置人员、设计薪酬体系等多项改革任务。在改革过程中，中国篮协制定了改革方案和改革流程，明确了协会改革的目标和路径，根据国家体育总局对各改革试点项目协会的实体化改革要求，稳步推进各项改革措施。尤其篮管中心和中国篮协人员的安置采取双向选择的方式、宣讲人员身份转换政策，征求国家体育总局人事司的意见，严格按照规律程序解除旧合同、签订新合同。通过双向选择，篮管中心大部分在编工作人员转到中国篮协。这一系列基础工作为后续中国篮协顺利开展工作打下了较好的基础，具体举措如下：①修订协会章程；②换届选出新领导班子；③加强协会内部制度建设；④加强协会组织建设；⑤出台系列行业规范文件；⑥确定协会使命；⑦制定中国篮球战略规划和品牌规划；⑧改革 CBA 联赛管理模式和赛程；⑨加强篮球国家队改革；⑩加强青少年篮球建设。

3. 篮球协会实体化改革中存在的问题

（1）中国篮协与篮管中心职能边界不明确

在当前的改革中，篮管中心的大部分业务职责已经按要求转给中国篮协，但在实际运转过程中，篮管中心和中国篮协的职能界定尚不清晰，职能交叉问题依然存在。具体管理工作，如篮球国家队、职业联赛、青少年篮球和社会篮球等业务由中国篮协全面负责，篮球发展宏观政策的制定和监督则由篮管中心主要负责，篮管中心和中国篮协都拥有篮球赛事组织管理职能。此外，在外事、安保、财务等事务上，中国篮协也没有实现独立，在党建工作上仍受篮管中心领导。

（2）中国篮协地位缺乏自主管理性

中国篮协理论上属于民间组织，不属于任何政府机构。实际上，中国篮协在职能和业务上长期受到篮管中心的干预，而且中国篮协的存在价值与其宗旨也受到了影响和改变，不能发挥其作用。这导致了中国篮协的地位缺乏自主管理性。同时，由于受我国体育长期运行的举国体制影响，国家直接干预中国篮协的活动，篮球赛事不能由中国篮协单独组织，中国篮协缺少绝对的话语权和独立性。

（3）中国篮协与篮管中心主要负责人交叉任职

根据国家体育总局的规定，在篮管中心任职的人员不能够在中国篮协当中任职，反之亦然。由于我国体制问题，中国篮协受到篮管中心的制约，中国篮协的人事任命理论上是由协会自己负责，而实际上是由篮管中心负责。这就导致出现部分负责人交叉任职的问题。

（4）中国篮协内部法规不够完善

中国篮协从成立之初就是非实体的社会组织，是体育行政部分的一种附属，依托于体育行政权力管理篮球事务，没有完善的内部法规、制度、组织框架。因此，现阶段中国篮协在承接篮管中心业务职责、管理篮球运动的实践中，还缺乏成熟、系统的法律法规、制度等。

三、CBA 的经营现状

（一）CBA 的组织结构及经营权分配

在组织结构方面，CBA 主要有中国篮协、外国经营公司（瑞士盈方）和俱乐部三大主体结构。其中中国篮协主要负责赛制的安排、球员注册及管理、俱乐部管理等方面事务，主要履行联赛的管理职责，不参与实际的联赛市场经营开发工作。瑞士盈方集团则是 CBA 的经营方。中国篮协于 2005 年正式与瑞士盈方集团签订了“7+5”的合约，盈方获得 CBA 7 年的商务推广权，并于2012 年成功与 CBA 续约5 年。俱乐部则是 CBA 的实施方，主要负责球队的日常运营、球队梯队建设、球员日常管理和俱乐部的经营等。除了球队冠名权以及门票销售以外，各篮球俱乐部没有其他自主经营的权利。(图 4-2)

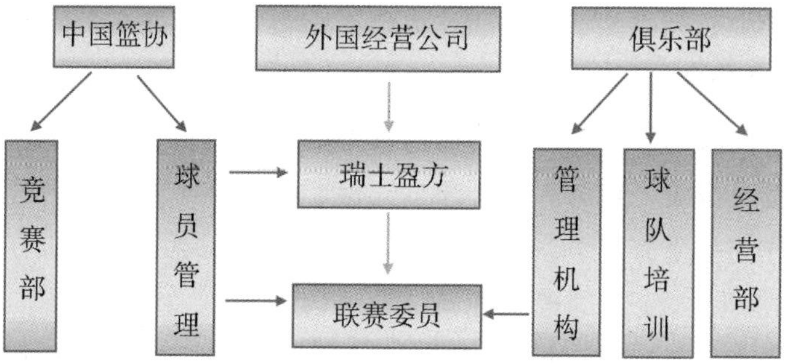

图 4-2　CBA 的组织结构图

（二）CBA 竞赛质量现状

1. 比赛质量

篮球作为一项竞技运动，无论社会环境和其运作方式如何改变，联赛经营的主产品始终是篮球竞赛本身，因此篮球竞赛的质量是 CBA 经营成败的关键。目前 CBA 比赛的观赏度虽有所提高，但是各球队实力仍有较大差异，联赛总体比赛质量仍有较大上升空间。

2. 球员质量

高水平的篮球比赛，离不开高水平的球员。球员运动技术水平、战术素养的高低，决定着比赛质量的高低。目前 CBA 比赛主要由外援掌控，国内球员竞争能力较弱。在联赛各项技术统计指标中，外援几乎占据了全部前 20 的位置，本土球员难觅踪迹。由此可见，目前大多数国内球员的竞技水平和身体、心理素质与外援相比，尚不在同一个水平层次上，各项能力亟须提高。

3. 裁判员水平

裁判员在一场篮球比赛中的角色和地位非常关键。他既是赛场上具有最高权力的人，也是一场精彩比赛的导演。裁判员的一举一动对比赛的走势都有着重要的影响。CBA 的裁判员目前还不是职业裁判员，大多是高校教师和体育系统的工作人员，吹罚水平参差不齐，常遭受舆论质疑，与现阶段联赛的竞赛水平并不相符。同时，除了裁判员之外的其他因素也会影响比赛的质量。计时器错误、技术台记录错误等失误，也会影响比赛的质量及其公正性。

（三）CBA 收益现状

1. 赞助商现状

目前 CBA 拥有 17 家赞助商，共分为 4 个级别，仅从联赛赞助商渠道，CBA 每年就能获得近 7 亿元人民币的收入。

第一级别的赞助商为 CBA 官方战略合作伙伴。2012 年 9 月，李宁公司与盈方签约，以 5 年 20 亿元人民币的金额成为 CBA 未来 5 个赛季的装备赞助商。

第二级别的赞助商为 CBA 官方合作伙伴，包括安居客、麦当劳、TCL 公司、伊利、中国移动、广发银行共 6 家企业，每年各赞助金额为 2000 万 ~2500 万元人民币。

第三级别的赞助商为 CBA 官方赞助商，包括百岁山矿泉水、CAT 公司、德邦快递、咪咕、品胜、战马共 6 家企业，每年各赞助金额为 1000 万元人民币。

第四级别的赞助商为 CBA 官方供应商，包括金陵体育、美凯地板、全体育传媒、云麦科技共 4 家企业，每年各赞助金额为 500 万元人民币。

2. 门票收入现状

门票销售是赛事主办方主要的收益渠道之一。门票销售受到比赛水平、销售渠道、服务等多方面因素的影响。门票销售是目前 CBA 俱乐部收入的主要渠道。近几个赛季以来，随着比赛质量的提升，以及 NBA 级别外援的刺激，CBA 的总体票房有小幅上扬。但大多数俱乐部的票房收入普遍在 1000 万以下，真正达到千万左右的，只有球队战绩好、球迷基础好的球队。

3. 赛事转播权现状

版权方面，新进入的咪咕、优酷和 2017 年签约的腾讯将共享 CBA 新媒体版权，CCTV5 等 19 家电视台以及 CCTV5 + 客户端将继续转播 CBA。3 家新媒体版权合作伙伴每年的版权费应为 1. 5 亿元人民币，版权费总和则为 4. 5 亿元人民币左右。CBA 比赛期间，CCTV5 曾考核了 23 次收视率周排名，CBA 的比赛有多达 14 次排名第一。在网络方面，以腾讯为例，腾讯全赛季的 CBA 视频点击量高达 36. 9 亿人次，独立用户访问量（UV）达到 2. 13 亿人次。

由于电视直播平台的稀缺性，以及竞争性的缺乏，CBA 俱乐部在转播权的谈判中仍属于弱势一方，得看电视台的脸色，大多数球队不能获得应得的电视转播收入。目前央视转播 CBA 所付出的费用也仅为每年一百多万元，CBA 球队还得靠在地方台转播。2014—2015 赛季 CBA 的累计收视人数超过 7.4 亿人次，比前一赛季增长三成以上。另外，电视台转播场次超过 2300 场，累计时长达到 3705 小时，播放总量增长 14%；CCTV5 共直播 60 场比赛，增长约 9%。联赛关注度的提升是有目共睹的，但 CBA 赛事转播权市场现状却仍处于尴尬状态。

4. 特许商品及周边产品开发现状

特许商品是依托赛事的品牌价值进行营销的商品，赛事特许商品及周边产品的开发是赛事的重要收入之一。目前 CBA 特许商品及周边产品拥有很大的开发空间和球迷市场，除了 CBA 装备赞助商——李宁公司对球衣、球队文化衫、球鞋等领域进行了一定的市场开发，其他产品开发仍然处于空白状态。

（四）CBA 俱乐部运营现状

1. 收入来源

根据中国篮协与盈方公司签订的合同，CBA 中各俱乐部只拥有冠名权和门票销售的自主经营权。因此，目前各俱乐部的收入主要来自中国篮协分成、赞助（包括政府扶持和企业冠名）及门票收入 3 项。

2. 支出情况

CBA 各俱乐部在收入有限的情况下，支出却是巨大的，总体可以分为球员薪金和其他支出。其中最大的支出是球员工资，特别是近年众多前 NBA 球星来华淘金，大多数 CBA 俱乐部在外援工资部分就支出不少，特别是几支实力较强的争冠球队的外援，如科尔年薪约为 3800 万元，哈德森年薪约为 1550 万元，新疆队的大外援布拉切年薪约为 1500 万元。与此同时，我国本土球员的工资也水涨船高，广东宏远易建联在 2018—2019 CBA 赛季年薪高达 2000 万元，李根 800 万元，北京队球员孙悦也达到了 700 万元年薪。其他支出则包括球队日常运营费用、球馆租赁费用、球员保险、差旅费等。

四、影响我国篮球事业发展的因素

（一）市场化建设力度不够

我国对篮球联赛的规范化及市场化建设力度不够，我国篮球走了 20 多年的职业化道路，但总体感觉市场化的改变不太明显，比赛水准依然不高，明星球员太少，出类拔萃的新秀奇缺，对外援的管理存在问题，裁判员水平亟待提高，俱乐部运营不善等情况依然存在。这些情况带来的是国家队成绩不理想，观众对我国篮球事业的热情和信心大大降低。所以，我国篮球想要走可持续发展路线，必须在市场化建设方面加大力度。

（二）管理观念陈旧

我国职业篮球联赛的发展，不仅与我国职业篮球联赛的机制有关，也与理念有关。我们不能寄希望于某一个球员或某一个教练员就能改变整个联赛，其实真正的关键还是在于联赛的管理者和权力机构。联赛要进步，就必须改变思路，不仅思路要转变，还要时刻更新，只要适合并且有利于联赛健康发展，我们就应该采纳，不然停滞不前，终有一天会毁灭整个联赛。

（三）体制复杂

CBA 的运营体制极为复杂，主要在于篮管中心与俱乐部之间在权力的争夺上和归属上产生了各种各样的分歧和矛盾。这种现象也被现在人们普遍称为双轨制。在这样的大环境下，俱乐部的日常经营变成了一种多方监管下的“傀儡”政权，其自身的发展构架无法实现。随着俱乐部的发展壮大，其为了进一步壮大自身俱乐部的资产、实力、资金，就必须要引入投资商。这必然会带来权力的流失。长此以往，矛盾在俱乐部经理人、赞助商和篮管中心之间日趋激化是不可避免的。

（四）人才储备不足

联赛从创立至今水平忽高忽低，直到今天还无法与和国际水平的联赛相提并论，甚至从整体的走向上来说，还处在一个稳步下滑的阶段。近几年，虽然联赛的观赏性确有提升，但多依赖于外援明星的效应以及个别球员的影响。所以，更需要一个整体强大的联赛，需要不断涌现优秀的年轻球员，更应该注重后备人才的储备与培养。

五、我国篮球联赛经营的主要问题

（一）管理体制不合理，制度建设落后

1. 行政色彩浓厚，产权不清晰

我国职业篮球管理体制存在诸多缺陷，其核心问题是管理体制不合理、产权不清晰。CBA 是由中国篮协主办的，但中国篮协与篮管中心是一个单位、两块牌子，实际的操作者还是篮管中心。其结果就是，CBA 被天生地赋予了两项职责：为国家队输送人才和为俱乐部老板赚钱。中国篮协和篮管中心既是规则的制定者，又是规则的执行者，同时又掌握所有的优势资源，俱乐部老板们没有选择的余地，这就会导致中国职业篮球联赛在市场运行过程中，各部门之间出现不协调、不和谐的矛盾。篮管中心的某些管理方式限制了俱乐部的自主经营空间，造成管理和经营中的低效率和收益不明确的现象，同时这种不明

确的产权制度也不利于调动俱乐部的积极性，不利于提高我国的篮球竞技水平。

2. 法规建设有待完善

自20世纪90年代以来，我国篮球在内外环境的冲击影响下，逐步走上由业余到职业化的道路。多年来，以赛制改革为先锋的篮球体制改革，取得了世人瞩目的成绩，中国篮协和篮管中心先后制定了《关于运动员转会条例》《中国篮球协会章程》等法规。客观地说，这些法规的出台保证了CBA的正常运行，但是随着CBA职业化程度的进一步加深，如何出台有利于我国职业篮球联赛发展的政策和制定符合联赛发展规律的法规等仍是我们当前的重要任务。

（二）竞赛质量总体不高

CBA竞赛质量不佳首要表现为比赛质量、球员质量、裁判员质量不佳，目前最突出的问题就是外援依赖严重，国内球员实力与外援差距较大。近些年来，为了快速提高比赛的观赏度和球队竞争力，各俱乐部大量引进外援，这样的引援本无可厚非，但在客观上却导致了两个负面结果：其一，国内球员的上场时间和锻炼机会大幅度减少；其二，比赛的胜负往往由个别外援决定，影响了比赛的观赏度。此外，裁判员质量不佳，争议判罚和裁判员失误时有出现。

（三）经营策略不明确

1. 市场开发不充分

在职业体育联赛领域，无论对我国职业篮球联赛还是各俱乐部来说，电视转播费和特许商品经营都是重要的收入来源。而目前在我国，这两个市场都没有得到充分开发。由于体制性障碍等的原因，CBA还未获得应有的电视转播收入。同样，拥有巨大市场潜力的CBA特许商品市场基本也处于零开发的状态，这已经对CBA的持续发展和各俱乐部的经营形成了瓶颈性制约。

2. 忽略品牌和球星的塑造

体育联赛的品牌形象是靠长期宣传推广来塑造和拓展的。由于认识的不到位和运行的不专业，对裁判员的质疑，与媒体的冲突，球迷对于客队的攻击，俱乐部老板对于处罚的不满及由此引发的球迷与媒体的地域性冲突，都严重破坏了CBA的品牌形象，削弱了CBA品牌的价值。同时，CBA整体品牌意识滞后，缺乏品牌定位和塑造，对CBA和球队LOGO等标志物宣传和强化不足，宣传方式单一，球迷互动不足，都导致联赛文化和品牌很难植入球迷的心中。

CBA也涌现过一批国内球星，包括刘玉栋、王治郅、易建联、朱芳雨、姚明等球员。但CBA对这些球员的包装力度不大，包装主动性不高，球星的市场潜力开发不足，很少看到专为球星制作的宣传片和相关事迹报道。但这些球员潜力却很大，姚明就是最好的例证，从 CBA 到 NBA，姚明的球迷从遍布中国到遍布世界，身价也急剧高升。

（四）俱乐部收益较低，专业人才匮乏

俱乐部是职业篮球联赛的基石。目前我国职业篮球联赛中的俱乐部，存在着诸多“非职业”的因素，已经成为限制和束缚我国职业篮球联赛进一步发展的重要因素。大多数篮球俱乐部产权不明晰，管理和经营人才匮乏，市场意识和盈利能力欠缺，俱乐部建设理念落后，缺乏长远发展规划，大多数俱乐部还停留在一味追求比赛成绩且疏于市场培育和开发的初级发展阶段。

从 CBA 大发展、大繁荣的实际要求来看，目前面临的问题还包括专业人才的严重匮乏，CBA 管理运营和推广人才的储备较少，无法满足当前中国篮球发展的迫切需要。

六、我国篮球联赛的发展建议

（一）改革管理体制，提高管理水平

1. 逐步推进 CBA 运行体制的“管办分离”

CBA 目前存在的最重要的问题就是体制问题，产权不明晰、行政干预强烈，都是造成 CBA 整体水平不能进一步提升的重要原因。从我国体育改革的趋势以及我国职业篮球联赛发展的角度来看，CBA 推行“管办分离”已是大势所趋，明确 CBA 各方职责和产权关系，给予俱乐部更大的经营自主权成为当务之急，使投资者真正成为联赛的主人，享有联赛的所有权、经营权和收益权，确保投资者的利益，解决好这些问题是解决好我国职业篮球市场中其他问题的关键。

2. 完善联赛规则，规范市场行为

任何一个职业联赛想要健康长远地发展，都必须有严谨科学的联赛规则来规范联赛各参与主体的行为，对正在快速发展的 CBA 也是如此，如进一步规范俱乐部准入制度、球员转会制度、联赛纪律制度。

（二）努力提升比赛质量

1. 提高球员训练水平和竞赛水平

比赛质量与观赏性是 CBA 能否吸引到更多消费者的决定性因素之一。球员作为篮球比赛的直接参与者，其竞技能力的高低直接决定了比赛质量与观赏性的高低，因此提高球员能力是提升 CBA 质量的最直接手段，如采用先进的训练方式、引进高水平的教练员、聘请科学的医疗团队。

2. 建立良性的后备人才培养体系

CBA 的长远发展不仅要着眼于现役球员的能力培养，还要关注后备人才的培养，后

备人才的不断涌现才是CBA持久发展的基本保障。因此，在大力开发市场的同时，必须抓好后备人才的培养，使人才梯队的发展适应职业篮球市场发展的要求。

3. 修改竞赛规则，使竞赛更精彩

竞赛规则是保证竞赛质量的要素之一。应合理修改CBA竞赛规则，并结合目前CBA实际，使篮球竞赛更符合篮球运动自身的特点，使对抗更激烈、更具有观赏性。如2014—2015赛季，CBA首次采用“末节单外援制度”，使各队实力差距在一定程度上缩小，更多国内球员参与到比赛关键时刻的竞争中来，大大提高了比赛的激烈程度和观赏性。

4. 建立合理的选秀制度和转会制度，均衡各队实力

选秀和转会是职业篮球资源配备的有效方式，科学合理的选秀制度和转会制度的建立，可以使各队的实力相当，使竞赛更精彩、更有悬念。2015年8月19日，CBA第一次选秀大会在北京举行，北京北控选中了来自北方工业大学的球员方君磊，其余球队均放弃选秀权利。虽然目前CBA的选秀效果不理想，参选球员也不具有改变各队实力对比的能力，但仍然是一个很好的开始和尝试，对职业联赛的发展、我国篮球人才的培养都是很有益的。

5. 提供优质赛场服务，满足观众需求

为了提升CBA整体质量，赛事主办方不仅需要为观众提供高水平的竞赛，还需要提供优质的赛场服务，如改善比赛场馆硬件设置，强调服务的人性化、关怀性和及时性等。

（三）建立明确的营销策略

1. 采取合理的营销方式

为了吸引更多的观众参与消费，CBA应尽可能多地采取各种渠道吸引观众。例如，投放电视广告、制作CBA相关电视节目以及高质量CBA宣传片、开辟线上线下多渠道购票方式、组织球迷协会开展交流活动、开发CBA套票销售等方式。

2. 开发CBA电视转播权和特许商品市场

随着近年政策利好以及体制改革的推进，CBA电视转播权的开发必将成为未来其主要收入之一。另外，目前CBA的特许商品经营也基本属于空白，市场空间极大，如利用CBA的各种标志对篮球、工艺品、T恤衫、太阳帽、球星卡等进行开发经营。

3. 树立品牌形象和联赛文化

CBA必须重视品牌形象和CBA文化的塑造，通过制定CBA口号、推出CBA主题曲、设计有特色的场馆场地、开发CBA和各球队的标志产品、设计吉祥物、开展互动活动等手段，创造一个有个性的CBA文化，使CBA和各俱乐部在公众中形成品牌效应，提升CBA品牌价值。

4. 重视球星的包装

球星是联赛能够吸引观众的重要因素之一。CBA 可以借鉴 NBA 的经验，从 CBA、俱乐部和个人市场推广小组等各层面来包装球星，通过比赛、球迷互动、宣传片和社会公益活动等多种方式树立球星的形象，加强球星宣传的主动性和广泛性。

（四）改善俱乐部经营

1. 增加俱乐部经营自主权

俱乐部的健康发展是 CBA 长远发展的基本，应增加俱乐部经营自主权，给予俱乐部更多的市场开发空间，给予俱乐部开发本地区市场的自由。同时，对于重大决策，篮管中心应吸取俱乐部代表或出资人的意见，兼顾各方利益。

2. 培养高质量经营管理人才

解决目前严重的人才短缺和业务水平不高问题的现实途径，是采取走出去、请进来等不同方式，培养与引进相结合，虚心学习，努力提高，科学合理地构建完备的 CBA 人才系统。另外，体育类高校也要加强对专业类人才的培养，当拥有了大批体育管理、市场开发人才之后，俱乐部的市场运作肯定会有很大起色。

第五章
高尔夫球项目市场特征

第一节　高尔夫球项目概况及市场分析

一、高尔夫球项目概况

（一）高尔夫球的概念

“高尔夫”是 GOLF 的音译。“GOLF”由 4 个英文词汇的首字母缩写构成，它们分别是 Green、Oxygen、Light 和 Friendship，意思是“绿色、氧气、阳光、友谊”，意为“在绿地和新鲜空气中的美好生活”。高尔夫是一种把享受大自然乐趣、体育锻炼和游戏集于一身的运动，已经成为贵族运动的代名词。

（二）高尔夫球的起源

1. 苏格兰起源说

关于高尔夫球的起源，流传最广的一种说法是古时的一位苏格兰牧人在放牧时，偶然用一根棍子将一颗圆石击入野兔洞中，从中得到启发，发明了后来称为高尔夫球的运动。因此，高尔夫这个词最早出现在 14 世纪苏格兰议会中的文件中。这是唯一一个有议会文件记录的说法，而且得到了世界大部分高尔夫热爱者的认同。其中圣安德鲁斯球场被认为是高尔夫的圣地，每一个高尔夫球手最大的愿望就是能亲身在圣安德鲁斯球场打一场高尔夫球。苏格兰起源说是最权威、最有说服力的一种说法。

2. 荷兰起源说

荷兰人一直都不认同高尔夫起源于苏格兰的说法，他们认为最早的高尔夫起源于荷兰。荷兰人把一个名叫“kolven”的古老运动称为最早的高尔夫，而且他们认为这个运动是通过两国的商品贸易传进苏格兰的。但是，很多人并不认同这种说法，因为“kolven”是一种室内运动，而高尔夫是一种户外运动，这是两者最基本、最本质的区别。而且“kolven”运动所使用的球要比一般的高尔夫球大，球杆要比高尔夫球杆重，更重要的是这项运动所使用的杆是没有角度的。所以，人们并不认同高尔夫起源于荷兰的说法。

3. 中国起源说

公元前二三百年，我国有种被形象地称为“捶丸”的球类游戏，类似高尔夫球运动。它被描述为：在走路的过程中用棍子击球的运动。之所以有这样的说法，是因为在我国至今仍保存着关于这种运动的壁画，这也是高尔夫起源于中国的唯一证据。

4. 法国起源说

正如我们今天所了解的，高尔夫球运动的历史就是苏格兰高尔夫的记录。但是在欧洲也有反对这种说法的，主要是法国和荷兰。法国类似高尔夫的运动被称为“jeu de mail”。但是他们唯独没有最简单、也是高尔夫最独一无二的因素：洞。所以，人们也不认同这种说法。

（三）高尔夫球赛事体系介绍

世界高尔夫球竞赛大约分为三大体系，即男子职业高尔夫球巡回赛（PGA）、女子职业高尔夫球巡回赛（LPGA）及区域对抗赛的莱德杯和总统杯。

1. 男子职业高尔夫球巡回赛（PGA）

（1）美巡赛

PGA TOUR，即美巡赛，全称美国职业高尔夫球巡回赛，也是负责运作赛事的机构名称。PGA TOUR 本身也是一个非营利组织，具有浓厚的公益慈善色彩。美巡赛从创立至 2014 年 1 月，已累计捐出 20 亿美元善款。美巡赛是 6 个巡回赛中最有影响力的比赛，每年在美国大约要举行 45 站常规赛，每站比赛的总奖金为 500 万～530 万美元，美巡赛奖金排前 125 名的选手才有资格报名参赛。

（2）欧巡赛

欧巡赛每年的赛事最多，大约有 50 站，总奖金为 100 万～200 万美元，举办地遍布世界各地。PGA 欧洲巡回赛组织、运作 3 项比赛：欧洲巡回赛、欧洲老年巡回赛（50 岁以上）和正在发展中的挑战巡回赛。欧巡赛是仅次于美巡赛的比赛。欧巡赛最初由英国的职业高尔夫运动员联合会组织，但是在 1984 年将权利转给 PGA 欧洲巡回赛组织。欧巡赛的大多数比赛在欧洲，最近几年也把许多比赛放在了除美国之外的世界各地。另外，欧巡赛和美巡赛合作举办莱德杯。

（3）日巡赛

1973 年，日巡赛诞生。作为世界六大高尔夫球巡回赛之一，日巡赛当前由 1999 年 2 月 8 日成立的日本高尔夫球巡回赛组织（Japan Golf Tour Organisation，JGTO）进行管理。

作为职业体育赛事，日巡赛不仅为推广和传播高尔夫做出了贡献，还加强了日本国内球员与国际球员的交流和联系。在与合作伙伴们的共同努力下，日巡赛肩负起创建新的高尔夫文化的责任。它们的目标就是进一步推广和传播高尔夫。日巡赛每年大约有 30 站比赛，每站总奖金在 100 万美元左右，比赛只在日本进行。

（4）南巡赛 、澳巡赛和亚巡赛

南巡赛和澳巡赛规模相对较小，每年各有 10 站左右的比赛，每站比赛的总奖金也不低于 100 万美元。亚巡赛比赛数量更少，但近几年来发展迅速，奖金数额也在不断提升，如与欧巡赛、澳巡赛、南巡赛挂钩的汇丰冠军赛，总奖金已达 500 万美元，而“宝马”“VOLOV”等公开赛总奖金也超过了 200 万美元。

2. 女子职业高尔夫球巡回赛（LPGA）

女子职业高尔夫球巡回赛，主要由美巡赛、欧巡赛、亚巡赛、日巡赛和韩巡赛组成。美巡赛仍是影响力最大的比赛，全年在世界各地总共进行 30 站左右。每站奖金为 100 万 ~ 200 万美元。亚巡赛共 4 站，分别是中国站、泰国站以及中国澳门站、中国香港站，每站奖金为 8 万 ~ 10 万美元。

3. 区域对抗赛

在世界区域团体对抗赛中，最具规模和影响力的比赛，即每年一次的莱德杯和总统杯两大赛事。

莱德杯是欧洲选手和美国选手的团体对抗。每次欧洲队由欧巡赛奖金和世界积分排名最靠前的 10 名选手和队长指定的 2 名选手组成；而美国队则由单独的“莱德杯排名体系”确定 10 名选手和队长指定的 2 名选手组成。比赛采用比洞赛制，3 天共打 4 场双人赛和 10 场一对一比赛。第一天上午为四人两球赛，下午为四人四球赛，第二天上午和下午交换，最后一天为一对一，赢一场得 1 分，平为 0.5 分，负为 0 分，总分多者获胜。

总统杯是除了欧洲选手以外的世界一流选手与美国队的对抗赛，其世界队和美国队的选拔方式与莱德杯相同，比赛的赛制也相同。

4. 各大巡回赛之间的关系

六大巡回赛都有自己独立的（奖金）排名体系和参赛资格规定，但有的比赛却是共有的，如在我国举办的汇丰冠军赛就是欧巡赛、澳巡赛和南巡赛共有，参赛选手所取得的成绩和奖金，既可参与本地区巡回赛体系的排名，同样也可“挂钩”世界巡回赛。世界排名则是由 PGA 巡回赛联盟按照六大巡回赛所获得的积分来排序，与各巡回赛奖金排名一年一结算不同，世界积分排名按递减法计算，即总积分增减以78周6个阶段为周期，每周刷新一次。即在6个阶段中，运动员最新获得的积分在不同的阶段分值不一，每一个阶段共13周，在第一个13周里，积分将以双倍计入总分，第二阶段到第六阶段，每一个阶段递减25%计入总分，最终，到一年半后，这一积分即从总分中全部消失。参与世界排名的总分还要除以运动员在周期内的参赛次数，才是最终的排名分。

（四）高尔夫球各大赛事介绍

高尔夫球四大赛分别是美国名人赛、美国高尔夫球公开赛、英国高尔夫球公开赛和美国PGA锦标赛。

1. 美国名人赛

美国名人赛于1934年创设，由传奇球员波比·琼斯创立。每年4月在乔治亚州的奥古斯塔球场（Augusta National Golf Club）举行邀请赛。美国名人赛可谓是世界高尔夫球比赛的第一。它具有特殊的参赛规定，其总奖金和冠军奖金是四大赛中最高的。绿夹克是美国名人赛的重要标志，每年的冠军都要穿上绿夹克。美国名人赛是四大赛中唯一场地固定的比赛，美国名人赛获胜次数最多的球员杰克·尼克劳斯（Jack Nicklaus），共获得6次冠军。

美国名人赛创办不到90年，已经彪炳青史，成为每年最吸引人的四大满贯第一站。究其原因，当然要归功于历届获得冠军的高尔夫大师，他们为美国名人赛写下了辉煌的历史。

2. 美国高尔夫球公开赛

美国高尔夫球公开赛，简称美国公开赛，1895年设立，是每年一度的高尔夫球四大赛之一。美国公开赛由美国高尔夫球协会（USGA）主办，是高尔夫球界最具权威且最难获胜的赛事，职业与业余球员皆可参加。每年6月举行美国公开赛，比赛分4天举行，每天打18洞，共72洞。美国公开赛并没有固定的比赛场地，而是每年选择美国境内的一个著名球场作为主办地，这是为了避免选手通过研究熟悉场地而产生不公平的竞争。

3. 英国高尔夫球公开赛

英国高尔夫球公开赛，简称英国公开赛，是世界上历史最悠久的高尔夫球比赛，1860年由英国高尔夫球协会开办。英国公开赛是四大赛之一，是世界高尔夫史上最古老也是最负声望的大赛，首届比赛于1860年举办，当时只有8人参加。但如今从规模来看，它是四大赛中参赛人数最多的一个，1993年参赛人数达1827人。比赛为分4天进行的比杆赛，共打72洞。哈里·瓦登（Harry Vardon）是该项比赛获胜最多的球员，共6次。

4. 美国PGA锦标赛

美国PGA锦标赛即美国职业高尔夫球锦标赛，由美国职业高尔夫球协会主办，非会员无资格参加。1916年，美国PGA锦标赛开办，优胜者终其一生可以不经预赛即参加PGA主办的比赛。美国PGA锦标赛在四大赛中奖金总额第二位，冠军奖金额仅次于美国名人赛，列第二位。每年8月举行，是四大赛的最后一项。1916—1957年，其采取比洞赛方式，1958年至今采取比杆赛方式。瓦尔特·哈根（Walter Hagen）和杰克·尼克劳斯

(Jack Nicklaus) 分别赢得 5 次冠军，是此项赛事获胜最多的球员。

二、高尔夫球项目市场分析

无论是在英国、美国等高尔夫球产业发达的国家，还是在初具规模的中国，高尔夫球产业都是一个庞大而复杂的产业体系，包括高尔夫球场运营、高尔夫球赛事、高尔夫球旅游、高尔夫球中介、高尔夫球传媒、高尔夫球场建设和高尔夫球具球服生产等子产业。值得注意的是，从整个高尔夫球产业发展过程来看，高尔夫球场运营业始终是整个高尔夫球产业链的核心，高尔夫球场建设和高尔夫球具球服生产是它的上游产业，高尔夫球赛事、高尔夫球旅游、高尔夫球中介和高尔夫球传媒是它的下游产业。高尔夫球场运营业不但对于高尔夫球产业的整体发展至关重要，而且集中体现了高尔夫球产业的发展特征。

广义的高尔夫球产业是指以高尔夫球场运营业为核心，包括高尔夫球场运营、高尔夫球赛事、高尔夫球旅游、高尔夫球中介、高尔夫球传媒、高尔夫球场建设和高尔夫球具球服生产等子产业的产业链体系。

狭义的高尔夫球产业是指经营高尔夫球场或高尔夫练习场的企业集合。

（一）高尔夫球市场需求分析

1. 高尔夫球消费主体

图 5－1 反映了受调查的高尔夫球运动消费者职业特征。在对深圳市高尔夫球场的调查中，深圳观澜湖高尔夫球会负责人介绍，其入会会员的身份在朝多元化方向发展，球会会员从前一度以制造业企业家为主，如今来自金融、IT、物流、贸易等行业的会员逐步增加，企业 CEO、私人企业主和企业的中高层管理者成为消费群体的主流。此外，政界人士、高校教师以及追求时尚潮流的青年一代也都是高尔夫球运动的慕名追求者。

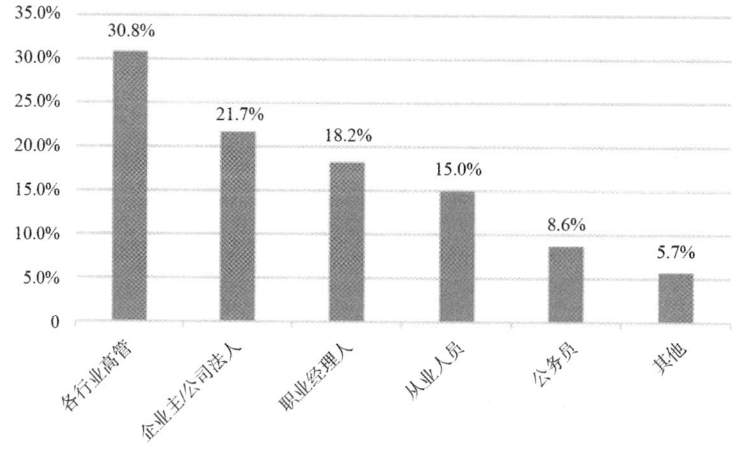

图 5－1　受调查的高尔夫球运动群体的职业统计图

资料来源：智研数据中心整理。

高尔夫球消费群体以男性为主导。高尔夫球运动以技巧性为主，对人体素质的综合要求不高，是一项老幼皆宜的运动，对消费者具有强大的承载力。消费者呈现年龄跨度大和年龄集中度高的特点。外籍人士也是我国高尔夫球消费群体的重要组成部分。除此之外，高尔夫球潜在消费者成为一股不可小觑的力量。

2. 高尔夫球消费动机

随着我国人民经济收入的提高及闲暇的增多，人们越来越关注生活的质量和提高自身身体素质。在21世纪的今天，追求高品质的生活，彰显个性魅力，充分享受人生，已成为人们的共识。高尔夫球运动所独具的特质、高尔夫球俱乐部的特殊氛围及其所提供给会员消费者的服务，无一不能满足人们的以上消费需求。(图5－2)

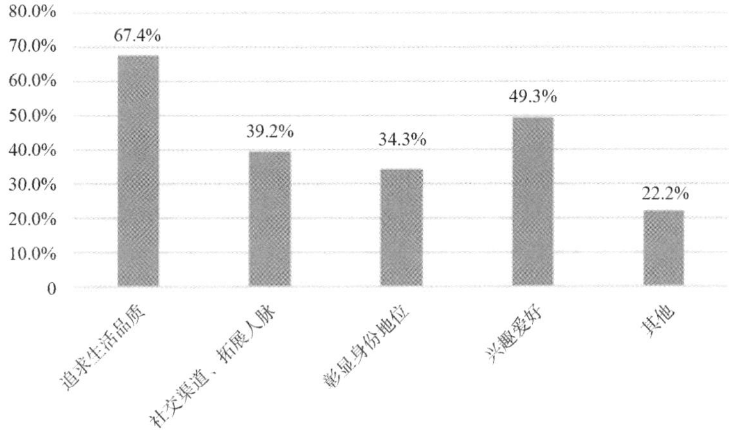

图5－2　受调查的高尔夫球运动人群消费动机统计图

资料来源：智研数据中心整理。

将高尔夫球作为一种社交和商务活动的手段，增加人际交往、拓展人脉关系，也是消费者选择参与高尔夫球运动的重要动机之一。在调查的球场中，有球手承认前来打球的主要目的是获得人脉资源。

高尔夫球运动一向被认为是一种贵族化的运动，优雅、时尚、魅力十足。近年来，广告和推广宣传将高尔夫球演变成为一种精英人士的社交运动项目，因此社会上大批涌现的“成功人士”等对高尔夫球运动热情较高，并且将成为高尔夫球俱乐部的会员作为一种身份或地位的象征。

除以上消费动机外，消费者参与高尔夫球运动也是为培养兴趣爱好、强身健体或休闲娱乐等。

3. 高尔夫球消费内容

(1）高尔夫球媒体方面

经过多年的发展，涌现了一大批高尔夫球专业媒体，如高尔夫球相关报纸、杂志、电视台节目、网站等。同时，高尔夫球赛事也越来越受到大众媒体的重视，得到了中央电视台的转播。大满贯赛事的收视率越来越高，已经成为大众关注的焦点。

（2）高尔夫球教育方面

据统计，国内目前以培养高等管理人才为主的高尔夫球相关学院中，走在最前面的是深圳大学高尔夫学院，该学院成立于1997年，在高尔夫专业学历教育、职业技能与资格培训、中外联合办学等各方面都进行了积极的探索并取得了丰硕的成果，被公认为我国高尔夫高等教育的旗帜，培养出的历届本专科毕业生一次性就业率均为100%，其中相当数量的毕业生已经成为我国高尔夫球产业的中坚力量。复旦大学高尔夫球专业经济管理人才委培班也开始招生。北京体育大学等体育院校也开展了高尔夫球专项班。

（3）高尔夫球旅游方面

高尔夫球旅游是指旅游者离开常住地到异地（一般指有高尔夫球俱乐部的球会或酒店等），在旅游中从事各种身体锻炼、休闲度假、娱乐、体育文化交流等活动而引起的一切社会关系和现象的总和。

目前最热门的高尔夫球新兴产业首推高尔夫球旅游业，高尔夫球旅游在国外已经具有相当大的市场，全球高尔夫球旅游价值超过了175亿美元。美国拥有全球一半以上的高尔夫球场，1999年的调查显示，美国每8个旅游者当中，就有1个进行的是高尔夫球旅游。

（二）高尔夫球市场供给分析

1. 高尔夫球产业发展结构

高尔夫球产业的生产制作市场，是指为高尔夫球消费者（个人或企业）提供高尔夫球产品的研发和生产制作，以及产品经营的社会经贸环境。高尔夫球产品的生产与制作，具有涉及面广、品种繁多、功能各异、作用不同的社会特点。（图5－3）

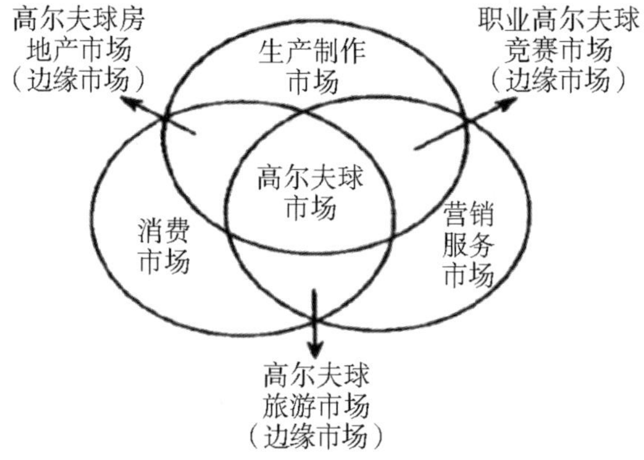

图5－3　高尔夫球运动产业发展结构图

资料来源：智研数据中心整理。

2. 高尔夫球产品发展特点

高尔夫球产品专业生产的企业规模不断扩大，产品的专业化生产部门日趋细化，产品门类不断增多。

高尔夫球产品的生产工艺不断提高，科技含量不断增强，高新科技成果的转化，使产品材质选用更加优良。

高尔夫球产品的开发更突出以人为本的社会发展需求，产品的研发与生产更具个性化和针对性。

尽管名牌产品的市场优势仍显突出，但产品的市场竞争也日趋激烈。突出个性化发展的高尔夫球消费方式的不断延伸与扩展，使得高尔夫球产品的生产制作市场更趋多样化，产品的开发与生产更具有针对性，国外名优产品一统天下的格局受到来自国内中小企业普通产品生产者的冲击。

3. 我国高尔夫球场建设情况

我国高尔夫球场数量从 2009 年至 2014 年持续增长，2015 年锐减 100 家。在国家 2014 年高尔夫球场清理整治措施实施后，2015 年全国有 108 家高尔夫球场全年都未能营业，其中更有 11 家高尔夫球场自 2014 年以来已经连续两年停业。2015 年营业中的高尔夫球场仅 438 家，共 9753 个球洞，折合约 542 个 18 洞，球场数与球洞数下降幅度分别达到 18.6% 和 17.4% （图 5－4、图 5－5）。2009—2013 年，我国高尔夫球场数量净增长 173 家，增幅 49.7% ，年均增长 10.6% ；18 洞球场净增长 207 个，增幅 47.9% ，年均增长 10.3% 。

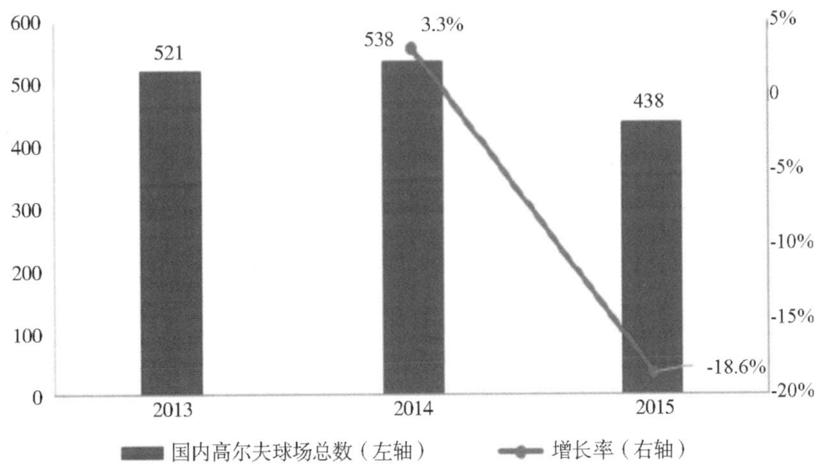

图 5－4　2013—2015 年国内高尔夫球场总数

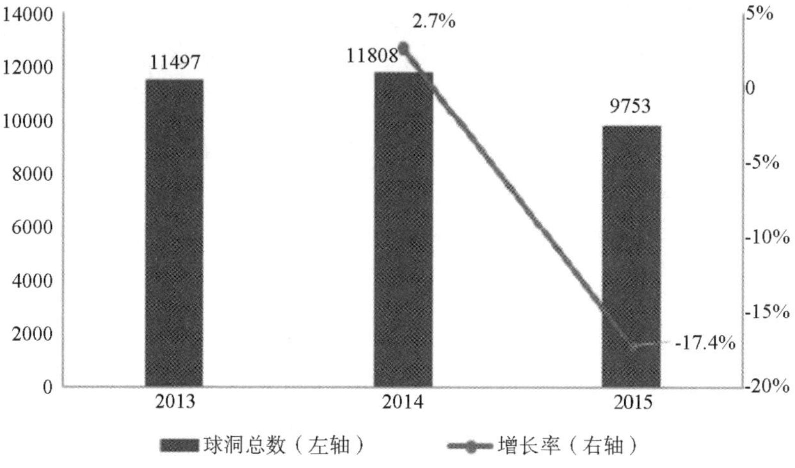

图 5－5　2013—2015 年我国高尔夫球洞总数

我国现有高尔夫球场区域化分布明显，主要集中分布在珠江三角洲、长江三角洲、福建沿海、山东半岛和京津地区，基本与我国经济发展水平较高的区域分布相一致。海南省和云南省虽然不属于经济发达地区，但是这两个省份旅游资源丰富，在其发展战略中旅游业占据十分重要的地位，而高尔夫球场对吸引旅游者、发展旅游产业有巨大的带动作用，发展高尔夫球旅游是促进当地经济发展的有力手段。

2017 年 1 月，国家发改委、国土资源部（现自然资源部）、环保部等 11 家部委联合宣布，高尔夫球场清理整治及全面核查工作已完成。清理整治工作遏制了高尔夫球行业的无序发展。此次清理整治后，全国原有高尔夫球场 683 个，其中有 496 个球场整改到位予以保留，187 家球场分别被取缔、撤销、退出或自行关闭。但在 2017 年度，496 家球场中有 118 家球场因各种原因未能正常营业。与上一周期相比，本周期内正常经营的高尔夫球场总量净减少了 71 家，降幅为 16.2%。

4. 高尔夫球旅游发展现状

我国高尔夫球旅游在 2000 年以后发展较快，特别是广东、北京、上海、云南、海南、山东等地区，借助优越的地理条件和美丽的自然景观吸引了一大批高尔夫球游客。在高尔夫球旅游的市场开发方面，相关人员纷纷采取了一些推广措施和手段，并取得了一定的成绩。旅游大省云南和海南对高尔夫球的重视程度都很高。以云南为例，据该省的统计结果，云南旅游人口的 5% 来自高尔夫球旅游。当然，无论海南还是云南，高尔夫球旅游产业都面临东南亚国家的激烈竞争，所以海南和云南也都在积极采取措施改善服务，增加竞争力，特别是在增加配套旅游服务设施方面做了很多工作。

第二节　高尔夫球项目市场运营

一、高尔夫球建造与养护业

一个配套比较完善的高尔夫球项目，一般具有18洞以上的标准场地，同时配套建设的还有高尔夫练习场、高尔夫球会所，甚至五星级酒店等附属设施。一般来说，高尔夫球会所和酒店的施工建设，与一般的酒店建设基本相同，唯一的差别是，高尔夫球会所在功能设计上要注重前台、更衣室、专卖店、出发站、存包室甚至电瓶车库等功能区的动线设置。高尔夫球场、练习场的建设相对于其他设施建设则自成一体：高尔夫球场、练习场的建设从勘测（地形、地貌、地质）到设计（项目规划、场地设计、景观设计）再到施工（土方、造型、排水、喷灌、坪床、水、电、路、桥、污水处理、环保）等各项工程，是综合性、专业性非常强的一项工程。一个出色的高尔夫球项目，通常具备以下几个条件：第一，项目周边辐射区域经济发达，现有或潜在的高尔夫人口量较大，民众消费观念超前；第二，交通状况好，项目功能多；第三，用于建造球场的用地自然条件。其实，以上所罗列的设备和用品还不是全部，但这其中已经有很多设备的单价非常高了。例如，美国著名的品牌“约翰迪尔”（John Deere）系列的一台五联剪草机价格通常在35万元人民币左右，一台三联剪草机25万元人民币左右，一台注水式果岭打孔机30万元人民币左右，就连一台高尔夫多功能运输车的价格也要在17万元人民币左右，可见相关设备所产生的价值是非常高的。有的设备单价低，但用量非常大，这些设备和用品基本上是高尔夫球场或练习场经营所必备的物品。

二、高尔夫球生产制造业

（一）高尔夫球场机械设备及其他用品

在高尔夫球场的经营中，球场的草坪养护在所有成本支出中占比是最高的，其中最为主要的就是草坪养护机械采购。目前国内高尔夫球场的高尔夫草坪机械大多为国外进口产品，只有部分简单、低值的草坪机械是国内生产的。付佳创办的绿源佳军高尔夫机械设备有限公司，是我国第一家针对高尔夫球场专门研制、生产高尔夫机械设备的国内公司，“佳军”牌球场维护专业设备有打孔机、梳草机、覆沙机等十余种机械；李敏于1995年创立的绿友集团，代理约翰迪尔（John Deere）草坪、园林机械设备，以及美国亨特（Hunter）高尔夫球灌溉设备、美国美特达（MTD）园林设备、日本丸山（MARUYAMA）草坪设备，并拥有自主品牌“绿友”和“美神”多个系列，倾注研发力量并自主开发出了“美神”牌割灌机、切边机、打药机等，性能较为稳定，价格较低。王继军于1998年在深圳沙井创立“衡泰信”，开始专注于高尔夫球场、练习场用品的开发设计和生产制造，旗下品牌的打击垫、洗球机、捡球机、全自动发球机、高尔夫练习球等产品在国内树立了行业标准，目前已成为我国最大最全面的高尔夫球场和练习场设备生产基地。其贴牌的产品不但远销拉美、中东、东欧等新兴市场，也逐渐渗透到了欧盟、美国、日本等传统优势市场。

我国的这些高尔夫球生产类企业，大多是先做代工或代理，通过为世界知名品牌做加工或销售代理，掌握对方先进的技术、管理方法和经营理念，在企业发展到一定规模后，才开始培育自己的品牌。可见，我国的高尔夫球生产类企业还处在萌芽阶段，离规模化、产业化发展还有漫长的道路要走。

（二）高尔夫球具类

高尔夫球行业的发展史，从某种意义上来讲，就是高尔夫球和球具的生产制造工艺的发展史，高尔夫球具重要性可见一斑。一般而言，高尔夫球具进口的贵，国内的便宜，一线品牌的贵，二线品牌的便宜，专业者使用的贵，初学者使用的便宜。例如，本间（HONMA）公司生产的“皇者之龙——张连伟限量版”高尔夫球杆，每套的价格高达54万元人民币。卡拉威（Callaway）的一套限量版球杆价格约计5.5万元人民币，XX10 MP800的一套杆价格大约为2.5万元人民币，而一般的初学者的套杆基本价格为8000～18000元人民币。一般来说，扣除球具的生产、流通、税费等费用，一套球杆的利润应该为200%～500%。

《朝向白皮书——中国高尔夫行业报告》显示，2013年高尔夫球人口总数为110万～120万。仅按每人拥有一套高尔夫球杆计算，仅仅高尔夫球具的市场规模就在千亿以上，当然这还不包括练习场的新生客源、高尔夫球院校学生以及各种培训班的学员、教练员等，高尔夫球产业的市场之大可见一斑。相对于那些动辄拥有近百年历史的世界名牌，我国自主的高尔夫球具品牌最多的也不过十几年的历史，寥寥无几的几个品牌也全部属于低端的三线产品，如刘海英创办的SHEAHERO（海英）、周涛创办的COUGAR（美洲豹）和PGM（精密武器）、陈静创办的GICOO（吉可）等，此类套杆的价格基本为1500～2500元人民币。这些用品的客户多为初级的高尔夫球从业人员或高尔夫球院校学生、培训班的学员等。个别的品牌也在国外进行销售，但都以纪念品或低价优势竞争为主要手段。

我国的高尔夫球具业大多也是走了一条由代理国外品牌到创立自主品牌的曲折过程。以GICOO（吉可）为例，深圳天应投资有限公司的董事长陈静于1994年开始代理美国卡拉威品牌球具、2003年创立了GICOO高尔夫球品牌，经过了十几年的发展，GICOO系列产品依然没有成为球具市场的一线品牌，可见自主品牌的培育是一个艰难的过程。

高尔夫球是一种易耗品，所以用量非常大。三层的比赛球价格为150～350元/盒，四层的比赛球价格为400～500元/盒，五层的比赛球价格基本都在500元/盒以上。练习球的价格为 2～3 元/个，而特殊的球价格则要高出许多，如彩带球或烟雾球每盒的价格都在 1000 元以上。

（三）高尔夫球服装用品类

高尔夫球服装用品类包含的产品较多，诸如 POLO 衫、风衣、长短裤、鞋帽等。严格地说，高尔夫球服装用品，不是简单地将我们日常的服饰、鞋帽用品冠以高尔夫球的名称就可以的。因为要适合高尔夫球运动的特性，所以高尔夫球服装用品通常具备以下特点。第一，功能性强（如弹性、透气性、防风防雨性、重量轻等）；第二，面料好、做工细、质量优（因为核心的高尔夫球消费群体毕竟不是普通的工薪阶层，质量一般、甚至低劣的产品很快就会被淘汰掉）。

当前，在高尔夫球服装用品的市场上主流的品牌有 Callaway（卡拉威）、Mizuno（美津浓）、Lecoqsportif（公鸡）、Taylormade（泰勒梅）、Dunlop（邓禄普）、Titleist（泰特利斯）、Ashworth（雅狮威）、ECCO（爱步）、Footjoy、Number 和 Polo 等。在这个领域里，我国的自主品牌非常少，仅有 Biemlfdlkk（比音勒芬）、Southport（秀仕宝）和 Kingswill（金狮威）等少数品牌有一定的影响力，更多的我国相关企业仍在做国外品牌的代理或做代加工业务。国外的一些企业先后将其业务拓展到我国市场。这些企业大多从事高尔夫球场管理或高尔夫球教学领域，但由于风俗习惯差异和企业文化差异等原因，其业务的发展速度也极为缓慢。

三、高尔夫球综合服务业

（一）高尔夫球场、练习场运营业务

高尔夫球场、练习场的运营业务就是狭义概念的高尔夫球产业。作为高尔夫球综合服务业的核心业务，高尔夫球场、练习场的运营业务是高尔夫所有相关产业产生和发展的基础。伴随着高尔夫球场、练习场运营业务的快速发展，高尔夫球业内的各种中间业务也如雨后春笋般涌现出来，成为高尔夫球综合服务业中的一支重要力量。

按主营业务划分，高尔夫球综合服务业大致有 4 种类型企业。

第一种，从事高尔夫球场、练习场运营业务的公司（或称俱乐部），如清远美林湖高尔夫俱乐部、鞍山梅园高尔夫俱乐部、古雷碧海高尔夫俱乐部、昆明乡村高尔夫俱乐部等。这些投资规模在亿元以上，从事高尔夫球场运营的企业在全国约有 700 家；而投资规模在百万元以上，从事高尔夫练习场运营的企业则远超 1000 家。

第二种，从事高尔夫球产品经销业务的公司，如深圳市先驱高尔夫管理有限公司，其主营业务是代理销售高尔夫球车及商务车；信佳芯（北京）科技有限公司，其主营业务是代理销售美国 TrackMan 雷达室内高尔夫设备等。

第三种，从事高尔夫球场管理、营销等业务的专业公司，如深圳市朝向高尔夫管理有限公司、淡水高尔夫管理有限公司、上海高证管理顾问有限公司、铁岭绿翼高尔夫营销管理有限公司等。

第四种，其他类型的公司。这类公司大都从事高尔夫球赛事组织、球场预订、高尔夫球培训、高尔夫球移动应用软件开发及推广等业务，如海高网、微高高尔夫、云高高尔夫、海南美辰高尔夫、大连智远高尔夫、大连高尔夫文化、1872 高尔夫等。

目前，在我国从事高尔夫球场、练习场运营业务以及高尔夫球中间业务的公司虽然多如牛毛，但受制于经验、资金、人才和体系建设等因素影响，这些业务大多无法形成规模经营；而国外的一些成熟型机构，如美国国际管理集团（IMG）、英国爱姆伍德学院、美国特伦高尔夫（TROON GOLF）等机构，也纷纷看好我国庞大的高尔夫市场。

（二）高尔夫球酒店餐饮业

作为球场运营的场所和高尔夫球客人休息就餐的设施，高尔夫球会所已成为高尔夫球酒店餐饮业核心场所。由于项目的定位不同，高尔夫球会所的规模和档次也存在较大的差异，一般来说，大致有 3 种类型。第一种，简易型。因投资金额或占地面积有限，仅建设简易的高尔夫球会所。这类会所建设的比较少，多为临时建筑，一般仅具备球场运营办公、洗浴和提供简易餐饮等功能，如沈阳的沈水湾和陨石山的高尔夫球会所、东营的揽翠湖高尔夫球会所等。第二种，普通型。这种类型的高尔夫球会所，大多设计新颖，装饰奢华。由于这种类型的会所多与五星级酒店或六星级精品酒店等设施配合使用，因此功能上有所压缩，更注重品质和服务细节，如黄山松柏高尔夫乡村俱乐部的会所和酒店、长白山国际高尔夫球会的会所和酒店等。第三种，综合型。由于没有五星级酒店作为高尔夫球项目的配套，这种类型的高尔夫球会所装饰奢华且功能完备，大多集接待、休闲、娱乐、餐饮、住宿、商务、办公等功能于一体，综合性非常强，如大连红旗谷高尔夫球会所、青岛国际高尔夫球会所、上海佘山高尔夫球会所等。

高尔夫球会所的餐饮因其主要客户群体是高尔夫球运动爱好者，所以在餐饮的经营上也具有高尔夫球运动的独特烙印。例如，环境要求安静、高雅；菜品更注重绿色、健康；早餐和午餐为适应客人下场打球的需要，要注重便捷和营养搭配；晚餐一般多商务氛围，注重地域特色或经营特色；另外还要有能力承接大型赛事的颁奖酒会或高端产品推介会；等等。随着越来越多的高尔夫球会所、高尔夫球酒店投入使用，高尔夫球酒店、餐饮的委托管理业务也日渐兴盛。如喜来登、希尔顿、凯莱等著名酒店管理公司纷纷涉足高尔夫球酒店餐饮业，使其专业化程度得到进一步提升。

（三）高尔夫球会展业

高尔夫球产品的销售，除大型的设施、设备以线下交易为主外，其他的大多数高尔夫球产品为线上交易和线下交易同时进行。高尔夫球行业中有形的产品主要包括以下三大类：①高尔夫球场和练习场所用的设施、设备等产品；②高尔夫球和球具等产品；③高尔夫球服装、鞋帽等。在我国最具影响力的高尔夫球展会有两个。一个是始于 2010 年的北京励展光合展览有限公司与中高协联合主办的“中国国际高尔夫球博览会”。该博览会得到了 PGA 世界联盟、美国高尔夫球场管理人协会、美国俱乐部经理人协会中国分会及其他世界顶级协会的大力支持。自 2002 年举办首次“中国国际高尔夫球博览会”至今，我国已经成功举办了 13 届高尔夫球博览会。2014 年 3 月北京“中国国际高尔夫球博览会”吸引了约 480 家国内外知名品牌制造商、经销商及专业代理机构，成为我国高尔夫球业内的交流盛宴。另一个是创办于 2009 年的“塘厦高尔夫球博览会”。塘厦作为世界高尔夫球名镇，是世界第一大高尔夫球会观澜湖所在地，也是我国高尔夫球自主品牌的圣地。“塘厦高尔夫球博览会”同“中国国际高尔夫博览会”一样，已成为涵盖整个高尔夫球产业链的交易与采购平台和业界的商务交流平台。

四、高尔夫球文化业

（一）高尔夫球教育业

1995 年，深圳高等职业技术学院创办了大专层次的高尔夫球管理专业。1997 年，深圳大学创办了高尔夫球学院，标志着高尔夫球专业教育在我国正式开始起步。如今我国已有近百所大专院校和职业院校开辟了高尔夫球专业（含高尔夫球场管理、高尔夫球场建造与维护、高尔夫球商务管理、高尔夫球运动技术等），其中比较活跃的院校有 20 多所，诸如厦门大学、中国农业大学、中国林业大学、北京体育大学、河北体育学院、辽宁职业学院、湖南涉外职业技术学院、烟台南山学院等院校。另外，还有更高层次的 MBA、EMBA 等深层次教育，如中国人民大学高尔夫球 EMBA 项目、上海交通大学高尔夫球 EMBA 项目、同济大学高尔夫球 EMBA 项目、清华大学高尔夫球 EMBA 教育等。在当前的社会环境下，一方面高尔夫球产业发展迅速，相应的专业人才需求逐渐扩大；另一方面专业的师资力量和资金投入有限，对于高等教育来说，高尔夫球人才的培养和输出任重而道远。

（二）高尔夫球广告传媒业

当前，我国的高尔夫球广告传媒业的发展状况大致如下。

①电视媒体：央视高尔夫·网球频道、上海电视台高尔夫频道、广东卫视高尔夫频道等约 9 家电视媒体；

②杂志：《辽宁高尔夫》《世界高尔夫》《东方高尔夫》《中国高尔夫》《高尔夫时尚》《高尔夫杂志》《经典高尔夫》 等杂志。

③报纸：《第一财经》《假日休闲报》《高尔夫专刊》3 家报纸。

④网络：包含唐高网、纯粹高尔夫、快乐高尔夫、泛高尔夫网等 20 余家专业网站和

腾讯高尔夫、搜狐高尔夫、新浪高尔夫等近10家门户网站。

⑤户外广告：孚朗格高尔夫传媒（FLOG GOLF MEDIA）、高众传媒等。

总体来说，当前的高尔夫球媒体、广告业具有以下特点：受众者（近百万高尔夫球人口多为社会各界精英）的高端性和局限性，以杂志及网络居多，报纸、电视偏少；受国家政策限制因素影响，传统重点媒体对高尔夫球行业关注相对较少，当然也有一定的市场因素；鉴于成本低、推广方便、使用便捷等特点，高尔夫球网络媒体发展前景广阔。

第三节　我国高尔夫球市场的发展与管理

一、我国高尔夫球市场的发展概况

（一）高尔夫球用品制造行业市场规模情况分析

我国高尔夫球已形成了初步的规模，无论是人群数量还是市场认知都有了一定的基础。随着中产阶级数量的不断扩大以及休闲生活方式的逐步“侵入”，我国高尔夫球呈现出良好的发展态势。目前，我国高尔夫球用品企业主要分布在广东、浙江、江苏、上海4个地区。我国高尔夫球产品零售额未来增速较快。得益于中上层阶级的消费升级，我国成为目前世界上增速最快的高尔夫球产品市场之一。2015年，我国高尔夫球产品市场零售额达4.69亿美元，占全球市场4.0%，虽低于美国（44亿美元）、日本（30亿美元）、韩国（10亿美元）、英国（6.92亿美元），但2015—2019年我国年复合增长率达到8.3%，市场前景广阔。

（二）高尔夫球赛事市场规模情况分析

我国现在参与高尔夫球运动的人口约有300万人，其中职业运动员约400人。2018年3月30日，朝向集团发布2016—2017年度《朝向白皮书——中国高尔夫行业报告》（以下简称“白皮书”）。据白皮书调查测算，我国高尔夫人口和核心人口体量仍然维持近三年来的平均水平，没有发生大的变化。我国高尔夫人口数量为100万～110万，其中核心人口为38万～39万。同时，我国建立了职业、业余和青少年的积分排名系统和双向选择的办赛模式，各地区各方面承办比赛的积极性空前提高，赛事申报承办程序得以规范，年度赛事计划提前落实。

1. 我国高尔夫球赛事基本类型

近年来，由中高协主办和举办的国际国内正规比赛一般分为男子高尔夫球职业赛事、女子高尔夫球职业赛事、业余及教练高尔夫球赛事、青少年高尔夫球赛事以及高尔夫球俱乐部赛事。其中男子高尔夫球职业赛事包括同一亚洲高尔夫球巡回赛、VOLOV 高尔夫球职业巡回赛、IsPs 世界常青高尔夫球锦标赛、中国职业高尔夫球锦标赛等，占总量的 35.7%；女子高尔夫球职业赛事包括世界女子高尔夫球锦标赛、人济杯高尔夫球挑战赛、北京明珠高尔夫球挑战赛、上海高尔夫球精英赛、三亚女子高尔夫球公开赛等，占总量的 13.4%；业余及教练高尔夫球赛事包括全国业余高尔夫球希望赛、“皇冠杯”中国业余城市高尔夫球精英挑战赛、“中信银行”中国业余高尔夫球巡回赛、中国高尔夫球业余公开赛等，占总量的 30.3%；青少年高尔夫球赛事包括全国青少年高尔夫球精英挑战赛、汇丰全国青少年高尔夫球冠军赛、全国青少年高尔夫球锦标赛、VOLOV 全国高尔夫球青少年冠军赛等，占总量的 12.6%；此外，高尔夫球俱乐部赛事占 8%。现阶段中国男子高尔夫球职业赛事、业余及教练高尔夫球赛事这两类赛事占我国高尔夫球赛事的 66%。由此可知，男子高尔夫球职业赛事及男子高尔夫球运动员相对数目大，赛事普及程度不断提高，业余高尔夫球赛事成为我国高尔夫球赛事的一大主力。青少年高尔夫球赛事比重可以和女子高尔夫球赛事数目相媲美，可见我国在高尔夫球运动的青少年培养方面还是给予了极大的关注。

2. 我国高尔夫球赛事奖金数额

2017 年我国高尔夫球职业赛事数量已出现上升趋势。2016 年，我国共举行了 31 场职业高尔夫球比赛，男子为 18 场，女子为 13 场。较 2015 年度，2016 年赛事减少了 1 场。2017 年，我国共举行了 33 场职业高尔夫球比赛，其中男子 18 场，女子 15 场。较 2016 年度，2017 年赛事增加了 2 场，增幅为 6.5%。

赛事奖金方面，2017 年赛事总奖金为 15813.7 万元，较 2016 年小幅下降，其中男子赛事总奖金 12807.3 万元，同比增幅 7%，女子赛事总奖金 3006.4 万元，较 2016 年下降 2007.6 万元，降幅 40%，女子奖金锐减主要因为华彬 LPGA 精英赛未能延续办赛。(图 5-6)

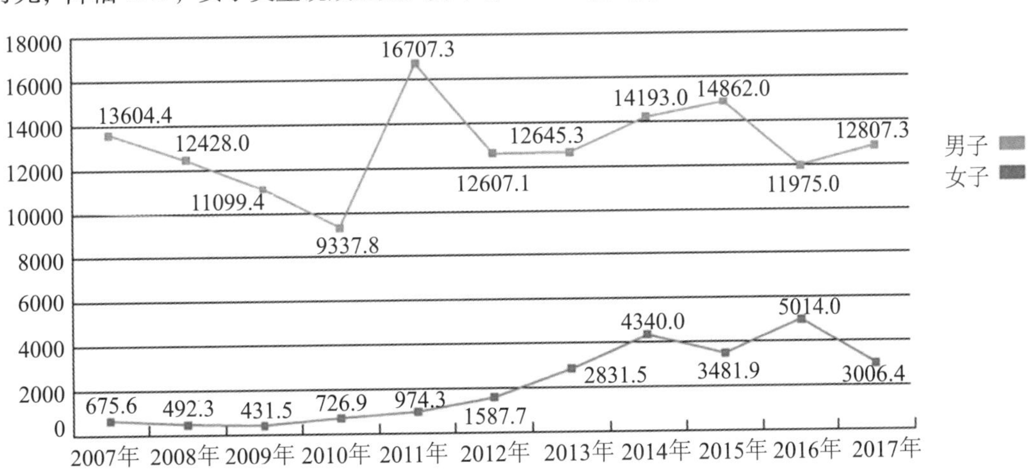

图 5-6　2007—2017 年我国高尔夫球职业赛事奖金总额对比（单位：万元）

（三）我国高尔夫球政策环境分析

国家高尔夫球政策的走向直接决定了高尔夫球的发展，所以说高尔夫球市场的发展离不开国家政策的影响，政策发展也间接反映一项运动的发展。

白皮书指出，上溯到2004年国务院办公厅发布一号令以来的十年，国家层面对高尔夫球行业发布的主要政策是稳定的、有层次的、有延续性的。我们将以此作为梳理政策走向的基本判断。同时，行业在感知上均认同现行政策对我国高尔夫球的发展起着日趋严厉的制约作用，这也是事实。近年来，市场环境变好，政策环境不断完善，房地产热、开发区热、旅游开发热等为高尔夫球行业带来良好的发展空间，最近几年高尔夫球旅游越来越受到旅游部门的重视。

1. 政策原点

早在1997年5月18日，中共中央、国务院就发布了《关于进一步加强土地管理切实保护耕地的通知》。该文件与高尔夫球行业相关的政策是明确“禁止征用耕地、林地和宜农荒地出让土地使用权用于高尔夫球场、仿古城、游乐宫、高级别墅区等高档房地产开发建设以及兴建各种祠堂、寺庙、教堂”。

2004年1月10日，国务院办公厅下发的《关于暂停新建高尔夫球场的通知》中提到，“自本通知印发之日起至有关新的政策规定出台前，地方各级人民政府、国务院各部门一律不得批准建设新的高尔夫球场项目”。

2. 调整

2008年11月10日，国务院发布了《中华人民共和国营业税暂行条例（2008修订)》。该文件改变了高尔夫球自2001年以来全国统一实行20%的营业税税率的规定，调整其税率为5%～20%，具体税率由省、自治区、直辖市人民政府在条例规定的幅度内决定。其后，2009年9月22日，国家发展和改革委员会、国土资源部（现自然资源部）等7部门联合发布《关于开展高尔夫球场建设情况调查的通知》，开启对全国高尔夫球场的摸查，重新启动高尔夫球场的清理整治工作。

3. 契机和过渡

2009年10月9日，国际奥林匹克委员会投票通过：高尔夫球与七人制橄榄球成为2016年里约热内卢奥运会、2020年东京奥运会的正式比赛项目。这对2004年以来一直处于窘局之中的高尔夫球场清理整治工作是一个契机，国家的相关政策及时地做出了反应。2009年12月1日，《关于加快发展旅游业的意见》发布，文件指出：“积极发展休闲度假旅游……规范发展高尔夫球场、大型主题公园等”和“大力培育发展具有自主知识产权的休闲、登山、滑雪、潜水、露营、探险、高尔夫等各类户外活动用品及宾馆饭店专用产品”。2010年6月，国家发展和改革委员会在《海南国际旅游岛建设发展规划纲要》的批复函中也指出：“在符合土地利用总体规划、林地保护利用规划和城乡规划，不占用耕地特别是基本农田、有效保护森林和生态环境、维护农民合法权益，并依法办理用地手续的前提下，可以规范发展高尔夫旅游。”这个地区性的政策自此使海南岛成为我国高尔夫的“特区”，在某个层面上，我们认为海南的特殊政策具有“试点”的意义。

在中央政府积极调整高尔夫球产业政策的背景下，各级地方政府也相继出台一些相关的规范性文件。

4. 规范发展

2011 年 4 月 11 日，国家发展和改革委员会等 11 个部委联合发布《关于开展全国高尔夫球场综合清理整治的通知》（以下简称《通知》）。《通知》将《关于暂停新建高尔夫球场的通知》（2004 年）印发前未按规定履行立项、规划、用地和环境影响评价等建设审批手续建设的高尔夫球场，以及《关于暂停新建高尔夫球场的通知》印发之后开工建设的高尔夫球场，列入清理整治范围，并提出了清理整治原则和要求。《通知》所称的“违法违规行为”主要针对占用耕地、天然林和国家级公益林地，对自然保护区或饮用水源地保护区造成影响的，非法围垦河湖影响防洪安全，非法占用公共资源等行为。未在上述土地上建造的球场，或虽有在上述土地上建造的行为但能够纠正和采取落实整治措施的，可在“完全纠正”“整治措施全部落实到位”后获得合法的“出生证”。

2013 年 11 月，党的十八届三中全会通过的《中共中央关于全面深化改革若干重大问题的决定》中提出，“处理好政府和市场的关系，使市场在资源配置中起决定性作用”和“稳定农村土地承包关系并保持长久不变，在坚持和完善最严格的耕地保护制度前提下，赋予农民对承包地占有、使用、收益、流转及承包经营权抵押、担保权能”，成为影响我国高尔夫球走向的重大因素。

二、我国高尔夫球市场发展存在的问题

我国高尔夫球市场发展存在的问题表现在两大方面，即高尔夫球市场的供给和需求。其中，高尔夫球市场供给方面有政府政策限制高尔夫球发展、自然环境影响和专业人才缺乏等；高尔夫球市场需求方面有社会对高尔夫球运动认知不够和消费能力不足等。

（一）政府政策限制高尔夫球发展

我国高尔夫球发展历史较短，政府也没有针对高尔夫球产业发展发布专门的相关文件，致使高尔夫球运动发展出现了很多的争论。政府相关政策的缺失，特别是高尔夫球用地政策、申请建设高尔夫球场的政策、高尔夫球产业发展政策，都使高尔夫球市场的发展混乱。高尔夫球场被视为限制用地，但是并没有文件具体表明哪些用地可以占用，只是清楚表明了耕地林地不能占用。对于建设高尔夫球场的申请，很多企业以各种名目进行审批，有的以度假村的名目，有的以房地产开发的名目。这些企业巧立名目进行审

批，建设了一些不合格的高尔夫球场，同时对已经建立的高尔夫球场的运营监督管理力度不足。另外，我国高尔夫球产业的定义不明，未确切定义到底是运动产业、园林产业，还是休闲产业。政府部门也缺乏完善合理的发展规划。这些问题都严重影响了我国高尔夫球市场健康可持续发展。

（二）对自然环境存在负面影响

高尔夫球场对环境有着深刻的影响，主要是表现在对土地的污染和水污染。高尔夫球场对草地的要求十分严格。为了使人工种植的草坪保持新绿、不长杂草，需要进行施肥和施用杀虫剂、杀菌剂、除草剂等。而高尔夫球场草坪大多建立在透水性良好的沙壤土上，会直接污染居民的生活水源。在高尔夫球场的建设中需要清除原有的植被，造成土质疏松，一旦降雨，将会引起水土的流失，特别是降水量较大的山地丘陵地区。

（三）专业人才缺乏

我国高尔夫球人才培养起步较晚，专业人才严重不足，特别是专业的高尔夫球管理人才和高尔夫球赛事组织专业人才。我国的高尔夫球管理人才一般是由打球的技术人员转化而来的。他们没有专业的管理理论基础和实践经验。不少高尔夫球管理人才则是从国外引进的，但是价格都十分昂贵。我国自己培养的人才在数量和质量上都满足不了我国高尔夫球市场的需求。虽然我国开设了一些关于高尔夫球的学院和专业，但是硬件和师资力量都十分的薄弱。

（四）社会对高尔夫球运动认知不够

在我国，高尔夫球产业发展对外界的反应是很敏感的。人们对高尔夫球的认知存在着偏见，认为它是有钱有权人的运动，只能是极少数人参与的高消费运动。人们并没有认识到高尔夫球是一项适合大众健身的休闲运动。这种消极的消费态度，严重影响着高尔夫球的消费取向，同时也导致人们产生对高尔夫球的排斥心理。大众只是看到高尔夫球耗水量大、污染土地这些消极的方面，却对积极的方面不重视。

（五）消费能力不足

高尔夫球在我国仍然是一项奢侈的贵族化的运动。虽然近几年我国的经济发展迅速，人民的生活水平有所提高，但是对高尔夫球这种高消费大多数人是没有能力承担的。现在的高尔夫球市场大多把顾客锁定在一个范围较小的群体内，促使高尔夫球消费保留在一个较高的层次，普通的大众没有能力参与到高尔夫球运动中来，造成了高尔夫球运动的开放程度不高，资源的利用效率低下。这对于整个高尔夫球市场的发展是非常不利的。

三、我国高尔夫球市场发展的趋势

（一）完善相关的法律法规

我国应该完善高尔夫球发展的法律和政策，规范和引导高尔夫球市场的发展，制定法律法规，对高尔夫球市场环境进行规范，从而保障市场有序运行，合理配置资源，不造成浪费。国土资源部门应该准确进行土地的分类，科学划分，制定相关的土地政策，依法对高尔夫球场的土地征用进行监管，加强项目审批管理，严格执行环境影响评价制度，加强建成后的监管。

（二）合理进行用地规划和环境保护

美国高尔夫球场建筑艺术协会主席亚特希尔提出，高尔夫球场规划设计阶段过程中必须考虑 8 个方面的环境因素，其见解对我国高尔夫球场的选址也较为实用。这 8 个环境因素是：①是否由于在当地建设本项目减少了公众绿地空间？②本项目的兴建是否将改变、减少湿地或其他环境敏感区？③是否由于本项目的建设而影响到重要的历史文化保护区？④项目兴建对诸如生物方面将产生影响？⑤项目兴建如何对原有的地形、地貌、地质以及植被产生影响？⑥在球场建设期由于对地表的扰动和水土流失是否引起潜在的水体污染？⑦在水资源缺乏的地区建设高尔夫球场项目是否引起当地灌溉水的减少？⑧球场长期施用化肥是否将引起地表水体污染和地下水渗透的污染？综上，我们应考虑排水的回收与再利用，减少用水与排放；在高尔夫球场建设人工水塘，实施雨、污水分流，废水进入二级污水处理达到排放标准后才可以进入水塘，并在水塘中种植水生生物分解，吸收肥料及农药成分，防治污染物直接向场外的水库、河流及水源保护地排放；加强农药化肥的管理，健全农药使用制度；禁止使用高毒高残的化学农药，推广使用高效低毒的环保型农药，并控制用量。

（三）培养专业高尔夫球人才

培养高尔夫球人才，首先就应该优先发展高尔夫球教育，瞄准高尔夫球发展的方向，合理配置教育资源，建立人才培养与高尔夫球产业发展需要的教育教学体系。建议高校结合自身特点引进并开设高尔夫球专业，培养高素质的高尔夫球综合人才，在现有的专业基础上，适当拓宽深化专业结构范围，细化专业培养方向，加强师资力量，优化人才成长环境。另外，要加强学术交流与合作，特别是要加强对国外高尔夫球经验的学习与总结，并且从我国的实际出发，培养出我国的高尔夫球人才。

（四）形成对高尔夫球的正确认知

我们应加强对高尔夫球的正面引导，为高尔夫球发展营造一个和谐的心态环境，使大众能够全面地认识高尔夫球运动，对高尔夫球的消费做出正确的选择。让高尔夫球的文化深入人心，让大众对高尔夫球产生向往。这才能让高尔夫球沿着正确的轨道发展。

（五）发展迷你高尔夫球，普及高尔夫球运动

对于政策限制和土地的昂贵，我国可以发展迷你高尔夫球场。迷你高尔夫球场不但占地少，而且造价低，十分经济实惠。这类的高尔夫球消费较低，可以吸引工薪较低的消费层。这样既可以拉动高尔夫球市场的发展，同时也可以使我国的高尔夫球逐步走向大众化之路。

第六章
赛车运动项目市场特征

第一节　赛车运动项目概况

一、概念

赛车是指根据汽车比赛技术规则规定制造的专用车，或经过一定程度的改装并安装了安全保护装置、符合某项汽车比赛规则要求的汽车。赛车运动也叫汽车运动，是指使用汽车在公路（包括专用赛车道）和野外比赛速度、驾驶技术和车辆性能的一种体现高科技和充满艰辛、刺激的运动项目。

二、起源与发展

早在 19 世纪，欧洲大陆就出现了汽车的雏形。汽车运动伴随汽车工业的发展而兴起。起初，汽车比赛的目的是检验车辆的性能，宣传使用汽车的安全性和可靠性。正是因为这一点，从那时起，汽车比赛实际上已成为汽车厂商出产品、创名牌、比质量、占市场、扩大企业影响、提高企业知名度和推销新产品的极好机会。因此，对汽车运动的发展，汽车厂商们总是不惜倾注大量的人、财、物，积极资助，相互竞争，都希望自己能唱主角，自己的产品能领导汽车工业发展的新潮流。所以，每一次的汽车比赛，实际上已成了对汽车产品质量的大检验和汽车工业生产发展水平的展示。

历史上第一次汽车比赛是 1894 年在法国举行的巴黎—鲁昂的汽车比赛，当时比赛的宗旨是“没危险，易驾驶，低成本”。这是一场并非以最快到达终点为目标的比赛，汽车的平均速度仅为 15 千米/时。次年在法国又举行了巴黎—波尔多的汽车比赛。之后在汽车工业十分发达的欧洲，又陆续举办过巴黎—维也纳、巴黎—柏林等多项汽车拉力赛。这些比赛均属于汽车工业和汽车运动发展初期的活动。随着汽车工业的发展和赛车运动的兴起，赛车运动中开始出现竞技元素和竞技精神，1904 年 6 月，由世界上几个重要的汽车生产国发起，国际汽车联合会在巴黎成立了。

经过上百年发展，汽车运动演变成如今的过程激烈的汽车赛事，如一级方程式锦标赛（英文全称“FIA Formula 1World Championship”，简称 F1）、世界耐力锦标赛（英文全称“World Endurance Championship”，简称 WEC）、世界汽车拉力锦标赛（英文全称“World Rally Championship”，简称 WRC）、德国房车大师赛（英文全称“Deutsche Tourenwagen Meisterchaft”，简称 DTM）。汽车运动的开展和汽车比赛不断推动着各国汽车工业生产工艺和生产技术的改进，而汽车工业的发展又推动了汽车运动的不断提高。汽车运动及汽车比赛，从产生起就始终围绕交通用车和特制赛车这两大类车种发展着。

目前世界赛车运动分为两极，一个极点是欧洲赛车界，一个极点是北美赛车界。造成极点的区分，有历史问题、赛车文化问题、群众基础问题等，但两个极点并没有在观众数量、痴迷程度、影响力上有很明显的差异。欧洲赛车界一直以来被认为是主流赛车界，其中最著名的赛事应该就是摩托 GP（世界摩托车锦标赛）、一级方程式锦标赛、世界汽车拉力锦标赛、世界超级摩托车锦标赛、德国房车大师赛这些耳熟能详的招牌了；而北美赛车界最著名的，则是印地赛车和纳斯卡赛车两大车系，这两个车系各自组织比赛，各自包含了大批从低级到高级不同的赛事，其中知名度最高的，也就是印地 500、纳斯卡的奈科斯特杯等。

在众多的汽车赛事当中，作为世界锦标赛转战于各国之间，由全世界的赛车选手争夺每年一度的世界冠军头衔的重大比赛，当首推一级方程式锦标赛（F1）和世界汽车拉力锦标赛（WRC）。各国赛车选手和赛车生产厂家为争夺这两项赛事的车手冠军和厂商冠军（在 F1 中称为 Constructor Championship），每年都要展开激烈的角逐。

三、分类

出于人类与生俱来的对未知领域的探索欲以及科技的飞速发展，100 多年后的今天，赛车运动已经发生了翻天覆地的变化。速度的大幅提升，极大地提高了赛车运动的观赏性，而丰富多彩的赛事也吸引了世界各地车迷的目光，赛车运动俨然已经成为世界范围内一项影响重大的体育运动。现代赛车运动其实是各式各样的汽车比赛的一个统称，大体分为两大类：场地赛车和非场地赛车。

（一）场地赛车

场地赛车是指赛车在规定的封闭场地中进行比赛。它又可分为漂移赛、方程式赛、轿车赛、运动汽车赛、耐久赛、短道拉力赛、场地越野赛、直线竞速赛等。方程式赛中又包含了一级方程式、三级方程式、GP2、F3000、印地赛车、美国冠军方程式、福特方程式、康巴斯方程式及卡丁车等。

（二）非场地赛车

非场地赛车的比赛场地基本上是不封闭的，非场地赛车的比赛主要分拉力赛、越野赛及登山赛、沙滩赛、泥地赛等。

四、特征

赛车主要是为了成绩和速度，其次才是安全，一切都是以追求最高的速度为第一前提的。因此可以说，赛车是集人与车为一体的综合较量。与通常的体育运动相比，赛车运动不仅是车手个人技艺、意志和胆量的竞争，也是汽车设计、产品质量的角逐。这种独具特色的双重性运动更能体现人类与高科技完美的结合，体现了人类对自然的征服能力。

赛车是车战，是商战，是金融战，还是科技战？谁也无法说清。它那丰富而又复杂的内涵超越了除它之外的世界上任何一项体育运动。总之，正是有了具备高科技开发能力的汽车公司做后盾，有了拥有雄厚经济实力的大企业集团的资助，加之热衷赛车运动的人们的积极参与，才使得赛车运动经久不衰，并始终散发着无限的魅力。

五、价值

赛车作为一种曝光度较高的赛事，能让客户对品牌产品特性有直观的认知，甚至能证明品牌在行业中处于领先地位。

（一）促进了汽车性能的改善

赛车有助于改善汽车的性能，尤其是动力性。赛车场是汽车技术创新的“试验田”。汽车赛可以作为试验汽车新构造、新材料等方面的重要手段。在比赛中获胜的赛车，往往就是汽车制造厂日后生产新车型时参考的样板。20 世纪 50 年代，当日本汽车厂家决定加快汽车生产步伐时，首先选中的“基地”就是赛车场。20 世纪 60 年代，他们又将自己的赛车驶向了国际赛车场，向车坛传统霸主欧、美赛车宣战，在屡败屡战中吸收了对手的优点，找到了自身的不足。通过不断改进，他们不但在赛车场上获得了一席之地，而且为日本汽车工业的全面崛起奠定了坚实基础。

（二）强化了汽车道路试验能力

100 多年来，汽车技术得以不断发展，在很大程度上得益于在各式各样的车赛中所取得的大量试验数据。汽车赛场实质上是一种强化的道路试验场。汽车生产厂家可以通过车手在赛场上驾驶赛车的高强度运动，使赛车的所有零部件都于最大应力状态下工作。

这样在短短的几小时之内，厂家便能够发现自己生产的汽车在正常使用条件下几年之后才能暴露出来的问题，节省了大量的时间和费用。

（三）精彩的动态汽车展会

通常情况下，赛车被人们看作先进技术的结晶。今天，在汽车大赛中被推出的每一辆新型赛车，都代表着一家汽车公司甚至一个国家在汽车方面的前沿技术水平。不仅如此，赛车还体现了普通汽车发展的方向。比较当代新型轿车与20世纪30年代初设计的赛车，不难发现它们之间有一些共同点，如较高的发动机转速、较大的压缩比、较小的汽车自身质量和流线的汽车外形等。从某种意义来说，赛车是汽车发展的先驱。较能代表赛车技术水平的一级方程式赛车，主要出自德国保时捷汽车公司、意大利法拉利汽车公司、美国福特汽车公司和日本本田汽车公司等，每一辆赛车都是它们精心制造的杰作。福特汽车公司形象地把一级方程式汽车大赛称作高科技汽车奥运会。在汽车大赛中推出的新型赛车，从设计到制造都凝聚着众多研制者的心血。

（四）产生了最佳的广告效应

赛车还是生动真实的广告。一次组织严密的汽车赛，尤其是国际性高水平大赛，能够吸引成千上万的观众。在比赛中获胜的赛车和车队为汽车制造商和比赛赞助商推出了最佳的宣传广告，促进了生产厂家产品的销售，为企业带来了巨大的经济利益。正因为如此，许多车队才用高薪聘请优秀的车手，规模较大的企业集团才会慷慨解囊赞助大型车赛。

（五）促进了汽车大众化

赛车促进了大众对汽车的认知，使汽车逐步被大众接受。除职业性汽车比赛外，世界各地的汽车爱好者还自行组织进行了一些小型的汽车比赛，这对汽车工业的发展有着重要意义。许许多多地方性的汽车俱乐部，联系着千千万万的汽车运动爱好者，其广泛性和群众性是汽车大赛所无法比拟的。地方汽车俱乐部组织的汽车赛招揽了大量参赛者和现场观众，通过比赛掀起了一阵阵汽车热，把人们的热情吸引到汽车上。他们传播了汽车技术，扩大了汽车爱好者队伍，培育了潜在的汽车制造、使用、维修方面的人才和汽车市场。赛车运动也使许多人成了汽车迷。

六、重要比赛

（一）环形公路竞速赛

环形公路竞速赛也叫方程式赛，比赛使用的是专门制造的赛车，根据要求其汽缸的工作容积不得超过3000毫升，在规定的封闭式环形公路上同时发车比赛速度。这项比赛是赛车运动的主要内容之一，比赛主要有欧洲锦标赛和世界锦标赛。赛车运动锦标赛与其他运动项目锦标赛有所不同，它是由在几个不同国家举行的系列大奖赛组成的。

（二）创纪录赛

创纪录赛按汽车发动机的工作容积分 A ~ J 共 10 个等级进行。比赛除了对驾车运动员的技术和意志有着较高的要求外，对汽车的制造工艺和发动机的设计、改进也是一个严峻的考验。值得一提的是，1965 年美国人布里德洛夫用喷气发动机驱动的汽车，创造了汽车竞速的世界最高纪录。

（三）多日赛

多日赛又称拉力赛，是指在一个国家内举行或者跨越国境举行的汽车长途比赛。使用的车型一般为普通小汽车。世界上一些著名的汽车拉力赛，像巴黎—达喀尔汽车拉力赛，还专门设有卡车组和摩托车组的比赛，比赛的线路包括公路及野外道路（比赛时路线上不断绝其他车辆的通行），并规定每天行驶的路程及到达的时间。路线上还设有检查站，检查参赛车辆是否在规定时间内通过。这是一种既检验车辆性能与质量，也考验驾驶员驾车技术的比赛。

此外，在汽车工业发达的欧美国家，汽车比赛的种类和名称繁多，除了每年经常不断地举行国际统一规定的各项赛事外，还有各种名称繁多的运动汽车赛、普通汽车赛、耐力赛、组装赛、检修赛、节油赛、公路赛、越野赛、爬坡赛、驾驶技巧赛、卡丁车赛等竞赛活动。

第二节 F1 赛事及市场分析

一、F1 赛事概况

（一）F1 赛事发展历程

F1 即一级方程式锦标赛。F1 第一次的正式比赛于 1950 年 5 月 13 日在英国银石赛道举行。意大利车手法里拉赢得了第一个 F1 大奖赛冠军，同时也取得了当年的车手总冠军。20 世纪 50 年代，F1 开始采用 FIA（国际汽车运动联合会）专门制定的比赛规则，使得赛事更加规范化和制度化。进入 20 世纪 60 年代以后，F1 在技术上得到了快速的发展。

1968 年，F1 赛车车身上首次出现了扰流翼板——这一空气动力学理论的应用，标志着 F1 步入了空气动力学时代。伴随着技术的革新，F1 赛车的速度不断地提高，观赏性也大大地增加，因此，也使得比赛的危险性更大。当然，同时带来的还有 F1 商业化的发展。1968 年，赛车上香烟的宣传广告，成了 F1 历史上第一次引入的商业赞助。

20 世纪 70 年代之前由于一系列的赛道事故使得安全问题异常受关注，比赛中出现了安全车等措施。同时 F1 商业化运作也日渐成熟，出现了至关重要的人物——伯尼·埃克莱斯顿先生——F1 前任掌门人。他通过建立专业公司得到几乎所有车队的赛事完全控制权，并将电视转播引入赛事。

随后的 F1，竞争异常激烈，出现了许多车手。赛车技术也在不断地改进，FIA 在不断完善赛事技术规则的同时，也更加重视安全问题，积极开展提高安全的科技研发。

现如今，为了比赛的精彩性和安全性，F1 在技术上仍在不断革新。由于金融危机的影响，本田、丰田、宝马、索伯相继宣布退出 F1，然而又有新的车队加入进来。从 2004 年中国首次举办大奖赛之后，土耳其、新加坡、韩国、印度也相继开始举办 F1。无论是车手、车队，还是每年举办地的变动，F1 都已经形成混战的新格局。

（二）F1 赛事的特点

1. 科技含量高

F1 汽车大赛，不仅是赛车的竞争，在其背后还进行着各大汽车公司之间科学技术的竞争。在汽车大赛中推出的新型赛车，从设计到制造都凝聚着众多研制者的心血，并代表着一家公司乃至一个国家的高科技水平。

2. 危险系数高

赛车是一项危险性极高的体育运动。与其他比赛不同，参与赛车的任何人，都要与组委会签署一份“生死状”才能从事比赛、裁判和维修工作。澳大利亚一位赛车专栏记者指出：“如果在事故发生后，车手互相指责对方，只能让车迷和媒体卷入纠纷，并不利于问题的解决。”而观众也正是被这种危险的刺激所吸引，这貌似是一个非常不容易调和的矛盾，如贝格尔在 1988 年圣马力诺大奖赛中撞车失火被媒体评论为“被烧烤的贝格尔”，很多车迷还将其精彩的撞车场面当作电脑的屏幕保护画面等，诸多 F1 事故往往会成为著名的 F1 广告。

3. 费用昂贵

除了航空比赛之外，F1 赛事在所有体育项目中应该算是最费钱的一个，不仅赛车本身价值连城，F1 车手身价不菲，雇用机械师费用惊人，就连 F1 的车迷们也是家财万贯。车队纪念品也带来巨大利润，尤其是法拉利车队的纪念品最好卖，这支以火红色为主调的车队也带来了令人眼红的利润，有法拉利队标志的 T 恤衫、帽子和背包十分畅销。位居第二的是梅赛德斯·迈凯伦车队。

（三）F1 赛事管理机构

1. 国际汽车运动联合会

国际汽车运动联合会简称国际汽联或 FIA，1904 年成立，总部原设在法国巴黎，2004

年移至瑞士苏黎世。国际汽联以推动汽车工业发展为宗旨，最高权力机构是世界汽车旅游理事会和世界汽车运动理事会。两个理事会的主席均由国际汽联主席担任，分别另设一名执行主席。两个理事会的成员各由会员代表大会选举产生的来自不同国家或地区的21 名委员组成。

世界汽车旅游理事会主要负责为汽车使用者解决问题；世界汽车运动理事会主要负责统筹世界各国汽车运动组织，为所有不同种类的赛车运动制定规则，协调安排世界范围内的各项汽车比赛。两个理事会分别设立若干个特别委员会在各自负责的范围内进行工作。其中较有影响的委员会有赛道及安全委员会、一级方程式赛车委员会、拉力赛委员会、卡丁车委员会、汽车旅游委员会、制造厂商委员会等。国际汽联每年根据各国的申请在世界上约 80 个国家和地区安排包括世界锦标赛、世界杯赛、世界大奖赛和地区赛在内的近 800 场各类国际汽车比赛。

国际汽联是一个非营利性组织，分为两大部分：①旅行部和汽车部，主要负责协调道路交通安全、环境保护、消费者权益保护、组织相关活动及旅行事务等。②运动部，负责管理世界所有形式的汽车运动，包括 F1 大赛、F3000 大赛、旅行车（GT）赛、世界汽车拉力锦标赛、卡丁车赛等。

国际汽联的官方语言为法语和英语，是国际奥林匹克委员会成员组织。

2. 中国汽车运动联合会

中国汽车运动联合会是全国性体育社团，是中华全国体育总会团体会员。其前身为中国摩托运动协会，1975 年成立于北京，1983 年加入国际汽联，1993 年 5 月汽车运动项目从中国摩托运动协会分离，单独组成“中国汽车运动联合会”，2015 年更名为“中国汽车摩托车运动联合会”。

中国汽车运动联合会最高权力机构是全国理事会，实行会员选举制，设主席、副主席、秘书长、副秘书长若干人。日常工作在秘书长领导下，由下设的办公室、外事联络部、运动竞赛部和教练员委员会、裁判员委员会等办事机构进行。该联合会主要任务是负责全国汽车运动的业务管理，组织国内外汽车比赛和体育探险活动，指导群众性活动，培训运动员、教练员和裁判员，参加国际交往和技术交流，为我国境内管辖汽车运动唯一的全国性组织。

（四）F1 赛事分站情况

世界一级方程式锦标赛是速度快、科技含量高、商业价值大的体育赛事，因为影响范围广、知名度高，与世界杯足球赛、奥林匹克运动会并称为“世界三大顶级赛事”。F1 赛事作为世界车坛最高级别的赛事，具有很高的影响力。F1 赛事每赛季分站情况不同。2022 赛季共有 23 场分站赛，见表 6－1。

表 6－1　2022 赛季 F1 赛事分站情况

场次	大奖赛	场次	大奖赛
1	巴林大奖赛	13	匈牙利大奖赛
2	沙特阿拉伯大奖赛	14	比利时大奖赛
3	澳大利亚大奖赛	15	荷兰大奖赛
4	意大利-伊莫拉大奖赛	16	意大利-蒙扎大奖赛
5	美国-迈阿密大奖赛	17	俄罗斯大奖赛
6	西班牙大奖赛	18	新加坡大奖赛
7	摩纳哥大奖赛	19	日本大奖赛
8	阿塞拜疆大奖赛	20	美国-奥斯汀大奖赛
9	加拿大大奖赛	21	墨西哥大奖赛
10	英国大奖赛	22	巴西大奖赛
11	奥地利大奖赛	23	阿布扎比大奖赛
12	法国大奖赛		

二、F1 市场分析

（一）F1 市场需求分析

根据国际汽联一项题为“欧洲大奖赛的经济效益”的研究可知，1997 年，在欧洲举行的 11 站大奖赛共吸引了 200 多万名观众，这些观众在比赛期间的花费高达 50 亿美元，并创造了近 74 万个就业机会。其中 F1 赛道的开山鼻祖，英国银石赛道每年的综合效益为 5000 万英镑。以澳大利亚墨尔本赛车场、马来西亚雪邦赛车场及巴林国际赛车场为例。从 1996 年到 2005 年举办的 8 届赛事期间，全世界约有 10 万名游客汇聚于澳大利亚墨尔本赛车场，短短几天中，为墨尔本带去了近 2 亿美元的旅游收入。赛事期间，墨尔本全市近 3000 家餐馆、酒吧、咖啡店天天生意火爆，大型高档酒店甚至需要提前半年预定。马来西亚雪邦赛车场在举办 3 次 F1 赛事期间，每年能吸引全世界约 7 万名游客前来观赏，带来约 1. 32 亿美元的旅游收入。2004 年，巴林国际赛车场首次举办了 F1，赛事经营者在赛后的核算过程中发现，本次赛事的收益约 7400 万美元，从 4 月 2 日到 4 日，仅 3 天时间就吸引了约 4 万名游客前去观赛，人均花费 226 美元。根据已有统计，2004 年，F1 大奖赛中国站现场观众约有 26 万名，其中境外游客为 5 万名，他们在上海的平均逗留时间为 3 天，逗留期间的经济花费为四五亿美元。上海高档的酒店、餐饮企业成为 F1 大奖赛中国站的最大受益者。此外，转让电视转播权及其他相关的广告收入等，也为政府带来相当可观的税收。但传统媒体对 F1 的报道越来越少，在微博和微信朋友圈上，F1 也很难成为真正的热点。

（二）F1 市场结构分析

2004 年，F1 首次增加中国区比赛，上海国际赛车场成为继马来西亚雪邦赛车场和日本铃鹿赛车场之后的亚洲第三个 F1 大奖赛的比赛专业场地。F1 被称为“烧钱的游戏”，上海国际赛车场的建设仅前期投入就达 26 亿元人民币之多，每年需要向国际汽联支付约 3000 万美元的承办费，赛场人员工资及维护费用也是一笔不小的开支。然而国际汽联将拿走所得的大部分利益，包括电视转播和赛道广告等大头收入几乎都被垄断 F1 赛事商业开发权的埃克莱斯通纳为己有。上海国际赛车场作为赛事组织者，能自己拥有的收入基本上只有门票收入。也就是说 F1 市场结构可被划分为赛事内服务产品、赛事媒体产品和赛事外衍生性服务产品 3 种。其中赛事内服务产品，即赛事组织者通过消费者购买门票、赛车手报名费以及赛事广告商等为在赛事过程中所得到的服务买单而得的收入。赛事媒体产品，指的是赛事主办方因向媒体提供赛事 IP 而获得的电视转播权收入、新媒体营销收入等。赛事外衍生性服务产品，即外延的文化、旅游、消费等收入，涵盖衣、食、住、行、游、购、娱等多个方面。

第三节　上海 F1 大奖赛市场的发展与管理

一、上海 F1 大奖赛的发展现状

上海 F1 大奖赛从 2004 年开始举办，地点在上海国际赛车场。从 2004 年至 2008 年，上海 F1 大奖赛一般都在赛季末段举行，也就是我国的“十一”黄金周前后。但在 2009 年 F1 赛程改革后，2009 年上海 F1 大奖赛提前至 4 月 16—17 日举行。2014 年上海 F1 大奖赛在 4 月 18—20 日进行。

上海国际赛车场赛道总长度 7 千米左右，由一级方程式赛道和其他类型赛道组成。一级方程式赛道长度约 5.3 千米，宽度 12 ~ 18 米。赛道整体造型犹如一个翩翩起舞的“上”字。它既有利于大马力引擎发挥的高速赛道，又具有充满挑战性、能充分体现车手技术的弯道。除了部分与 F1 赛事共用外，赛车场还可以举办各类不同的赛事。赛车场设计看台规模约 20 万人，其中带顶棚的固定看台约有 5 万个座位，其余为坡型露天看台。

上海 F1 大奖赛现场观众以男性为主，主要由年轻群体构成；观众的文化程度以本科学历所占比重最大；除学生以外，其他观众所从事的行业主要有汽车行业以及销售行业等。

上海 F1 大奖赛刚开始是中国石化赞助，在与中国石化的 5 年合同到期后，2011 年上海 F1 大奖赛在上海正式启动 45 天倒计时的时候，组委会宣布瑞士银行成为赛事独家冠名

赞助商。

那么，F1 赛事的魅力到底在哪里呢？它是一个名利双收的机会。F1 赛事被称为世界上“最昂贵”的赛事，仅一辆 F1 赛车的造价就达到几百万美元，雇一个 F1 赛车手每年的费用为几千万美元，在国内任何一个城市建造一个标准的 F1 赛场，其造价也要几亿元人民币。没有巨额资金就“玩”不动 F1。可为什么在巨额投资风险的前提下，国内还有这么多城市前呼后拥“冲刺”F1？这是因为 F1 是一块既能扬名世界，又可带来丰厚回报的“肥肉”，谁对其都有些“虎视眈眈”。

二、上海 F1 大奖赛的市场分析

对上海 F1 大奖赛的市场状况进行分析，主要包括观众的消费行为、营销产品、传播媒介、促销组合方式分析等。

（一）上海 F1 大奖赛观众的消费行为分析

1. 消费者特征分析

上海 F1 大奖赛每年观看比赛的观众中江浙沪地区的观众居于多数。一方面，他们有着地理优势，离比赛现场近，易于到现场感受比赛；另一方面，赛车运动在这些地区的宣传推广要多于其他地区，他们对于赛车文化的了解要多于其他地区。

2. 消费者年龄结构分析

在上海 F1 大奖赛观众中，24～30 岁的人群所占的比例最高，为 41%；其次是 19～23 岁的人群，占总数的 25%。其中观赛人数最少的人群是 51～60 岁的观众，仅有 2%。由此可以看出，观众中年轻人是主力群体。他们中一部分是在校的大学生，另一部分则是刚步入社会的年轻人。他们充满激情，喜欢挑战，大多是高科技产品的爱好者。赛车在他们的眼里是一项惊险刺激的运动，正好可以满足他们的需求。31～50 岁的观众，则大多是成功男士。他们认为赛车是一项高档时尚的活动，充满人气，观看赛事是一种身份的象征。（图 6－1）

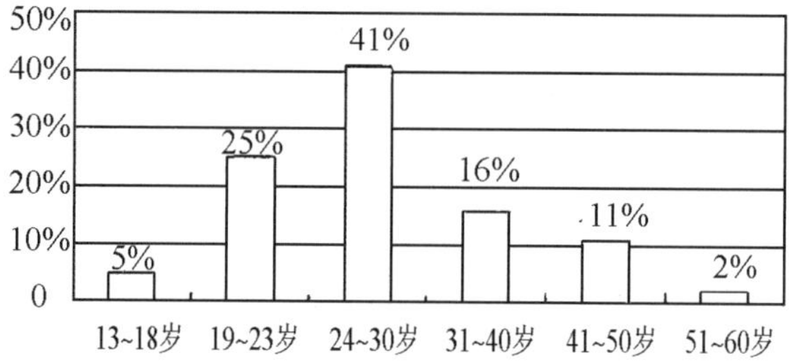

图 6－1　上海 F1 大奖赛观众年龄结构

资料来源：刘微微 . F1 大奖赛中国站整合营销传播策略的研究［D］. 北京：北京体育大学，2014.

3. 消费者学历结构分析

在上海 F1 大奖赛观赛人群学历结构中，一半以上的观众具有本科及以上学历。在随机调查的 90 名观众中，本科及以上学历的观众人数最多，比例高达 54.4%；大专学历的人数也占据了 25.6% 的比例；初中及以下学历的观众人数比例最小，仅有 2.2%。（图 6-2）

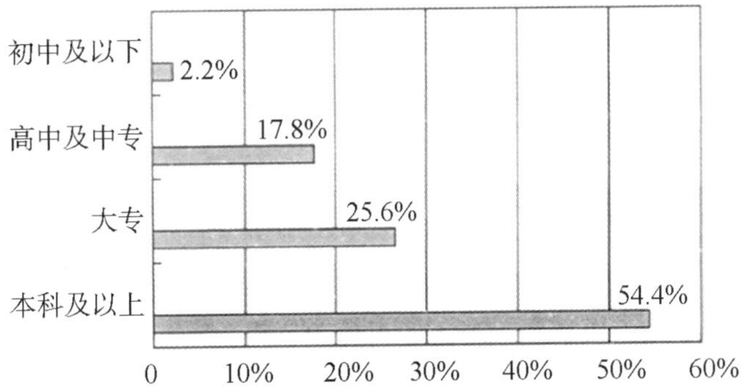

图 6-2　上海 F1 大奖赛观众学历结构

资料来源：刘微微. F1 大奖赛中国站整合营销传播策略的研究［D］. 北京：北京体育大学，2014.

4. 消费者收入结构分析

在上海 F1 大奖赛观赛人群收入结构中，没有收入的人群占有一定比例，从而导致月收入低于 2000 元的人数较多，占据 36% 的比例。这部分人群基本上是学生群体，他们的收入来源多为课余的兼职工作以及学校每月所发的补助。月收入 2000～5000 元的比例为 18%；月收入 5001～10000 元的比例达到 31%；月收入高于 10000 元的比例为 15%（图 6-3）。通过分析可以看出，观看赛事的观众主要为学生群体和中高收入群体。

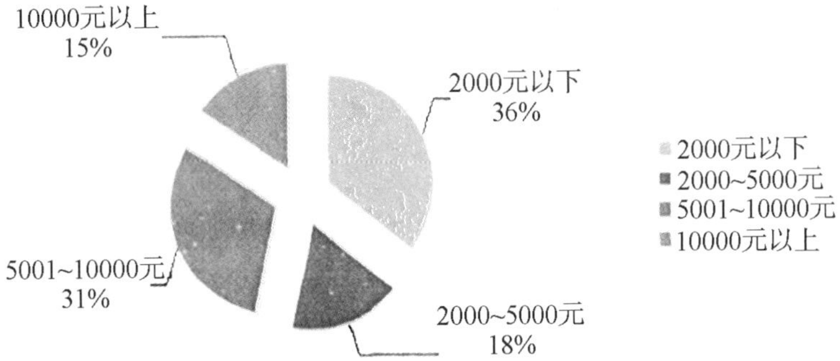

图 6-3　上海 F1 大奖赛观众收入结构

资料来源：刘微微. F1 大奖赛中国站整合营销传播策略的研究［D］. 北京：北京体育大学，2014.

5. 消费者职业结构分析

在上海 F1 大奖赛观赛人群职业结构中，企事业工作人员占了 31.1%，学生占了 27.8%，个体工商户占 21.1%。从数据中可以看出，观众中有一部分群体是学生群体。学生群体容易接受新鲜的事物，他们年轻，喜欢追求刺激。而企事业工作人员平时有很多的压力，他们希望通过观看或参与一些休闲活动来释放内心中的压抑感。（图 6 – 4）

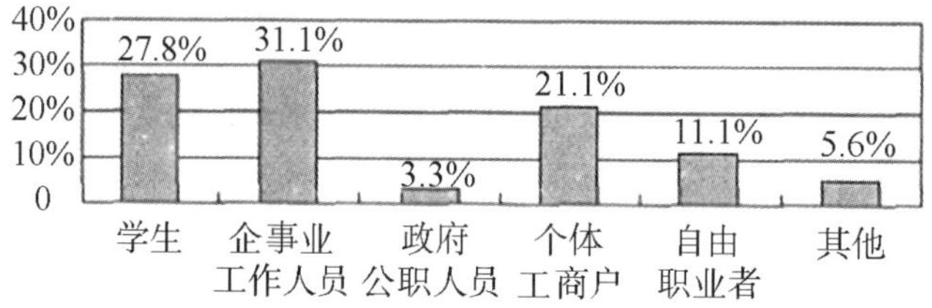

图 6 – 4　上海 F1 大奖赛观众职业结构

资料来源：刘微微 . F1 大奖赛中国站整合营销传播策略的研究［D］. 北京：北京体育大学，2014.

2014 年 4 月 19 日的中国站排位赛和 20 日的正赛期间，在对赛事进行追踪调查的过程中，分别随机选取 50 名观众进行调查。可以发现，在排位赛期间赛事的上座率较低，赛场内外国观众占有较大比例，而我国观众中则以 19 ~ 30 岁的观众居多。在正赛比赛期间观众数量明显增多。从观众的年龄层次上看，依然是以 19 ~ 30 岁的观众居多。这部分观众以学生为主力，他们大多有着自己支持的车手。其次则是 31 ~ 50 岁的观众。在追踪调查的观众中，本科及以上学历的观众占一大半以上，月收入也大多在 5000 元以上，这个群体具有一定的消费能力和对赛车运动的理解能力。而儿童青少年观众则同样是外国观众居多。作为我国赛车未来的主力的人群儿童青少年观众的缺少，说明赛车文化普及不到位，儿童青少年对赛车文化和知识的了解不够。

（二）上海 F1 大奖赛的营销产品分析

体育赛事营销一般是通过票务、特许经营的商品、赛事转播权及商业赞助获取盈利。由于赛事商业模式的特殊性，赛事主办方只能通过门票、电视转播权销售、停车费、纪念品销售、外围广告收入等获取盈利。一般赛事的主要收入来源于各种场内广告及其相关产品开发。

1. 票务

赛车运动在中国仍然被认为是富人运动，赛车文化并未得到大范围的普及，群众基础也相对薄弱。在我国，赛车仍是小众项目，由于普通观众对于比赛不了解，现场观众人数一直不多。主办方则无法通过销售门票获得盈利。

2. 商标经营

商标经营可以分为三部分，分别是产品推广、策划举办品牌的大型活动和运营专业咖啡店及移动商店。它的活动场所主要集中在赛场之外。赛事主办方对于商标进行了相关产品的开发，如文具、运动用品、纪念品等，通过特许经营和分销经营的模式进行销售。由于品牌的号召力弱、销售渠道单一，商标经营的收益并不明朗。

3. 赛事转播权

赛事转播权是由赛事管理公司所有的。中国站的主办方上海久事体育赛事运营管理有限公司（简称“上海久事赛事”）向赛事管理公司购买赛事转播权，再由上海久事赛事将电视转播权卖给电视台。为了推广赛事，上海久事赛事将转播权免费提供给央视转播。由于观看赛事的群众基础薄弱、收视率低，电视台不愿意支付高额的费用来购买转播权。

（三）上海 F1 大奖赛的传播媒介分析

媒介和载体在体育促销组合策略中有着举足轻重的作用。通过对观众了解赛事所关注的媒体进行分析可以看出，电视媒体是观众关注最多的媒体，在电视媒体中，观众大多从专业性的体育频道了解比赛；其次是网络媒体，观众偏好从一般的网站，如新浪、搜狐等了解相关信息；观众对于路牌灯箱广告的关注度则是最低。

1. 电视媒体

（1）全年央视体育频道对比赛的直播

2012 年共有 20 站比赛，央视对分站赛的直播仅有 9 场，只占全年分站赛总数的 45%，其中由于直播各类其他赛事延播 8 场，因各种原因取消播出了加拿大站、匈牙利站和日本站 3 场。在央视体育直播的 9 场 F1 比赛中，除了比利时站是在周日晚 8 点的黄金时段，其他 8 场比赛中的 6 场是在中午、下午，2 场是在凌晨。

（2）全年上海五星体育频道对比赛的直播

上海五星体育频道自 2006 年 1 月 1 日起实行 24 小时全天候播出。赛事转播是五星体育的节目支柱。2002 年开始直播 F1 的上海电视台体育频道五星体育，继续直播了 2018 赛季全年 21 站 F1 大奖赛的排位赛和正赛，面向全国的劲爆体育频道也有赛事直播。在 2020 赛季中，F1 电竞中国冠军赛也成为首个由电视台（五星体育）直播全赛季的电竞赛事，并与新媒体直播平台斗鱼、中国体育、游戏风云等都达成了直播合作。

2. 网络媒体

问卷调查结果显示，观众平时习惯在一般综合类网站获取 F1 赛事的相关信息。通过对新浪、搜狐、网易、腾讯各主流网站体育频道的结构分析可以看出，赛车专区已经出现在体育版块的导航栏中，用来报道全年的 F1 赛事及其他相关赛车运动。各网站也有对 F1 赛事进行的图文直播。如分析 2013 年 4 月 14 日中国站赛后各网站的相关报道，可以看出体育版块关于上海 F1 大奖赛的相关新闻基本出现在第三条。

3. 报纸、杂志媒体

《体坛周报》作为国内为数不多的体育类专业报纸，从几乎不报道 F1 到对 F1 每一站比赛都有详细的报道，并且依靠合作伙伴《法兰克福队报》对 F1 赛事进行专业报道，同时利用本土化的资源优势使报道更加吸引读者。随着赛车文化在中国的逐渐发展，《体坛周报》关于上海 F1 大奖赛的报道也日渐成熟，拥有自己的特点：《体坛周报》在每年上海 F1 大奖赛的报道中都明确了报道目标——只针对赛前和赛后的综合报道，不将练习赛、排位赛和决赛各方面的报道作为重点。因此，每年《体坛周报》都会针对中国站的热点话题进行报道。除此之外，其对中国站每一年的报道还会进行相关的专访和请特约记者进行评论。

随着 F1 赛事进入我国，应运而生的还有以赛车运动为主要报道对象的专业性杂志，如《方程式赛车》《F1 速报》。《方程式赛车》于 2004 年底在北京创刊，是一本翔实、系统、全方位介绍包括 F1 赛事在内的各级方程式赛车比赛的专业赛车杂志。《F1 速报》与上海 F1 大奖赛同步开始，是于 2004 年 10 月创刊的，是一本专业追踪报道 F1 赛事的平面杂志，是一级方程式管理公司 FOM 授权的中国唯一指定商标合作伙伴。《F1 速报》的平均年发行量已经达到 15 万册。

（四）上海 F1 大奖赛的促销组合方式分析

促销组合，是一种组织促销活动的策略思路，主张企业运用广告、人员推销、公关宣传、营业推广 4 种基本促销方式组合成一个策略系统，使企业的全部促销活动互相配合、协调一致，最大限度地发挥整体效果，从而顺利实现企业目标。促销组合的方式主要有人员推销、广告促进、公共关系和销售促进 4 种形式。然而，传统的促销组合策略已经无法充分地揭示体育运动和体育产业相应的特征。因此，为体育产业的发展建立一个全新的促销组合是极其必要的。

科特勒提出的非营利性促销组合包括了广告宣传、公共宣传、激励、人际沟通和营造氛围。这些类别的内容和名称能够更加准确地反映体育产业中运用的促销策略，为体育促销组合的提出奠定了基础。因此，根据体育赛事的特殊性，体育促销组合的构成要素为：广告、公共宣传、激励、人员接触、氛围、许可、赞助。根据赛事的自身特点、我国国情以及 F1 在我国的发展状况，上海 F1 大奖赛的促销组合现状如下。

1. 上海 F1 大奖赛公共宣传

公共宣传即公共关系，也就是通常所说的媒体宣传，即与媒体的关系，是指利用第三方（多为新闻媒体）将与企业有关的积极信息传递给受众，以达到塑造、提升企业正面形象的目的。公众宣传最重要的一点是不承担宣传费用，是免费的。公众宣传的内容是新闻，来源于独立而客观的媒体所做的选择，因此具有高度的真实性。

体育赛事本身就具有很大的新闻价值，各种传播媒体都会主动地获取有价值的新闻信息。作为赛事的主办方，在进行公关宣传时，不仅需要向媒体提供有趣、有价值的新闻内容，还需要向媒体工作者提供高质量的服务。体育经营公司可以通过提供采访和对比赛现场的实况播放来吸引媒体的关注，推动新闻内容的传播。

2. 上海 F1 大奖赛销售促进

迄今为止，不同的学者对销售促进有着不同的阐释。美国市场营销协会对销售促进的定义是："人员推销、广告、公共关系以外的，用以增进消费者购买和交易效益的那些促销活动，诸如陈列、展览会、展示会等不规则的、非周期性发生的销售努力。"这一定义说明了销售促进不规则性和周期性的特点，以及它刺激消费者购买的目的。科特勒在其经典著作《营销管理》中认为：销售促进是短期的奖励工具，主要用于刺激消费者试用，或者鼓励消费者或商业用户更快、更多地购买特定的产品和服务。他不仅强调了销售促进激励消费者做出购买决策的作用，也强调了销售促进的有效性。乔治·贝尔奇和迈克尔·贝尔奇在他们的著作《广告与促销：整合营销传播视角》一书中指出：销售促进是为销售团队、分销商或最终消费者提供附加价值或激励作用的直接诱因，主要目的是促使销量迅速增长。这一定义明确地指出了销售促进的活动对象及目的。我们可以看出，无论哪种定义对销售促进的认识都存在着共同点：一是销售促进是一种短期的刺激或激励，二是这种激励的对象是销售的中间环节或者最终购买者，三是激励的目的是使激励对象立即做出购买决策。

因此，销售促进可以定义为：在给定的时间内，运用各种短期诱因来刺激需求，鼓励消费者迅速做出购买决策，达成交易目的的措施。在现实的销售活动中，销售促进是由刺激和强化市场需求的各种促销工具来实现的，根据所采用的技术手段的激励性质，可以分为免费类、优惠类、竞赛类和组合类。

免费销售促进是针对目标顾客不收取任何费用的一种促销手段，一般包括赠品、免费样品和赠品印花 3 种方式。针对 F1 票务的销售，赛事的主办方上海久事赛事采取了购票赠送餐饮消费券的优惠销售促进方式。其中作为票务分销商之一的一票通在主办方送出的优惠好礼之外，针对以正价购买 2013 年 F1 瑞银中国大奖赛门票除草地票以外的观众，额外提供满额赠送的活动。即购票金额满 1000 元，送法国朗多克产区黄金骑士赤霞珠干红葡萄酒 1 瓶，价值 88 元；满 2000 元，赠我国五常有机优质米 5 斤，价值 199 元；满 5000 元，送兴旺欢庆海鲜大礼包兑换券，价值 458 元。

优惠销售促进是在目标顾客购买产品时，给予不同形式优惠政策的促销手段，一般包括自动获赠、折价券、折扣优惠、退款优惠、合作广告等。久票网作为赛事唯一官方票务网站，在 2013 年正式售票之前举办了预售活动，针对预售期间购票的观众给予折扣优惠，同时还针对指定区域开展了团购活动。春秋国旅作为票务分销商则推出了刷建行龙卡购买 H/K 看台票立减 200 元/张的活动。

竞赛销售促进是利用人们的好胜和好奇心理，通过举办趣味性和智力性竞赛，吸引目标顾客参与的一种促销手段。其主要形式有征集与答奖竞赛、促销竞赛、竞猜比赛、优胜选拔比赛、印花积点竞赛等。锐速车迷会针对每站赛事向所有车迷举办有奖竞猜活动，在每一站 F1 比赛前提出一个竞猜题目，内容可能包括车手、车队、赛场、技术、冠军归属等，会在比赛结束后在回答正确的车迷中抽选出幸运车迷获得锐速车迷会相应的礼品。

组合销售促进是指整合或综合运用多种实效促销手段或由多家企业参与，来开展实效促销活动的促销策略。组合销售促进策略一般通过以下几种形式出现：联合销售促进、服务销售促进、财务激励、会员销售促进、关联销售促进、活动销售促进、网络销售促进以及各类销售促进促销工具的综合应用。成为锐速车迷会的会员，观众可以享受到购买门票优惠的政策，同时还将获得F1相关礼品。锐速车迷会定期还会举办活动，邀请车迷参与。

随着互联网和移动互联经济的发展，网络作为一种新的促销模式成为许多公司促销的战略选择。

三、上海F1大奖赛发展存在的问题

（一）品牌传播效应不够

F1赛事与奥运会、世界杯足球赛被誉为世界三大顶级赛事，每次赛事都吸引了全世界的目光。2013年上海F1大奖赛，有超过20亿人次通过全球的150余家电视台观看了比赛，有近600位国内外媒体工作人员参与到上海F1大奖赛的现场报道以及赛事转播中。英国知名赛车自由撰稿人鲍勃·康斯特安杜罗斯作为F1围场内资格最老、最权威的记者之一，认为每次中国大奖赛的新闻发布会有些媒体，尤其是当地媒体在提问时由于对赛车运动和文化的不了解，总会出现表达意思不恰当的现象。媒体工作人员对报道内容的不专业和报道深度的不够，会使受众对赛事相关报道的了解仅停留在表面，不能给社会带来深层次的影响和思考，因此，品牌的传播效应还不够。

（二）对赛车运动及知识了解不够

北京奥运会期间在全国128个城市的受众调查显示，最受国民关注的项目为举重（67.3%）、乒乓球（66.1%）、男篮（57.2%）、射击（50.1%）、体操（50%）和跳水（48%）。可以看出，观众在观看体育比赛时大多关注国家的优势项目，而赛车运动的群众基础就相对比较薄弱。当然这主要是受到中西方文化差异的影响。问卷调查结果显示，我国民众对赛车知识的了解有限，对赛车运动的了解大多数仅限于车手和车队的名字，对赛车运动的相关产业也并不太了解。赛车运动由于参与的成本相对过高，在中国一直被视为“烧钱”的运动，民众的参与率也就很低。因此，针对F1赛事的营销在对赛事进行销售推广的同时，还需要进行赛车文化的普及。

（三）营销传播范围有限

F1赛事作为由许多分站组成的锦标赛，观众对于它的关注不仅仅是某一场，而是整个赛季的争夺。央视体育作为全国影响力最大的专业体育频道，是 F1 赛事甚至赛车运动在中国推广的重要平台。然而，2013 年 CCTV5 放弃对 F1 的转播，导致一部分有兴趣的观众无法观看到比赛，从而导致观众的流失。央视体育《精彩 F1》主编尹路对此分析认为，F1 比赛在转播中的收视率不佳，广告收益不佳，是导致直播场次少，甚至放弃直播比赛的重要原因。同时，他也提到乒乓球、羽毛球这类小球项目的收视率都比 F1 高。出现这一现象的原因是，赛车运动在我国依然是小众项目，F1 对于绝大多数的我国观众来说还是一个陌生的概念，我国现在没有自己车队、车手，只有一个分站赛。但我国电视观众向来比较关注体育赛事中的中国元素，姚明、丁俊晖、李娜引领的 NBA、斯诺克和网球收视高潮都是成功案例。

四、上海 F1 大奖赛的发展对策

体育赛事主办方在配置资源、促进体育赛事发展时，应该依据赛事利益相关者的需求，通过沟通方式的投入收益率合理配置资源，使不同的利益相关者的需求得到满足，从而促进赛事可持续发展。

（一）建立并保持良好的媒体关系

体育赛事本身就具有很大的新闻价值，电视、报纸、网络等各种媒体都会主动地获取有价值的新闻信息。上海久事赛事作为赛事主办方应与媒体建立持久而广泛的合作关系，在上海 F1 大奖赛的前、中、后期均要策划亮点，营造新闻事件，吸引媒体目光，安排媒体参与赛事的各项活动的采访，通过对赛事的宣传，吸引消费者的关注，促进门票的销售。

（二）吸引更多的观众观看比赛

1. 赛事门票销售

F1 赛事在我国主要属于那些有相当经济基础的人。他们喜欢赛车，但是并不都很了解赛车文化到底是什么。而我国很多年轻人喜欢赛车并对赛车有着一定的了解，30 岁以下的占到 60% 多，其中有很大一部分人是学生群体。他们由于财力有限，无法支付昂贵的开销。因此，考虑到我国赛车文化的现状，上海 F1 大奖赛必须制定多种门票销售策略，并通过电话、邮件、互联网、数据库、平面媒体、电视、电台等各种营销方式，进行门票的宣传和销售，采取价格优惠、买门票赠送礼品等一些促销手段，吸引更多的公众观看比赛。例如，为了更好地使学生群体参与到比赛中，上海 F1 大奖赛可以定量销售一部分的学生票。学生可以通过在官方网站对学生信息进行验证，从而购买学生票。

2. 活动策划

活动策划是在赛事定位、观众喜好的基础上进行的，活动和促销的策划除了围绕观众需求之外，还应具有引导观众的功能，可以培养甚至深层次地挖掘观众的更多需求。策划主办活动可以吸引一些潜在观众的参与，进而扩大赛事的影响面，培养更多的忠诚观众。作为上海 F1 大奖赛的运营公司，上海久事赛事应积极开发各种与车迷互动的活动，让车迷成为赛事的一部分，增强他们对赛事的参与感和体验感，并积极开展官方车手见面会（由国际汽联倡议的一项面向车迷的推广活动），让车迷近距离地接触车手，还可以通过互动竞猜抽奖和购买指定区域门票获赠 F1 上海站维修区参观券或车手见面会入场券活动，让观众积极参与到活动中并从活动中了解赛事的相关知识。

3. 培育氛围

F1 在中国需要长期的市场培育。在欧美国家，赛车能够成为大众平台，凭借的不仅仅是赛车的竞技属性，而是周末赛车比赛的派对特质。赛车的兴盛其实是西方派对文化的一种体现，每个 F1 比赛的周末，赛场内外都是一个不折不扣的大派对。中国缺少的就是用这种氛围吸引观众参与到这项运动中。因此，上海 F1 大奖赛更应该成为一个特殊的“城市节日”，为上海打造出一种节日氛围。然而，我们需要的不仅是在比赛当天举办一些活动吸引观众，更需要的是平时对赛车文化的宣传。因此，应建立俱乐部会员制，并定期举办车迷活动，让更多的车迷从观赏比赛向参与体验的阶段过渡。各赛车俱乐部之间也可以定期举办赛车比赛，增加观众的参与度。这有利于更好地培养观众对赛车文化的了解和营造赛车文化的氛围。

（三）开展“体旅结合”的赛事旅游

可与上海市的旅游局共同打造 F1 赛事旅游，将上海 F1 大奖赛和上海的景点和餐饮进行捆绑销售，为 F1 赛事的游客设计一站式服务，使游客在观赏 F1 赛事的同时，享受到食、宿、行、游、娱、购的综合服务。通过建立 F1 赛事旅游，邀请游客深度参与并体验赛事的气氛，并通过安排适合不同目标人群的特色促销活动。这样不仅可以满足人们的旅游消费需求，也让观众更加熟悉 F1 赛事，了解赛车文化。

（四）完善车手培养体系

在我国，人们对赛车的认识是从知晓明星选手开始的，比如舒马赫。赛车的昂贵门槛注定着这个项目的群众基础只能是少部分，全世界就仅有几十号人能够成为 F1 车手。对于中国来说 F1 赛事缺少的不仅仅是明星选手，更是本土选手的参与。然而，一个国家可以凭借超强的经济实力在短时间内弥补赛车运动硬件薄弱的缺陷，但培养车手所需要的软件却无法一蹴而就。我国与欧美赛车运动发达国家之间，在赛车文化和人才培养体系建设等方面有着非常大的差距。绝大多数国人对赛车运动的理解，还是有钱人玩的“烧钱”运动。其实，在欧美国家绝大多数 F1 车手来自平民或中产阶层，而车手的家庭通常只负担他们在赛车启蒙阶段的投入。赛车在欧美国家已经形成了由汽车厂商、赞助商、汽车运动协会和车队等参与的车手培养平台。这个平台会为年轻车手提供成长所需要的各项保障条件。尽管 F1 进入我国已经十多年，但是现代赛车运动的理念却仍未扎根。缺少车手培养平台，一方面使得我国年轻车手的来源局限于富裕家庭，另一方面则使年轻车手缺少上升的通道。由于车手培养体系建设等基础工作的滞后，我国依然徘徊在赛车运动普及大门之外。赛车文化的薄弱决定了我国赛车运动可持续发展的后劲不足。因此，建立完善的车手培养体系，培养我国本土选手已经迫在眉睫。

第七章
马拉松项目市场特征

第一节　马拉松项目概况及市场分析

一、马拉松项目概况

（一）马拉松的起源与发展

马拉松源于希腊地名马拉松。公元前492—前449年，希腊波斯战争期间，波斯王大流士一世渡海西侵，进击阿蒂卡，在雅典城东北的马拉松海湾登陆。雅典军奋勇应战，在马拉松平原打败波斯军队，史称马拉松之战。为了把这一胜利的消息迅速告诉焦急地等待在雅典中央广场上的人们，希腊军方派遣长跑能手斐迪庇第斯（Pheidippides）前去传达消息，然而最后本就因战争负伤的他在跑至广场告诉人们这个令人振奋的消息后因体力衰竭倒地而亡。1896年第1届奥运会于雅典召开，现代奥林匹克运动的奠基人顾拜旦采纳了历史学家米歇尔·布莱尔（Michel Breal）的提议，决定增设一项以马拉松命名的长跑赛来纪念有历史意义的马拉松战役和壮烈牺牲的斐迪庇第斯，比赛距离沿袭当年斐迪庇第斯所跑的路线，约为40公里。1908年第4届伦敦奥运会，主办方为方便英王室观看，特意将比赛起点设在温莎宫的阳台下，终点设在奥林匹克运动场内，折合距离42.195千米。此后，国际田联就将该距离确定为马拉松跑的标准距离，沿袭至今。女子马拉松开展较晚，1984年才被列入第23届奥运会。

马拉松不仅仅是一项竞技运动，更体现着人类挑战极限、超越自我、坚韧不拔、永不放弃的精神，以至于现在马拉松运动风靡世界，成为一项人们喜爱的运动项目。2004年1月1日，国际田联宣布了一项新规定：包括马拉松在内的公路赛跑和竞走项目将告别只有世界最好成绩的时代，开始拥有世界纪录。在此之前，马拉松比赛因为一般在室外进行，不确定因素较多，所以其一直没有世界纪录。中国田径协会官方数据显示，截至2019年，在我国（除香港、澳门、台湾地区）的所有地域内共举办规模赛事1828场，较2018年增加247场，同比增长15.62%。累计参赛人次712.56万，较2018年583万增加129.56万，同比增长22.22%。

（二）马拉松的特殊魅力

第一，体育运动的发展轨迹、功能变化与社会经济发展关系密切，在一定程度上体现了社会经济的发展轨迹。马拉松赛事从经济发达城市逐步向其他城市蔓延的过程，也体现了这种联系。

第二，从马拉松自身特点来看，这项运动具有参赛门槛低和赛程设置灵活等特点，因此拥有良好的群众基础，对吸引群众参与、推动群众体育的发展以及城市体育文化的打造有着积极的意义。

第三，马拉松体现了顽强不息和挑战极限的精神，而且业余选手可以和世界顶尖选手同场竞技，恰好满足了人们自我实现的愿望。借用马斯洛的需求层次理论来分析，当经济发展到一定程度，人们的较低层次的需求都一一得到满足后，最高层次的“自我实现”的需求便成为关注的中心。马拉松正迎合了人们这一需求，因此必将随经济社会发展而不断普及。

第四，马拉松比赛路线基本上都是城市最繁华、最美丽或最有特色的地段，商业化运作和媒体参与也发挥了助推器的作用，极大地激发了城市其他社会主体的积极性。

当然，由于各地自然环境和人文背景的差异，以及主办者不同的办赛思路和目的，各马拉松赛事也呈现出多样化的特点，如以成绩著称、以规模著称、以风景优美著称等，不一而足。

（三）马拉松管理机构

1. 国际田径联合会

国际田径联合会（International Association of Athletics Federations，IAAF），简称国际田联，是一个国际性的田径运动管理组织，1912年7月17日在瑞典首都斯德哥尔摩成立，现有协会会员214个，分属欧、亚、非、中北美、南美及大洋洲6个地区联合会。国际田联的工作用语为英语、法语、俄语、德语、西班牙语等，当不同工作用语的文本发生冲突时，以英语文本为准。马拉松作为田径运动的一个种属，其最高管理机构固然也应当是国际田联。当前由国际田联组织的世界性大型马拉松赛事主要是世界半程马拉松锦标赛、国际田联世界田径锦标赛。

国际田联的主要职能有：在世界上开展田径运动，让所有会员之间建立友好关系，采取必要措施反对种族、政治和宗教信仰歧视，为不同种族、不同政治态度和不同宗教信仰的运动员参加国际比赛消除障碍，制定国际比赛的章程和规则，保证会员之间的比赛按国际田联制定的章程和规则进行，与新的国家田协联系，解决在田径运动中出现的有争议的问题，与奥运会组委会合作举办田径比赛，确认世界纪录。

2. 中国田径协会

中国田径协会（Chinese Athletic Association，CAA）是我国马拉松及相关运动赛事的最高管理机构，是具有独立法人资格的全国田径运动项目群众性体育社会团体。中国田径协会成立于1954年，现下设秘书处1个办事机构（秘书处常设在国家体育总局田径运动管理中心）和8个专项委员会，其中路跑委员会主司全国的马拉松事宜。

中国田径协会的主要职能有：负责建立与贯彻我国马拉松及相关运动赛事的标准和管理制度，认定全国纪录以及向国际组织申报亚洲、世界纪录，实施所有在我国境内举办的各类、各级马拉松及相关运动赛事的注册、认证以及赛事会员分类等事宜，代表我国与国际组织进行联系。

二、马拉松项目市场分析

（一）马拉松市场需求分析

市场需求分析是指对某行业市场规模的大小及产品潜在需求量的预估。随着马拉松赛事在中国呈现“井喷”状态，“跑马热”已经席卷了10多个大、中、小城市，由此也催生了“马拉松经济”。据有关专业人士估计，2014年马拉松赛事运营收入达到20亿元，带动相关行业收入超百亿元，而2015年年末马拉松相关产业的市场规模达到300亿元。另外，尽管当前各种形式的马拉松赛事如雨后春笋般涌来，但是却依旧不能满足人们日益增长的马拉松需求，赛事一票难求的局面如家常便饭。例如，2011年，北京马拉松用了6天才报满，而2014年只用了几小时，因报名者太多，不得不采用抽签方式确定参赛者；2014年9月15日，上海国际马拉松全程、半程的18000个名额同时在上海国际马拉松官网和微信两个渠道报名，官网一个小时的访问量就高达70万人次。而一号难求的市场现状居然催生了另一个产业——“黄牛倒号”。有网友爆料：“听说上海马拉松名额今天已经到货了。半马的名额每个3000元起，全马的名额每个5000元起。”相比半马50元、全马60元的官方报名费，这些黄牛号贵了几十倍。2015年上海国际马拉松的报名直接采用抽签方式，对报名者进行随机抽选。这种一票难求的局面，被誉为“上马比拍车牌还火”。2015年上海国际马拉松预报名126789人，2016年上海国际马拉松预报名153163人，2017年上海国际马拉松预报名127118人，2018年上海国际马拉松预报名137965人，中签率低至25%。市场经济的发展规律告诉我们，有需求就会有市场，马拉松这种一票难求的局面足以证明马拉松市场的未来发展潜力。

（二）马拉松市场供给分析

市场供给是指在一定时期内、一定条件下，在一定的市场范围内可提供给消费者的某种商品或劳务的总量。我国的马拉松相关赛事从2014年的51场到2017年的1102场，再到2018年的1581场，发展之迅速使得“泡沫说”甚嚣尘上。但根据实际情况，国内赛事从量上看依然供不应求，其中优质赛事更是稀缺资源。众多资深跑友无不将参加波士顿、伦敦、柏林、上海、北京等城市马拉松视作荣耀，而我国环境优美、服务保障到位、竞技水平出众、口碑优良的马拉松赛事却是凤毛麟角，导致部分马拉松赛事供需错配。因此，我国的马拉松市场在适度扩大总供给的同时，还要注重从供给端发力，着力提高马拉松供给体系的质量和效率，即始终朝着打造精品马拉松赛事的方向努力，以期解决目前马拉松市场供需不匹配、供给不足等问题，最终促进整个体育产业的转型升级，带动国家经济的增长。

（三）马拉松市场结构分析

商品市场结构的多样化是当今世界经济的重要特征，马拉松产品的市场结构也不例外。根据不同的划分标准有不同的划分方法：按产品属性划分，马拉松市场结构可划分为赛事内服务产品、赛事媒体产品和赛事外衍生性服务产品3种；根据全国马拉松所在区域进行地域性划分，从整体角度分析我国整体区域市场的销售结构，现阶段国内的马拉松产品数量主要集中在华东、华北和中南等地区；根据我国马拉松市场的销售渠道构成划分，马拉松市场结构可划分为厂家直销和区域代理等。在本书的研究中，我们主要以产品属性划分为重点进行论述。

1. 赛事内服务产品

赛事内服务产品是赛事参与者比如赛事广告商、马拉松跑者等，为在赛事过程中所得到的服务买单，因此付出的赞助费、报名费等。体育用品赞助商可谓贡献了马拉松总收入的绝大部分。2014年，我国两项国际马拉松赛事，上海国际马拉松的主赞助商投资金额为1000万~1200万元，杭州国际马拉松的主赞助商投资金额则在1000万元以上。

报名费则是马拉松赛事收入的第二项来源。我国马拉松的报名费一般是一口价，目前最高的是2016年深圳马拉松，报名费为280元。据智美某负责人介绍，目前国内马拉松收入主要就来自报名费和赞助费，而报名费只占很小的一部分。国外马拉松赛事，以东京马拉松为例，2014年该赛事经济收入高达240亿日元，远远超过职业棒球联赛带来的经济效益（约85亿日元）。当时马拉松的参赛人数为36000人（报名费1万日元），慈善参赛（捐款10万日元以上）人数为1743人，光报名费就至少有5.34亿日元。2020年东京马拉松报名费上调至1.62万日元，慈善捐款名额（捐款10万日元以上）也增至5000人。当然，就全球范围而言，东京马拉松还不是收费最贵的，排在第一位的是纽约马拉松，折合成英镑需要229.64镑，平均每英里8.76镑（纽约马拉松报名费包含11美元手续费和347美元报名费，合计358美元），接下来依次是夏威夷、波士顿、芝加哥、洛杉矶、奥兰多、京都、巴黎、斯德哥尔摩、海军陆战队马拉松。（图7-1）

图 7－1　世界马拉松报名费最贵前 10 排名

2. 赛事媒体产品

赛事媒体产品指的是赛事主办方因向媒体提供赛事 IP 而获得的电视转播权收入、新媒体营销收入等。顶级马拉松赛事如波士顿马拉松、纽约马拉松等，其电视台直播都需要付费，版权费占据了主办方近五成的总收入。我国城市马拉松运营市场的情况比较特殊，赛事知名度还相对较弱的时候，甚至还需要花钱让电视台来进行转播。曾有媒体报道，扬州举办半程马拉松赛，光是请央视来转播就支出了 450 万元。2014 年 10 月，《关于加快发展体育产业促进体育消费的若干意见》从多方面明确指出将把全民健身上升为国家战略，把体育产业作为绿色、朝阳产业扶持。政策一下达，互联网和房地产大鳄一掷万金抢购体育版权，万达体育、乐视体育、阿里体育都在疯狂购买国际赛事的版权。

针对体育产业风起云涌的投资可以看出，一方面，来自互联网和房地产行业大鳄纷纷布局体育，若单纯依靠体育 IP 引进和收购国外体育赛事公司，恐怕还不是“对症下药”，目前体育产业的投资热潮抑或是一种虚火上浮，泡沫的成分很大。而另一方面，真正让体育产业扎实落地而不是成为“泡沫”或“浮云”的，恰恰是切实地从体育人口的运动习惯和需求角度提出解决方案。打造我国赛事 IP 标准化落地标杆才可能将全民健身的国家战略推进落实。而城市马拉松可能是现阶段非常合适的一个载体。

3. 赛事外衍生性服务产品

赛事外衍生性服务产品是外延的文化、旅游、消费等收入，涵盖“衣、食、住、行、游、购、娱”等多个方面。“衣”这一方面种类繁多，据不完全统计共有 7 类。它们分别是遮阳帽、眼镜、速干衣、速干跑步短裤、压缩袜、运动鞋、腰包等。配合跑步使用的智能软硬件的种类亦不在少数，如运动耳机、心率计、智能手环、背包、水壶等。此外还有一系列的运动 App。据统计，59.5%的消费者对于可穿戴设备的兴趣主要在于运动健身。一块普通的 GPS 手表就值上千元，由此带来的产业链可以拉得很长很长。国内厂商也纷纷争夺跑步运动的巨大市场蛋糕。赞助广州马拉松的特步，早已从跑步经济中尝到了甜头。光2014 年特步就赞助了 13 场马拉松赛事，推出 3 个跑鞋系列产品，2014 年营收同比增长 10%，达到 47.78 亿元，其中鞋履品类就贡献了 30.43 亿元。

在“游”这一方面，据前瞻产业研究院 2016 年 3 月发布的《2016—2021 年中国旅游行业研究及市场投资决策报告》可知，我国旅游产业整体每年增长额为 3%左右，而体育旅游分支的增长率达到了 14%，是旅游市场中增长最快的领域。在与体育搭边的旅游产品中，风头最劲的正是境外马拉松旅游。“出国跑步”正是由于使广大户外运动和旅行爱好者不仅不用担心抽签未中问题，还能使其顺顺利利拿到签证、在国外旅个游，才赢得了市场的信赖和推崇。总之，围绕马拉松的相关产业都风生水起，从基础产业到训练比赛、文化旅游产业都有收益。

第二节 我国马拉松市场的发展与管理

一、我国马拉松市场的发展历程

1959 年，我国正式将马拉松确定为全运会比赛项目。1981 年，第一届国际马拉松在北京举办。这一赛事是我国第一个市场化运作的田径赛事，也是当时市场化程度最高的赛事。它的诞生可谓意义重大。经过 30 多年的运作，北京马拉松（北京国际马拉松 2010 年更名为北京马拉松）已被列为全球十大国际马拉松之一。继北京马拉松之后，大连、上海、厦门、扬州等城市也相继举办了国际马拉松。通过查阅中国田径协会官方网站及百度百科网络资源可知，2010 年之前我国共有 11 个城市举办过全程马拉松赛事；2010 年增加了太原、儋州 2 个城市；2011 年增加了兰州 1 个城市；2012 年增加了无锡、营口、鄂尔多斯、六盘水、衡水、天津、广州、大理 8 个城市；2013 年增加了秦皇岛、深圳、海口 3 个城市（在海口举行的是沙滩马拉松赛事）；2014 年增加了合肥、西昌 2 个城市；2015 年增加了敦煌、杨凌、连云港 3 个城市；2016 年增加了石家庄（正定）、武汉、泰安等 54 个城市；2017 年新增银川、西安、长春、绍兴等 101 个城市；2018 年新增成都、南宁等城市，中国田协认证赛事达 339 场。

近年来，受贯彻落实全民健身战略以及群众性和商业性体育赛事审批制度的取消等因素的影响，跑马拉松成为时下最时尚热门的话题之一，各种形式的马拉松赛事如雨后春笋般不断出现，发展规模之快，参与人数之多（图 7 –2、图 7 –3）令人惊叹，常常呈现出“供不应求，一票难求”的局面。如 2015 年首届杨凌农科城马拉松就是以农业为主题的马拉松赛事，旨在推动当地群众性体育健身活动的开展，提升城市知名度；敦煌国际马拉松则是敦煌市在国家提出“丝绸之路经济带”的大背景下，为树立丝路文化品牌而开展的。

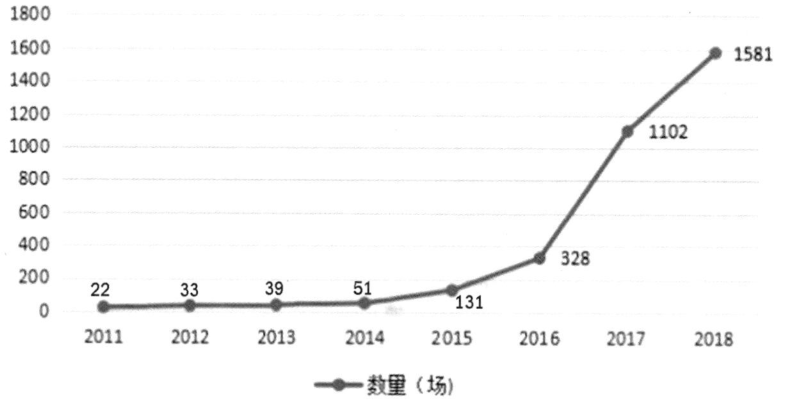

图 7 –2　2011—2018 年我国举办马拉松数量

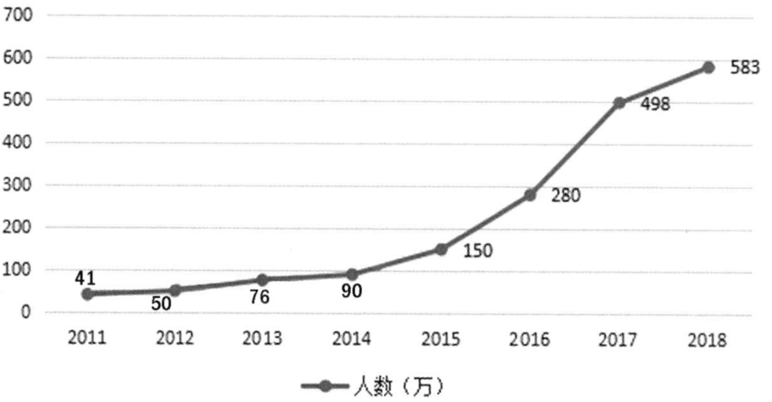

图 7 –3　2011—2018 年我国参加马拉松运动人数

二、我国马拉松市场管理体制及管理层级

（一）马拉松赛事管理体制

在国外很多著名的马拉松赛事多是由社会体育团体举办的。赛事组织结构与政府体育管理部门并无隶属关系，而是平等的合作关系。政府体育管理部门只负责宏观的调控、

政策的制定，而具体的组织、决策都是由非官方的组织机构自己负责的。这一方面符合国家宏观上对体育的管理体制，另一方面也利于赛事按照市场规律的要求进行运作，既重视社会效益又重视经济效益。

我国马拉松赛事的管理一直是以国家体育总局为主导的，在此基础上联合各地方体育局保障赛事的正常运转。与以往不同的是，2014 年 10 月国务院发布了《关于加快发展体育产业促进体育消费的若干意见》，提出要推动体育产业成为经济转型升级的重要力量，促进群众体育与竞技体育全面发展，加快体育强国建设，不断满足人民群众日益增长的体育需求，并将全民健身战略上升为国家战略。同年 12 月，国家体育总局官方网站发布了一文件，其中提到“要简政放权，取消商业性和群众性体育赛事的审批，放宽赛事转播权限制，最大限度地为企业松绑”。这之后时隔不到一周，中国田径协会宣布取消马拉松赛事审批的消息再度传来。这些政策性文件的出台意味着 2015 年开始马拉松赛事将会按照简政放权的要求，变革管理模式，取消赛事审批，放宽赛事准入条件，简化准入程序，激发社会力量办赛的积极性，采用放管结合的方式，为我国马拉松赛事做好服务工作，不断加强行业规范和行业自律，形成统一开放、竞争有序的马拉松发展大环境。此外，中国田径协会对城市举办的马拉松赛事的赛前、赛中和赛后进行监督指导，使我国马拉松市场迎来了自己的春天。

（二）马拉松赛事管理层级

2012 年，国家体育总局田径运动管理中心依据国内城市马拉松赛事组织的质量、规模、影响力等指标，制定了我国城市马拉松赛事管理层级，有金牌赛、积分赛、国际赛、国内赛。继北京、厦门、上海、扬州等马拉松获得国际金牌赛事之后，2018 年中国田径协会宣布有 68 个城市获得国内马拉松金牌赛事。（表 7－1）

表 7－1　2018 年国内马拉松金牌赛事（部分）

北京马拉松	汕头国际马拉松
上海国际马拉松	南京浦口国际女子半程马拉松暨全国女子半程马拉松锦标赛
重庆国际马拉松赛	第七届宁夏黄河金岸（吴忠）国际马拉松
建发厦门马拉松赛	腾冲国际马拉松
兰州国际马拉松赛	池州国际马拉松
广州马拉松赛	海南儋州国际马拉松赛
第 31 届大连国际马拉松赛	周口马拉松
东风雷诺武汉马拉松	黄石磁湖国际半程马拉松
郑开国际马拉松赛	巴彦淖尔国际马拉松

续表

上合昆明马拉松	武夷山国际马拉松赛
深圳国际马拉松	海南（三亚）国际马拉松
南京马拉松暨马拉松锦标赛（南京站）	唐山国际马拉松赛
沈阳国际马拉松	常德柳叶湖国际马拉松赛
农业银行昆明高原国际半程马拉松赛	上饶国际马拉松赛
舟山群岛马拉松暨健康中国马拉松系列赛	日照国际马拉松
韵动中国·2018 广安红色马拉松赛	成都（双流）女子半程马拉松暨全国女子半程马拉松锦标赛
桂林国际马拉松赛	重庆国际女子半程马拉松赛
宜昌国际马拉松暨马拉松锦标赛（宜昌站）	合肥国际马拉松
杨凌农科城国际马拉松赛	北京国际长跑节·北京半程马拉松

数据来源：中国田径协会官方网站。

三、我国马拉松市场的发展现状

商业化是体育赛事发展的一个重要趋势。在我国将体育赛事引进市场，不仅意味着部分体育赛事运行机制的根本转变，还意味着部分体育赛事被完全纳入市场经济的运行轨道。对马拉松来讲，其被赋予了市场的新内涵和新功能，开始以利润为目标、以市场为导向和以经济效益为中心，进行商业化经营运转。

从目前国内马拉松的市场情况来看，我国马拉松市场的商业化程度依然很低，马拉松收入主要来源于赞助商等企业，现今也只有十几场赛事的商业程度比较高。在国外，成熟的马拉松市场模式是，整个马拉松赛事收入 40% 左右来自版权，30% 左右来自赞助商，30% 左右来自跑步用户的 B2C 收入，但国内版权难以实现收入，而 B2C 收入应该是 10% 以内。

（一）我国马拉松赛事的资金来源

国内体育赛事的资金来源方式有全额拨款、差额拨款、承办自筹等。可以看出，我国赛事资金来源呈现社会化趋势。赛事次数的增多、规模的扩大要求资金投入增大，而我国财政承担能力又无法与需求水平保持同步。在这种情况下，实行赛事资金来源社会化，充分调动国家、社会的积极性，使其共同分担赛事资金是一个方法，更是一个趋势。我国马拉松赛事的资金来源主要包含企业赞助、政府财政拨款和参赛选手报名费等方面。

1. 企业赞助

赞助是一项赛事顺利开展的主要经费来源。1984 年，洛杉矶奥运会之所以能够扭亏为盈，实现盈利，完全得益于 TOP 赞助计划的推行。时至今日，赞助已成为奥运会最为稳定与可观的收入来源。对马拉松赛事而言亦是如此。目前国内大多马拉松赛事拥有赞助商，其中历史悠久、影响力较大的赛事所拥有的赞助商不止一家，且类型极为丰富，几乎涵盖了全部的行业领域。但由于赛事本身知名度与影响力的不同，吸引的赞助商的知名度与影响力也存在较大差异。例如，厦门马拉松的赞助商中就不乏青岛啤酒、中国电信这样的大型国际化企业，而宁夏黄河金岸（吴忠）国际马拉松更多的赞助企业来自宁夏当地，企业的知名度与影响力相对较小。但无论如何，赞助商为赛事的顺利举办奠定了坚实的基础。

2. 政府财政拨款

世界范围内，任何一项赛事的顺利举办都不离开国家和政府的支持。在我国，这种现象体现得尤为显著。无论是北京奥运会、广州亚运会、深圳大运会这种综合性赛事，还是中国网球公开赛、上海 F1 大奖赛、成都斯诺克国际锦标赛这种单项赛事，每一项赛事的成功举办都离不开城市政府、城市所在省份乃至国家发挥的重要的作用。目前在国内，几乎没有一项赛事的成功举办能脱离政府的支持。近些年，国内马拉松赛事数量的急剧上升，同样与各城市政府的支持密切相关。

对城市政府而言，马拉松赛事在公路上举办即可，不需要修建特定的场馆，赛事持续时间较短、投入相对较小。河北省的张家口市、衡水市作为国内的三四线城市都在举办马拉松赛事，足以说明赛事的成本较低，运营较为简单。在赛事举办初期，赛事的知名度与影响力相对较弱，在没有赞助商或者赞助商提供的赞助额度不足以支撑赛事正常运营所需的费用时，政府除需要动用公安系统、消防系统确保赛事的安全、消防问题外，还需要通过直接的财政拨款保证赛事的顺利举办。随着赛事知名度与影响力的不断提升，赞助商的赞助费用能够维持赛事的正常运转时，政府或许不再需要直接的财政支持，但消防、安保问题仍然需要动用城市公共服务系统。换而言之，城市政府在马拉松赛事的顺利举办过程中发挥着不可替代的作用，城市政府的支持是赛事正常运营和发展的基石。

3. 参赛选手报名费

马拉松赛事的参与门槛较低，可以说拥有良好的群众基础，而且民众的参与热情高涨，为此所有的马拉松赛事都会收取选手报名费。即便如此，随着赛事影响力的不断提升，报名人数有时仍然会超过赛事组委会的要求。例如，上海国际马拉松，因报名人数多，不得不通过抽签的方式决定最终参赛者。与此同时，随着赛事知名度与影响力的提升，赛事的报名费也呈上升趋势，报名费成为赛事组委会获取经费的另一渠道。以 2012 年厦门马拉松为例，我国本土参赛者每人 50 元，比前 2 年涨了 10 元；在校学生以学校集体报名，每人 20 元（集体报名单位须一次性报名，人数须达到 30 人），较此前涨了 5 元；国外参赛者的报名费用没有变动，依旧是每人 20 美元。2012 年厦门马拉松的参赛人数达到了创历史的 8 万人，假设所有运动员都是集体报名，报名费为 20 元，2012 年厦门马拉松报名费的收入就达到了160万元。

4. 文化产品销售

关于我国马拉松的资金来源，除了上面3个方面外，还有销售文化产品。如成都马拉松，出售关于熊猫的冰箱贴、行李牌等纪念品以及当地城市和比赛相结合的产品。还有选手跑步过程中抓拍的照片，除一张可以免费下载外，后续的下载或者制作相片集就需要付费。

（二）我国马拉松赛事产品开发现状

1. 我国马拉松赛事实物产品开发现状

体育赛事的实物产品是依托体育赛事开发出来的产品，或称纪念品。它们多是围绕体育赛事的标志、口号、明星运动员等进行系列开发的，具有一定的纪念价值，主要包括吉祥物玩具、金属徽章、纪念服装、首日封、纪念邮票等。

除了赛事T恤（一般报名参赛者均有）、纪念奖牌（一般跑完全程者均有）、吉祥物和纪念邮票（个别做得比较好的马拉松，如厦门国际马拉松）外，我国各马拉松赛事组委会基本上还没有推出其他的相关产品或纪念品，甚至有的马拉松赛事连这些纪念品都不完全有。例如，扬州鉴真国际马拉松从一开始只有赛事T恤，发展到现在，才有盛衣包、纪念奖牌、纪念邮票等，并准备开发吉祥物。这都是一个发展、进步的过程。如果开发得好，这些完全可能成为赛事资金的一个重要来源，同时还可以扩大赛事影响，提升赛事形象，达到市场培育的目的。

2. 我国马拉松赛事竞赛产品开发现状

竞赛产品是赛事的核心产品。竞赛产品的质量至关重要，直接关系到群众的消费数量多少。我国的群众马拉松运动水平整体偏低。据调查统计，在大部分马拉松赛事中，能够跑完全程的选手只占参赛选手总数的十分之一左右，这在世界其他的著名城市马拉松赛事中几乎是不存在的。因此，为了促进马拉松赛事在我国的普及，我国马拉松赛事项目设置也充分考虑了现阶段的客观状况，在设全程马拉松和半程马拉松的基础上，设置了一些迷你马拉松、5公里健身跑、10公里健身跑、亲子马拉松、情侣马拉松等。这些项目正越来越受到人们的欢迎。现在举国上下正掀起全民健身的热潮，马拉松比赛也应该顺应社会的潮流，把大众健身、全民娱乐融入比赛，而不是单纯地搞一个竞技比赛。随着运动水平不断提高，今后参加全程马拉松比赛人数的增加也会是必然的趋势。

目前，世界著名的马拉松比赛都开发了自己丰富多样的产品，不仅有各种各样的实物产品，在竞赛产品方面，还围绕其核心产品，开发出了一系列相关的比赛或活动。与世界著名的马拉松赛事相比，我国各马拉松赛事的活动安排显得过于单调（除开展比较好的厦门国际马拉松外），但是各马拉松赛事组委会也在积极地筹备赛事相关活动，如扬州鉴真国际马拉松较之前就有了很明显的改变，有了招待酒会和体育嘉年华，同时组委会还准备在鉴真大师东渡途经的城市举行火炬传递，弘扬“鉴真精神”。

（三）我国马拉松赛事市场运营的现状分析

在我国，马拉松赛事的运营与其他赛事基本一致。赛事整体运营主要依托城市政府。政府在宏观层面进行整体把控，保证赛事的顺利开展。然而，即使是城市政府主导运营，赛事组委会也需要经费的支持，用以支付运动员奖金、赛事服务人员劳务、赛事转播费用等。

1. 政府主导与市场运作并存

目前，国内马拉松赛事的资金来源主要包括企业赞助、政府财政拨款和参赛选手报名费等。马拉松赛事种类繁多，办赛水平不均，不同等级的赛事其市场开发情况不同。小型商业性马拉松赛事多由企业主办，商业元素浓厚，当然也离不开政府对交通、安保的支持；经济发达地区主办的高水平马拉松赛事多由运营公司承办，政府提供公共服务，进行市场化运作。

例如，北京马拉松的承办方中奥马拉松体育管理有限公司，隶属于中体产业集团，后者是由国家体育总局控股的上市公司；上海国际马拉松的承办方东浩兰生，其大股东之一也是赛事的主办方——上海市体育局；广州马拉松的承办方智美集团是一家香港的上市公司。所以，虽然近年来国内一些马拉松赛事已经开始由一些专业的赛事公司来承办，但总体来说，大型马拉松赛事多数还是政府机关主导的赛事，多个城市的马拉松主办方、承办方和协办方中，常能看到一长串的政府机构。

2. 赛事赞助商开发日益成熟

马拉松赛事人流量大，整体形象又积极向上，不仅能给企业带来高曝光度，还容易提升冠名企业的知名度和美誉度，所以企业很愿意选择赞助马拉松赛事。我国几乎任何一项赛事都拥有赞助商，并且不止一家，赞助商类型极为丰富，几乎涵盖了全部的行业领域。根据国家体育总局田径运动管理中心的数据，2012 年的马拉松赛事中，企业赞助分量在加大，企业赞助由原来的 30% 份额提高到了现在的超过 50%，赛事的运营费用基本都是来自企业赞助。

由于赛事本身知名度与影响力的不同，吸引的赞助商的知名度与影响力也存在较大差异。品牌级别的马拉松赛事赞助市场较为成熟，主要表现在赞助商份额提高，赞助商数量增加，赞助商等级划分更多元化。以北京马拉松为例，2013 年有冠名赞助商，更有官方赞助商，官方合作伙伴、官方供应商共 11 家，媒体合作伙伴 13 家，总营收接近 3000 万元，堪称最昂贵的单日比赛，其品牌估值高达 2.5 亿元。2015 年，北京马拉松各类等级赞助商共 15 家，其中“西贝”作为餐饮业的代表也开始加入赞助马拉松的大家庭，更有很多企业作为赛事支持单位进行了赞助支持。到 2018 年，北京马拉松各类等级赞助商达到 21 家，总营收接近 5000 万元，创最昂贵单日比赛新高，媒体合作伙伴有 14

家。新媒体时代互联网媒体的加入，使得马拉松赛事赞助推广多渠道化，更加点燃了企业的赞助热情，赛事盈利模式变得更为多样化。

3. 报名费收入不容忽视

所有的马拉松赛事都在收取选手报名费，即便如此，随着赛事影响力的不断提升，报名人数通常会超过项目要求。因报名人数多，近年不得不通过抽签的方式决定最终参赛者。与此同时，赛事的报名费呈上升趋势，以 2018 年的上海国际马拉松全程跑为例，国内参赛者每人 100 元，比 2014 年涨了 40 元。报名费成为赛事组委会获取经费的另一渠道。

综上所述，我国马拉松赛事当前运营现状主要表现为：以赞助开发为主，赞助商数量、等级、金额因赛事水平不同而有所差异；随着赛事报名人数的增加，报名费收入增长也是开发的另一渠道。尽管组织管理马拉松赛事是个极其复杂的事情，但每一场马拉松背后都隐藏着很深的供应链和价值链，而目前的市场运营模式并非完全成熟，赛事产品开发、相关配套活动开发相对缺乏，火热的马拉松赛事为此带来了发展机遇，也为相关行业及产品市场带来了一片“蓝海”。

四、我国马拉松市场的发展机遇

（一）马拉松赛事市场开发机遇

1. 特许产品开发

目前北京马拉松已经开发了复古徽章、冰箱贴、空顶帽、运动护臂、防水不干胶贴纸等相关特许产品。上海国际马拉松 2015 年开始尝试有其品牌的特许产品，也在 2019 年推出一系列半程马拉松 5 周年纪念品：限量版冰箱贴、限量版钥匙扣、限量版行李牌、限量版冰感毛巾、限量版无缝头巾、限量版徽章、限量版手机壳、限量版帆布袋、限量版冷感毛巾便携套装、限量版活性酶除味喷雾、限量版舒缓香薰灯等。

目前我国各大马拉松赛事对于纪念品、特许产品开发相对薄弱，各大马拉松赛事除了赛事纪念 T 恤（参赛者可以获得，不零售）之外，基本还没有推出相关产品或纪念品的销售。2015 年北京马拉松以 35 周年纪念为主题，联合中国邮政发行了北京马拉松 35 周年纪念卡，包括信封、纪念邮票、1981 年发行的北京国际马拉松纪念徽章一枚（翻制型）和 2015 年发行的北京马拉松纪念徽章一枚，线上线下同时销售，开启马拉松赛事特许产品开发的先例。我国众多马拉松赛事应当借鉴北京马拉松的做法，同时可以扩大赛事影响，提升赛事形象，达到市场培育的目的。

2. 相关活动开发

目前仅有像北京马拉松、上海国际马拉松这样的大型马拉松赛事有相关的配套活动。

例如，2015 年北京马拉松有博览会、亲子跑，还有梦想合作计划等相关活动开发；2018 年上海国际马拉松以路跑、科学健身、运动康复为主题开展了上海体育博览会，为观众传播和倡导正确的运动方式方法，作为国家赛事文化和体育用品的展示平台，将体育赛事、体育文化、体育产业三者相融合。

2015 年上海国际跑步田径用品展依托上海国际马拉松这一金牌赛事，不仅传承了马拉松文化，还为服务于马拉松的专业用品生产企业、科研单位搭建了一个产品展示、品牌推广、新品和科研成果发布的良好平台，活动还有媒体曝光。因此，无论是商业性活动还是公益活动，对于塑造赛事品牌、寻求市场开发、保障赞助商权益都有极大的作用。

3. 转播权开发

国际马拉松赛事运营的收入来源主要是报名费、赞助收入和赛事转播 3 个方面，而我国马拉松赛事转播权开发相对薄弱，因为马拉松赛事人群观赏热度低于其参与度，对于马拉松赛事的报道集中于花絮、新闻报道。对于主流媒体对马拉松赛事的转播，运营方还得倒贴钱。顶级体育赛事如英超、NBA，其版权收入能占总收入五成以上，但国内马拉松赛事大部分收入只能依靠赞助商。有媒体报道，扬州举办的半程马拉松，仅仅请央视来转播，就要花费 450 万元左右。2015 年北京马拉松只有央视和乐视对比赛进行了直播，相较于 NBA、中超等赛事在新媒体平台存在转播权竞争的局面还有较大差距。所以，我国马拉松赛事的转播权市场还尚未开发，观看马拉松赛事的观众市场还没有完全培育，属于潜在机遇。

（二）马拉松赛事相关产品开发机遇

1. 马拉松装备开发

从消费者需求市场看，马拉松装备企业有着巨大的消费商机。关注并参与马拉松的人数增多，意味着马拉松装备的需求增加，进而刺激马拉松装备的购买力增加。在迪卡侬专卖店，一套入门级的装备在千元左右，包括跑步鞋、服装和心率功能表，其中心率功能表价格就是 199 ~ 699 元。另外，“菜鸟”级跑者和资深跑者的装备差异较大，而且装备需要不定期更换，除了跑鞋、服装、心率功能表外，如果参加马拉松比赛，还会有压缩衣裤、护腿绑腿、GPS + 心率带 + 步频器、能量胶（棒）、电解质泡腾片（盐丸）、水壶腰包、墨镜、耳机，以及护膝、护踝、髌骨带等特殊装备，至少需要 2000 元。

从装备供应市场看，几乎所有体育品牌都已经涉足跑步领域，如李宁等国内体育品牌都将跑步产品销售放在了重点位置。各品牌除了关注跑步产品的外观美观性，更加注重产品的功能性开发，融入了各项高科技元素，其产品游走于专业与时尚之间。装备商还以各种营销手段发掘马拉松人口的消费购买力，例如，装备商会推出跑步俱乐部以及跑步训练营，在体验式营销中推广自己的产品，增加消费者的品牌忠诚度和品牌美誉度。

与跑步有关的一批运动 App 也开始兴起，如悦跑圈、咕咚、益动等。其中咕咚 2014

年的用户已超过2000万，估值达1.5亿美元。运动软件也带动了各种便携智能设备的发展，小米手环销量已破千万，华为手环也异军突起。

2. 马拉松培训业开发

马拉松赛事报名火热的现状为马拉松培训市场带来了一片蓝海，多数马拉松参与者对科学参加马拉松以及损伤、康复指导缺乏相关专业知识，未经长期科学训练就参加比赛具有一定的危险性，因此马拉松热对马拉松培训指导的需求增加是必然趋势，跑步训练营、跑步教练、陪跑职业正在兴起。目前除了体育品牌在推广跑步俱乐部和训练营，民间跑团也在不断兴起壮大。以550跑团为例，550跑团是2013年在上海交通大学安泰经济与管理学院EMBA学员海伦（Helen）组织下，与我国20多所商学院EMBA学员共同组成的跑团。据不完全统计，发展至2019年底，其拥有成员3万人以上。

3. 催生新职业

一种新兴的角色在马拉松赛事中声名鹊起——“兔子”（配速员）。目前担任这一角色的人员一般是资深跑者。这类工作者并非以“兔子”为长期职业而获取报酬，多数为临时性工作人员。与此类同，跑者对装备指导、马拉松配速、资讯分享、健身培训和医疗康复等方面的服务需求也越来越强。当消费者的购买行为达到一定数量时，生产者会生产更加多样化的产品和服务，以此来满足消费者需求。在生产者为了满足消费者需求、扩大生产、调整市场份额和结构的过程中，需要更多的工作人员来提供服务，当这类工作人群达到一定规模时，就为新职业的产生提供了可能性。基于此，新的市场发展机遇将会催生一些可预测或不可预测的新职业来享受“马拉松热”所带来的红利，并为此服务。

综上所述，在我国，城市政府主导和市场运作相结合、赛事赞助商和转播权开发日益成熟的马拉松赛事运营模式短期内将不会改变。但赛事审批制度的取消和人们健身需求的日益高涨注定了马拉松未来自我造血功能必定将朝向越来越高的方向发展，即通过成熟健康的赛事市场运作模式，带动赛事内服务产品、赛事媒体产品以及赛事外衍生性服务产品的发展，继而收获赛事本身的品牌效应和影响力。

五、我国马拉松市场未来发展建议

（一）在保持赛事数量稳步增长的同时，注重赛事品质的提升

尽管国内马拉松赛事的数量增长迅速，但各个赛事的质量却参差不齐，赛事数量与赛事质量发展不相一致，导致赛事品牌公信力受到损害。就目前的赛事组织水平来看，我国马拉松赛事中兼具知名度和影响力的屈指可数。除了北京、上海、广州、厦门等地的高级别的马拉松赛事以外，其他的马拉松赛事目前还有很长的路要走，尤其是在城市

宣传、全民健身动员、赛事营销等方面。今后，马拉松赛事数量仍将会保持稳步增长的趋势，因此，需要继续推进赛事评级制度的完善，对赛事的组织和管理水平进行细致的评估，实行“准入制度”，依据赛事评估报告，对评估优秀的赛事加大政策支持力度和资金投入，对不符合规范的赛事进行通报整改，甚至取消赛事举办权，从源头提升赛事品质，促进马拉松赛事的健康发展。

（二）明晰赛事主题，打造精品赛事，塑造个性化“品牌马拉松”

我国马拉松赛事数量的激增也带来了一个现实问题：同质化的赛事过多，赛事主题模糊，缺乏辨识度，从而无法凸显举办城市特色，阻碍马拉松赛事的推广和普及。当前，国内许多马拉松赛事的影响力仅局限于当地区域，对外的影响力远不及对当地的影响力。这一方面是因为赛事组织方对赛事的宣传不重视，另一方面是因为赛事缺少明晰的主题，不能够凸显城市特色。首先，在赛事定位和赛事推广上，要着重赛段路线的构思与设计，将城市的地标建筑、旅游景点安排其中，在赛事期间展示城市的风情地貌和人文景观。其次，要塑造个性化的“品牌马拉松”赛事，如昆明马拉松定位于“高原马拉松”，重庆马拉松的主题是“母亲河畔的奔跑”。对于举办马拉松赛事的城市而言，马拉松赛事相当于城市的名片，是一个对外展示城市发展状况、文化传统、经济水平的窗口。今后举办的马拉松，应更加重视品牌的塑造，体现人文关怀，确保质量进一步提升，争取更多的城市能打造体现自身特色的精品赛事。

（三）完善赛事项目，实现竞技体育与大众参与的完美结合

国际上衡量一个马拉松赛事举办的成功与否，不仅考虑运动成绩这个因素，群众参与度也是一个非常重要的参考标准。当前，普通大众参与马拉松赛事更多地偏好于创意性、娱乐性的赛事项目，如儿童跑、情侣跑、亲子跑等。从马拉松赛事的发展趋势看，更多的普通大众将会参与马拉松赛事。因此，各个赛事的组委会应该因地制宜地设置个性化的赛事项目，提供多样化的配套活动，以此激发广大群众的参与热情和积极性，应通过专业化的市场运作，开展如化妆马拉松赛、接力马拉松赛、彩色马拉松赛、马拉松嘉年华等活动，让比赛变得更加立体、丰富，传播全民健身理念，提升马拉松赛事大众参与的精神内涵。

（四）完善赛事管理体制，实现政府管理和市场调节的和谐共处

马拉松这样大规模的群众赛事，需要交通、安保等各个相关部门的协调保证安全运行，因此，只有各地政府同意才能开展。由此可见，赛事审批权放开，但并不等于只要企业或者学校想要开展一场马拉松赛事就不需要政府的支持与帮助。在今后的马拉松赛事发展过程中，政府虽然不直接参与赛事，但是需要对赛事进行宏观调控，掌握大局。在我国现行条件下，各马拉松赛事应以政府主导、市场化运作和政府参与的方式来运行。这要求赛事主办方积极响应市场需求，整合资源，招商引资，吸引社会资金，充分调动当地政府、社会、参赛

者的积极性，按照合理比例分配比赛费用，同时发挥赛事的经济效益，宣传推广，引领项目实体，创造经济价值，给赛事举办注入强大动力和实力。

（五）加大赛事商业性价值活动开发，挖掘“马拉松经济”潜力

2014 年，国务院常务会议提出，要简政放权，放管结合，取消商业性和群众性体育赛事审批，最大限度地为企业松绑，让各种体育资源火起来，适应群众多样化、个性化健身需求。不仅各地的马拉松赛事将会办得更好，各种形式的群众体育赛事也将更丰富。至此，我国进入了全民马拉松的井喷期和城市马拉松的“黄金时代”。伴随马拉松“黄金时代”到来的是“马拉松经济”。

马拉松经济 = 赛事本体经济 + 赛事载体经济 + 赛事媒体经济 + 赛事衍生经济

在当前发展形势下，针对市场需求，我们应该大力开发和发展马拉松赛事相关产业。

首先，装备、培训、赞助、推广相关产业和机构应该抓住机遇，迎合市场需求，大力开展商业活动。不论是运动装备还是运动社区 App 都应抓住机会迅速发展。据统计，59.5% 的消费者对于可穿戴设备的兴趣主要在于运动健身。一块普通的 GPS 手表价值上千元，由此带来的产业链可以拉得很长很长。围绕马拉松的相关产业风生水起，从基础产业到训练比赛、文化旅游产业都从中受益。

其次，专家对国内马拉松市场的预测为 300 亿元。300 亿对于任何体育媒体来说都具有很大的吸引力，不论是传统的电视媒体，还是以新浪等为代表的网络媒体都应该使出浑身解数，发挥网络优势，获得电视转播权收入和新媒体营销收入等。这需要媒体发现赛事宣传与众不同的角度，通过赛事的宣传策划，打造特色产品，制造消费需求点，提升赛事参与者的认同感，引起消费者需求欲望，从而获得经济效益。

最后，赛事本体经济（即马拉松赛事本身产生的体育赞助、报名费等收入）、赛事载体经济（即城市参赛空间所获得的收入，如主场馆、酒店、宾馆等收入）、赛事衍生收入（即外延的文化、旅游、消费等收入，涵盖“吃、喝、行、游、购、娱”等各个方面）的收入高低主要取决于赛事质量的高低、赛事宣传是否到位、赛事配套活动是否丰富等。从决定因素来看，赛事主办方应该在举办前期做好赛事策划，打造有高品质、有特色的赛事，与优质媒体进行合作，做好赛事宣传工作。在宣传过程中，主办方不仅应注重赛事本身特点的宣传与介绍，还应介绍举办地城市特点以及配套活动，吸引更多选手参赛，并参与赛事配套活动，感受所在地城市的人文魅力和自然美景。

（六）防范赛事风险，完善风险防控体系

首先，对赛事本身来说，医疗保障体系的完善是举办赛事的基础条件，但我国的一些马拉松赛事还有待进一步规范医疗救援的组织工作，提高应对突发情况的能力。这可以向正在运营我国六大马拉松赛事的智美体育集团学习。其深刻关注跑者的生命安全，携手当地卫健委和医疗专家制定体育赛事应急保障管理和五级赛事医疗防护体系，为马

拉松选手保驾护航，在赛事进行过程中根据实际情况科学配置足够的 AED、医疗站点、救护车、医护保障团队、医生陪跑团队，建立联动快速应急保障体系急救机制，等等。对赛事主办方而言，针对选手安全问题，需要通过赛事官网宣传马拉松赛前训练、饮食、补水及其他应注意的事项，开展马拉松运动安全性常识网络讲座。同时，为了避免赛事过程中志愿者以及工作人员的错误行为对选手造成伤害，赛前应对工作人员以及志愿者进行专业系统的培训；赛中严格执行组委会的要求，按照赛事规章制度办事，建立突发事件预警机制，遇事沉稳解决；赛后安排专业按摩师为参赛选手提供有偿或无偿的按摩服务，缓解参赛选手肌肉酸痛、浑身乏力等赛后不良症状。

其次，对马拉松参赛者而言，要对自己的身体状况有一个基本了解，赛前到医院进行体检，确认身体状况是否适宜参加马拉松比赛，同时，在比赛中要坚持“安全第一，比赛第二”的原则，学会在比赛中保护自己，如若身体不适，应及时退出比赛并寻找医护人员的帮助。

最后，赛事组委会要通过制定必要的措施规避和转移风险，应尽可能详细地在报名协议上写明赛事组委会、保险公司和参赛者的职责和义务，出现问题后确保有关当事人或者机构能够负责，为赛事能够顺利开展提供法律保障。赛事组委会还应通过网络新媒体做好赛前的安全宣传工作，对参赛者比赛容易出现的运动损伤和比赛过程中因为人为干扰出现的意外及时规避。

数量庞大的群众基础、正确有力的政策支持、具有无限的市场开发潜力是我国马拉松赛事发展的现状。通过完善赛事等级制度，提升赛事品质，打造精品赛事，丰富赛事项目，科学化管理赛事，挖掘赛事经济潜力，防范赛事风险，我国马拉松赛事的发展将平稳有序地进行下去，场次增加的幅度将会减小，参赛的人数将有所限制，赛事的品质不断提高，商业化程度会加深，群众自发参与的热情会增加，数量的膨胀、环境的恶化、潜在风险等问题将会得到更好的解决。同时，在马拉松赛事今后发展的道路上，要更好地体现以人为本的思想，关注参与个体、关注环境、关注弱势群体等，从而实现马拉松赛事的集约性、群众性及公益性。

第八章
冰雪运动项目市场特征

第一节　冰雪运动项目概况及市场分析

一、冰雪运动项目概况

（一）冰雪运动的发展历程

冰雪运动，顾名思义，即在天然或人工冰雪场地借助各种装具进行的体育运动。冰雪运动一般分为冰上运动和雪上运动两大类。冰上运动包括速度滑冰、花样滑冰、冰球、冰壶，其中速度滑冰又分为标准场地滑冰和短跑道滑冰，花样滑冰分为单人、双人和冰上舞蹈。雪上运动包括越野滑雪、高山滑雪、跳台滑雪、冬季两项、北欧两项、自由式滑雪、单板滑雪、雪橇、雪车等。

随着冰雪运动国际比赛的日益增多，1920 年第 7 届奥运会后，国际奥林匹克委员会决定单独举办冰雪运动，即后来的冬季奥林匹克运动会（简称冬奥会）。冬奥会源于 19 世纪末和 20 世纪初，一些冰雪运动如滑雪、雪橇、滑冰、冰球等项目在欧美国家逐渐得到普及和发展。冬奥会由国际奥林匹克委员会主办，是世界上规模最大的冬季综合性运动会。第一届冬奥会于 1924 年在德国夏蒙尼举行，每 4 年举办 1 届，1994 年冬奥会和夏季奥运会错开，即每 2 年间隔举行。

1887 年，挪威成立了世界上第一个滑雪俱乐部；1890 年，加拿大成立了世界上第一个冰球协会；1892 年，国际滑冰联盟在荷兰成立；1893 年，在阿姆斯特丹举行了首届男子速度滑冰锦标赛；1908 年，法国成立了世界范围的国际冰球联合会；到了 20 世纪 10 年代初期，冰雪运动已经遍及欧洲、亚洲、北美洲、大洋洲近 40 个国家和地区，呈现出遍地开花的局面。

（二）冰雪运动的特点

1. 地域性

我国疆域辽阔，南北跨纬度广，横跨了寒温带、中温带、暖温带、亚热带、热带等温度带。由于地理位置、自然环境的差异性，各省人文、经济形成了自己的特色。冰雪运动开展的基本条件是“冰”“雪”。我国东北地区非常适合冰雪运动的开展，具有得天独厚的自然优势。其中以黑龙江和吉林的冰雪运动发展较为火热，新疆通过举办全国冬运会，直线追击。南方经济条件较好的地区也投入大量财力和技术进入该领域，如上海、深圳等地，以打破自然条件限制。

2. 高投入

冰雪运动对场地要求较高，在冰场和雪场的开发建造上，需要投入大量的资金和技术，尤其是自然资源相对较差的城市，需要人工制冷和造雪，其前期的制冷设备需要花费更多的资金。在我国成功申办冬奥会的背景以及“北冰南展西扩东进”的发展战略下，为了普及和发展冰雪运动，扩大国家影响力，北京、上海、深圳等地建立了规模不同的冰雪场馆。相对于北方冰雪场馆，南方冰雪场馆门票较贵，制约了一部分消费群体的消费行为。加上冰雪运动需要专业的装备、技术的指导等，南方开展冰雪运动需要更多的人力、物力和财力支撑。

3. 高风险

冰雪运动是一项速度快、技术含量高的运动，加上寒冷的气候影响，人体准备活动不充分的情况下，很容易出现意外伤害。冰雪场馆在场地设施上，要求相对较高，需要考虑全方位的安全隐患，设备设施的完善、现场教练员的全面技术指导、保障人员的合理安排等，直接关系到消费者的人身安全保障，从而影响冰雪运动的开展与推广。

（三）冰雪运动的管理机构

1. 国际奥林匹克委员会有关部门

国际奥林匹克委员会（简称国际奥委会）主要搭建内外联动的组织管理体系。为有效推进奥运会可持续发展管理工作，国际奥委会于 1995 年设立了体育与环境委员会，其主要职责是支持国际及各国奥委会的可持续发展计划，向国际奥委会执行委员会和奥运会主办城市提供政策建议。国际奥委会体育与环境委员会组织召开每年一届的世界体育与环境大会，每两届在大会上颁发“国际奥委会体育与环境奖”，以鼓励为可持续发展做出突出贡献的组织。在国际奥委会内部组织体系中，体育与环境委员会与奥林匹克团结基金开展合作，为各国奥委会自主开展可持续发展活动和参与国际可持续发展会议争取资助。同时，体育与环境委员会还鼓励各国奥委会成立区域性的体育与环境管理机构。

在外部交流方面，国际奥委会积极与联合国环境规划署开展合作。早在1992年，联合国环境规划署就协助国际奥委会完成了《奥林匹克运动21世纪议程》的编制，并参与每年的世界体育与环境大会以及各国奥委会主办的可持续发展区域性研讨会。图8－1为冬奥会可持续发展管理体系。

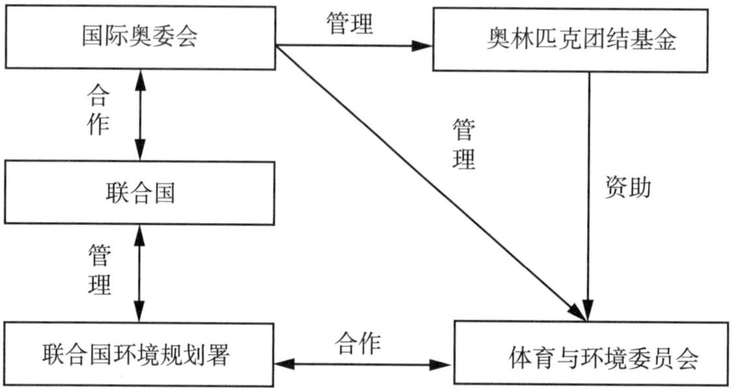

图8－1　冬奥会可持续发展管理体系

2. 国际滑雪联合会

国际滑雪联合会于1924年成立，是在国际滑雪委员会的基础上改组成立的。国际滑雪联合会是国际奥委会承认的国际单项体育组织，是国际体育联合会总会成员，总部设在瑞士伯尔尼。国际滑雪联合会的任务是促进滑雪运动的发展并把握其方向，与协会会员、各国运动员建立和保持友好关系，在其能力所及的范围内支持协会会员实现其目标，组织世界滑雪锦标赛、世界杯和大洲杯赛以及联合会批准的其他比赛，制定并监督规则的执行，作为终审机关处理与联合会比赛及规则有关的抗议与法律问题，促进以增进健康为目的的娱乐滑雪，采取国际滑雪联合会的各种措施，避免事故发生，保护环境。其中，国际滑雪联合会法庭的职能是对违反兴奋剂规定、损坏联合会声誉、无体育道德等行为及理事会所指定的其他案例进行处理。

3. 国家体育总局冬季运动管理中心

国家体育总局冬季运动管理中心（以下简称冬运中心）成立于1994年，是国家体育总局直属单位，对中国冬季体育运动项目有全面管理的行政职能。冬运中心的主要任务是根据国家的体育方针政策，组织、指导全国冰雪运动的发展，推动项目的普及与提高，并根据项目的特点和设施开展群众体育活动和经营活动，为所属运动项目的发展积累资金。

冬运中心是中国滑冰协会、中国滑雪协会、中国冰球协会、中国冬季两项协会、中国冰壶协会的日常办事机构，负责我国冰雪运动的国际交往和技术交流，代表我国参加国际体育竞赛。

（四）冰雪运动的重要赛事

1. 冬季奥林匹克运动会

冬季奥林匹克运动会是世界上规模最大的冬季综合性体育赛事，每 4 年举办 1 届，自 1924 年开始的第 1 届，至今共举办了 24 届，第 24 届冬奥会于 2022 年 2 月 4 日至 2022 年 2 月 20 日在中国北京和张家口举行。（表 8 – 1）

表 8 – 1　历届冬季奥林匹克运动会举办时间和举办城市

届数	举办时间	举办城市	届数	举办时间	举办城市
1	1924 年	法国夏蒙尼	13	1980 年	美国普莱西德湖
2	1928 年	瑞士圣莫里茨	14	1984 年	南斯拉夫萨拉热窝
3	1932 年	美国普莱西德湖	15	1988 年	加拿大卡尔加里
4	1936 年	德国加尔米施 – 帕滕基兴	16	1992 年	法国阿尔贝维尔
5	1948 年	瑞士圣莫里茨	17	1994 年	挪威利勒哈默尔
6	1952 年	挪威奥斯陆	18	1998 年	日本长野
7	1956 年	意大利科尔蒂纳丹佩佐	19	2002 年	美国盐湖城
8	1960 年	美国斯阔谷	20	2006 年	意大利都灵
9	1964 年	奥地利因斯布鲁克	21	2010 年	加拿大温哥华
10	1968 年	法国格勒诺布尔	22	2014 年	俄罗斯索契
11	1972 年	日本札幌	23	2018 年	韩国平昌
12	1976 年	奥地利因斯布鲁克	24	2022 年	中国北京、张家口

2. 瓦萨滑雪节

瓦萨滑雪节起源于瑞典，以率领瑞典人推翻丹麦统治的瑞典国王古斯塔夫·瓦萨而命名。瓦萨滑雪节开始于 1922 年，至今已经举办了 80 多届，每年吸引 4 万多名滑雪爱好者参加，已经发展成为世界上规模最大的越野滑雪赛。2003 年，瓦萨滑雪节于长春净月潭国家级风景名胜区举办，中国成为继瑞典、美国和日本之后第 4 个举办瓦萨滑雪节的国家。经过 10 多年的发展，长春净月潭瓦萨国际滑雪节已经从单一的滑雪赛事演绎发展成为兼具深厚中西文化底蕴和广泛吸引力的大型国际性节庆活动。2014 年长春净月潭瓦萨国际滑雪节正式加入世界上规模最大、级别最高的长距离越野滑雪组织罗佩特。

3. 世界杯滑雪赛

世界杯滑雪赛于1966年由国际滑雪联合会创设，以高山滑雪项目为主。比赛采用系列赛形式，从第一年的12月开始至第二年的3月，在世界各地连续进行比赛，并按多次比赛的综合成绩评选，与北欧两项世界杯滑雪赛合并。

4. 世界高山滑雪锦标赛

世界高山滑雪锦标赛是由国际滑雪联合会组织的一项世界性赛事。20世纪30年代，该赛事在欧洲展开，每2年举行1次，直到第二次世界大战的爆发比赛才终止。二战结束后，从1948年至1982年，世界高山滑雪锦标赛每2年举行1次，其中奥运年举办奥运会，非奥运年举办锦标赛。从1985年开始，世界高山滑雪锦标赛同冬奥会分开举行，并在奇数年举办。

二、冰雪运动项目市场分析

（一）冰雪运动市场需求

冰雪运动市场需求主要分为大众健身需求和旅游需求。大众健身需求主要指通过开展不同规模的冬季运动赛事、举办形式各异的冰雪文化节，培养广大青少年对冰雪运动的兴趣，在大众健身领域中奠定固定的群众基础，为推广冰雪运动的市场开发提供消费群体。旅游需求主要指开发以冰雪为主题的旅游休闲度假区。现阶段，我国的冰雪体育旅游业逐步进入以冰雪观光旅游为主向多样化的冰雪体育休闲度假旅游及个性化的特种冰雪体育需求转型的阶段。以2007年黑龙江省国际滑雪节为例，开幕后仅1个月，省内各雪场接待的游客人次同比增长近30%，其中滑雪旅游收入就突破40亿元。

北京冬奥会的成功申办使政府、企业和人民更多地将目光聚集到冰雪运动产业，同时我国的冰雪运动产业需求也呈上升趋势。参与人数的激增带来的是冰雪运动器材、场馆设施、教育培训、赛事服务等行业的相继兴起。因此，我国的冰雪运动产业将迎来井喷的现象。

（二）冰雪运动市场定位

1. 产品定位

产品定位是指产品在未来潜在顾客心目中占有的位置，重点是发展未来潜在顾客群体，产品定位的理念包括三点：第一，产品在目标市场上的地位如何；第二，产品在营销中的利润如何；第三，产品在竞争策略中的优势如何。从产品定位的理念和重点出发，企业应对产品特征、包装、服务等多方面进行深入研究，并兼顾竞争对手的实际情况，推出具有真正市场需求的产品。

冰雪运动产品，主要分为实体产品和服务产品。实体产品包括运动器材、场馆设施等，服务产品包括体育赛事、教育培训、体育旅游等。首先，随着北京冬奥会的成功举办，“十三五”规划对“三亿人上冰雪”的总体要求，以北京、河北、黑龙江为首的多地陆续公布冰雪运动发展规划与具体数据，冬季运动产业成为出现频率高的体育名词。其次，冰雪运动的火热，能够带动冰雪装备的热销，拉动酒店餐饮等相关行业的发展，促进当地经济的快速增长。最后，冰雪运动产业有政府的政策规划指导与扶持，社会资本的争相投入，使我国冰雪品牌在与国外知名品牌的对抗中逐步形成自己的地位。

2. 目标客户群体定位

确定目标客户群体是将产品卖给“谁”的问题。随着我国经济市场化程度的不断加深及买方需求的多样化趋势，构成产业链的元素进一步分裂，市场细分成为必要，而针对目标客户群体的细分需求制定产品定位，是打造企业核心竞争力的必要途径。

企业在确定目标客户群体的时候，要先针对所有的客户进行初步判别和确认。一是要寻找企业品牌需要特别针对的具有共同需求和偏好的消费群体，二是要寻找能帮助公司获得期望达到的销售收入和利益的群体。可以通过分析居民可支配收入水平、年龄、地域分布、购买类似产品的支出数据，对消费者进行初步细分，保留可能形成购买的消费群体，并对可能形成购买的消费群体进行分解（如年龄层次、购买习惯、购买力水平等）。通过市场细分，我们可以得出我国目前冰雪运动市场针对的年龄层次主要是青少年，以中高层收入家庭为主，因为高端的冰雪运动器材目前主要依托进口，价格普遍偏高。

3. 营销组合定位

营销组合定位是指如何满足顾客需求。企业品牌在推广的过程中，需要将产品价格、渠道策略、沟通策略等有机组合，即产品、价格、渠道、促销。随着社会的发展、科技的进步，产品的差异性减小，可替代性风险随之上升。所以，营销组合定位作为产品定位的补充，发挥着越来越重要的作用。

以长春净月潭瓦萨国际滑雪节为例：区别于国际上的瓦萨滑雪节，长春净月潭瓦萨国际滑雪节在秉承传统瓦萨文化的基础上，融入了中国特色文化，并延伸了瓦萨滑雪节的内涵，如举办“瓦萨之夜”、“冰雪天使”评选、“瓦萨国际交流大会”等一系列精品活动。其中，在“冰雪天使”评选的环节中，长春净月潭瓦萨国际滑雪节把国外的活动标注了中国符号，“冰雪天使”穿着旗袍、演奏民族乐器，远赴欧洲参加瑞典瓦萨滑雪节，将中国风展现在国际舞台之上，让更多的国际友人通过“冰雪天使”了解中国文化、关东文化和东北风情。

（三）冰雪运动市场开发类型

1. 冰雪体育旅游产业

我国冰雪体育旅游经历20多年的发展，呈现出地方经济增长的趋势。以2010年春季黄金周为例，黑龙江、吉林分别接待国内旅游782.4万人次和316.41万人次，旅游收入达到52.14亿元和18.18亿元，比上年同期增长28.7%和30.04%。在欧洲的瑞士、法国，亚洲的日本、韩国等冰雪体育旅游发达的国家，冰雪产业已经形成完善的产业体系。其中滑雪市场占到欧洲旅游度假市场的20%，特别是北欧的一些国家，冰雪产业已成为经济的支柱产业。在总人口只有700多万的瑞士，滑雪旅游每年接待1500万人次，创汇达70亿美元。

2. 冰雪制造业

冰雪制造业主要生产冰雪运动所使用的器材、设施、设备等，不仅包括冰雪运动器材，如各类滑雪滑冰用具、雪板、雪橇等滑雪辅助器材，短道速滑、花样滑冰等专业及大众器材和用品，还包括冰雪运动场地设施，如造雪机、压雪机、平雪机、滑雪场索道、升降机、缆车及配套设备、冰场维修设备等。冰雪运动作为借助冰雪器材进行的活动，参与人数越多，所需的冰雪设备就越多，场地设施要求也就越高。高度一致的冰雪制造业与冰雪运动市场规模推动该领域市场的发展。

从户外资料网数据可以看出，我国滑雪人次逐年上升（图8-2）。我国滑雪产业正处于滑雪场数量和滑雪人次同时增长的阶段，加上我国成功举办2022年冬奥会，莫尼塔（上海）投资发展有限公司预计我国滑雪人次的年增长为20%~30%，将会维持3~5年，即年滑雪人次将达到5000万~6000万，这预示着冰雪制造业会呈快速增长的趋势。在冰雪产业发达的国家，冰雪制造业占冰雪产业链份额的30%。由此可见，冰雪制造业的生产与经销在产业链中能够直接促进冰雪产业的发展。

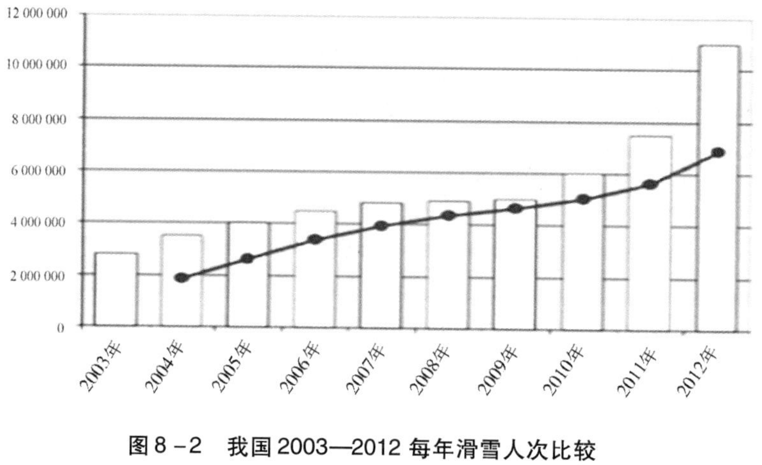

图8-2　我国2003—2012每年滑雪人次比较

资料来源：户外资料网。

目前，我国冰雪制造业仍处于萌芽阶段，冰雪运动需要的技术装备还大量依赖于国外产品，国外品牌和产品占据国内绝大部分的市场份额。我国冰雪制造业大多通过给国际知名品牌加工生产等途径获得生存，拥有自主品牌、核心技术的企业较少，加上起步较晚，市场经验不足，品牌没有形成市场影响力，严重影响着我国冰雪制造企业的生存与发展。

第二节　冰雪运动项目市场运营

一、冰雪运动项目市场的发展历程

（一）以滑雪为核心代表的冰雪运动初始阶段

滑雪活动的开展最初是基于人们运输的需要，随后被用于军事中。直到19世纪中叶，滑雪才发展成为一种休闲运动。1905年，滑雪加入奥运会大家庭。1924年，法国夏蒙尼冬奥会上滑雪正式成为比赛项目。冰雪体育度假始于瑞士的圣莫里茨山，1866年冬天，这里的瑞士饭店业主邀请一批英国客人在此度假，而冬季山地冰雪运动在此后成为英国“上流社会”的时尚运动。1868年，挪威人诺尔海姆首创了质地坚硬、能将鞋尖和鞋跟固定住的扣具，该装备逐渐演变成北欧式滑雪和阿尔卑斯式滑雪的装备。此后欧洲第一个完整意义上的滑雪度假区是建成于1933年的法国梅杰夫度假区。

（二）冰雪体育旅游成熟阶段

二战以后，滑雪运动才在大众中普及开来。滑雪曾作为重要的军事用途，战争后作为一种冬季休闲运动在成千上万的退役军人中流传开来。随着滑雪运动的快速发展，滑雪配套设施相继产生。20世纪40年代，滑雪度假旅游成为北美洲和欧洲最受欢迎的一种度假旅游方式，20世纪40年代到50年代间，欧洲展开了第二波滑雪度假村兴建浪潮，20世纪六七十年代后，伴随着滑雪运动的蓬勃发展，滑雪度假地形成了更加完整的、一体化、特色化的产业。

（三）冰雪体育产业集群阶段

20世纪80年代，滑雪度假旅游业呈现大规模的市场营销和产品扩张的趋势。20世纪90年代，行业内出现了并购和加强产品管理的趋势，人们更加关注旅游业对滑雪地区的推动作用，滑雪逐渐成为世界性的主题度假旅游活动。大型滑雪度假区为了保持自己的竞争力，逐步拉长产业链，增加附加值，从原先的不动产导向转为服务导向，如更新设备，扩建度假区住宿设施和开发最先进的滑雪道，增添移动通信技术和全球卫星定位系统，以提高野外滑雪运动的安全系数。

二、我国与国际冰雪体育产业格局

冰雪体育产业发展与当地的自然禀赋（山是否足够高、降雪量是否充足）、经济、当地人们的冰雪体育生活状态相关。这些是开展现代滑雪体育旅游的主要元素。世界冰雪体育的布局可粗略划分为 3 个区域。欧洲区形成了以阿尔卑斯山脉（法国、意大利、瑞士、德国、奥地利和斯洛文尼亚）为中心的高山大型滑雪度假区和斯堪的纳维亚各国（挪威、瑞典、芬兰、丹麦）到俄罗斯越野特色滑雪集群，北美洲区的美国科罗拉多州洛基山脉、加拿大惠斯勒山地的滑雪度假区集群，亚洲东部及大洋洲区域是以日、韩、中、澳等国为主组成。上述地区的国家通过不断举办和筹办冬季运动赛会，尤其是冬奥会，为冰雪项目发展的国际化奠定了坚实基础，对举办国冰雪体育基础设施建设起到重要的支撑作用，进而促进了国际冰雪体育旅游的大力发展并影响整体格局。

我国四大冰雪产业区域分别为东北（黑龙江、吉林）、华北（北京、河北）、西北（新疆）、西南（四川、云南），已形成一定地方特色。冰雪节有哈尔滨（国际）冰雪节、黑龙江国际冰雪节，长春净月潭冰雪节、瓦萨滑雪节、吉林国际雾凇冰雪节，沈阳冰雪节，呼伦贝尔中国开雪节、阿尔山冰雪节，北京延庆冰雪旅游节、密云旅游冰雪节，四川瓦屋山冰雪节等。我国冰雪旅游经历 20 多年，冰雪体育产业接受的外资、民间投资加大，每年有 500 万人次参与冰雪体育旅游，冰雪体育旅游收入 200 多亿元，已建成 280 多个滑雪场，并有山地大中型目的滑雪度假区。我国冰雪体育旅游业逐步进入由冰雪观光旅游为主向多样化的冰雪体育休闲度假旅游及个性化的特种冰雪体育需求转型的阶段。

三、国际滑雪联合会市场运营

国际滑雪联合会于 1924 年成立，总部设在瑞士，现有会员 50 多个，英语、德语、法语和俄语是其正式工作的语言。国际滑雪联合会主要组织世界滑雪锦标赛、世界杯和大洲杯赛以及联合会批准的其他比赛，制定并监督规则的执行。其宗旨是：促进滑雪运动的开展，增进会员协会间的友好关系，不允许以种族、宗教、政治或其他理由歧视任何会员协会。国际滑雪联合会的最高权力机构是代表大会，每隔一年召开一次。其中理事会由主席、3 名副主席、秘书长和 12 名理事组成。在代表大会闭会期间，由理事会处理日常工作。国际滑雪联合会下设高山滑雪、规则与比赛管理、运动员分组等委员会，其中世界滑雪锦标赛每逢偶数年举办一次。

在国际滑雪联合会市场运营方面，2017 年 6 月 15 日，国际滑雪联合会携手阿里体育，正式宣布“进军中国”，希望能利用自己在滑雪培训上的优势，为中国的滑雪爱好者量身定制培训方案，第一期目标是增长“三千万滑雪爱好者”。看到这个“白色市场”的巨大商机，国际滑雪联合会秘书长萨拉・刘易斯千里迢迢从瑞士而来，带来了专业的培训计划。“爱上雪”是国际滑雪联合会根据亚洲人的身体特征为中国人度身定制的一套培训方案，旨在激发我国滑雪运动的参与人群，第一期目标是增长 3000 万滑雪爱好者，循序渐进地勾勒出“三亿人上冰雪”的美好图景。

四、冬季奥林匹克运动会市场运营

冬季奥林匹克运动会作为世界上规模最大的冬季综合性运动会，由国际奥林匹克委员会主办，每 4 年举办 1 届，比赛项目包括冰球、冰壶、滑冰、滑雪、冬季两项、雪车和雪橇。冬奥会举办城市的赛事运营费用一部分来自国际奥委会提供的 8 亿美元的支持，另一部分来自举办城市的费用支出。北京冬奥会赛事运营预算总计 15.6 亿美元。其中政府补贴占 6%，为 9400 万美元；国际奥委会给予资金 3.38 亿美元；其他费用来自赞助商、门票、品牌授权等。在 15.1 亿美元的场馆投资中，企业投资占比达 65%，3 个奥运村建设全部由企业投资。2022 年冬奥会改建和使用 2008 年奥运会遗留场馆，大量减少基础设施建设额外支出，并用“以租代购”的形式，减少购买设备器材的费用，降低 30% 的购买成本和仓储成本。这在降低赛事运用费用的同时，意味着可能有不小的盈利。

五、国家体育总局冬季运动管理中心市场运营

国家体育总局冬季运动管理中心（以下简称冬运中心）是国家体育总局的直属事业单位，对我国冬季体育运动项目具有全面管理的行政职能，拥有我国国际体育活动的审批权和组织管理权；内设 16 个处级行政部门和 7 个经营实体，有员工 300 人；负责管理首都体育馆、综合训练馆、首都滑冰馆、首体宾馆等多种综合体育设施。目前，其已经形成了以冰上项目为主，组织健全、设施先进、功能齐全的多项体育竞赛和为全民健身提供多方面服务的国家级大型体育基地。

冬运中心以赛事运营为主，兼顾体育媒体、明星推广。2015—2016 年，冬运中心举办了 35 场国内比赛，其中活动经费主要依托政府的全额或差额拨款，还有一部分来自赞助商的经费赞助。冬运中心还举办了国际比赛，其中包括国际滑联短道速滑世界杯上海站、速度滑冰世界青年锦标赛、国际雪联越野滑雪积分赛中国站、国际雪联高山滑雪积分赛和国际雪联高山滑雪远东杯赛，其中竞赛经费全部为自筹。冬运中心以政府拨款为

主，依托赞助商等市场手段，推进我国冰雪运动的发展。

第三节 我国冰雪运动市场的发展与管理

一、我国冰雪运动项目的现状

（一）我国雪场分布情况

我国雪场主要分布在东北、华北、内蒙古、四川和新疆等地区，普及程度较好的地区有黑龙江和吉林两省，其中黑龙江省的亚布力滑雪场和吉林省的北大壶滑雪场具备了承办国际比赛的条件。

（二）我国冰雪自然资源

冰雪运动开展对气候和地形等自然资源有一定的要求，如气温、风力、雪期、积雪的深度及时间、海拔高度以及山体坡度等。以黑龙江省为例，黑龙江省的冰雪资源丰富，全省总面积的60%由山川和森林构成，其中森林覆盖率达到47%。黑龙江省属于寒温带季风气候，蕴藏着丰富的气候资源，加上优越的地貌以及丰富的冰雪资源，是冰雪运动开展的好去处。黑龙江省适宜滑雪的山峰就有100多座，为我国冰雪体育产业的开展提供了基础条件。

二、我国冰雪运动市场发展的现状

我国的北部地区，纬度高、气温低，冬季雪量大、雪质好，其中森林、山区等地形特征，适合山地滑雪、越野滑雪的开展，尤以东北三省、内蒙古、新疆等地最为突出。我国独特的自然地理条件和优越的冰雪资源，不仅为冰雪运动提供了良好的场地，还为冰雪体育旅游、大众体育、娱乐活动等提供了优越的场所。

目前，我国有200多家以冰雪为内容的运动娱乐场所，分布在17个省、区、市，其中90%以上是民间资本运营。随着冰雪产业规模的不断扩大，我国相关体育设施的完善程度也相对提高，其中吉林北大湖、新疆乌鲁木齐都是承办过亚运会、世界大学生冬季运动会的地方。与欧美相比，我国冰雪运动市场还处于萌芽阶段，发展过程中存在着很多不足，但是总体趋势呈快速上升状态。

三、我国冰雪运动市场发展存在的问题

（一）缺乏规范性

我国冰雪运动市场规范化程度较低。其中，以滑雪场的建设和管理为突出代表，主要表现在：滑雪场建设不规范，个别滑雪场的开发建设没有经过行业管理部门审批或缺乏充分论证，造成选址不当、投资失误、破坏环境、浪费资源的恶果，有些滑雪场并不具备开放经营的必要条件，雪道质量差，安全救护措施不力，滑雪者的安全得不到充分保证；滑雪场的管理与经营不规范，技术指导人员专业化程度低，服务不配套，经营项目单一，存在不良竞争现象。

我国冰雪运动市场与相关产业的发展不协调，没有形成完善的冰雪产业链，各地企业在经济利益的驱使下，以破坏自然环境为前提，私搭乱建，导致市场的无序，其中大部分场馆功能不完善，缺乏配套设施，不能满足消费者多样化的需求，阻碍了冰雪运动市场的有序发展。

（二）缺失专业人才

冰雪运动进入门槛较高，其普及与推广需要大量的专业人员，如教练员、社会体育指导员、管理人员等。我国冰雪运动存在人才储备不足的现象。对专业人才的培养关系到冰雪产业的推动与发展。目前，我国冰雪产业经营管理人员专业技能水平不够，服务意识和质量相对较差，在相关技术的提供及安全保护的指导上存在一定的缺陷。教练员的整体水平较差，一方面受收入、福利的影响，另一方面，教练员得不到相关部门及人们的重视，专业知识较差，不能够满足多元化社会的需求。

（三）营销理念淡薄

市场营销，就是要在变化的市场环境中，以消费者的需求为导向，为其提供高质量的产品和服务，从而实现企业经济和社会目标，其中包括对冰雪运动市场的调研、选择目标市场、产品开发、产品促销等一系列与市场有关的企业业务经营活动。目前，我国冰雪体育旅游业带动发展起来的冰雪经济理念还未深入人心，产业体系还不健全，企业经营方式简单，对市场分析不够细致，对不同层次的消费者没有区分，导致了营销策略针对性不强，推广力度不够，不符合目前我国人们的消费能力、消费层次对冰雪运动市场的要求。我国的冰雪运动市场作为一个新兴的产业，在需求总量、产业结构等方面都有巨大的发展空间。

四、我国冰雪运动市场开发的对策

（一）推动冰雪产业化进程，优化产业环节

冰雪运动是喜闻乐见的运动项目，加上我国成功举办冬奥会的东风，我国冰雪产业化呈现快速发展的趋势。冰雪产业作为庞大的产业链，包括了冰雪制造业、冰雪体育旅游业、冰雪培训业、冰雪表演业等。冰雪产业还将会拉动相关产业的发展，如交通、住宿、餐饮等行业。我国冰雪运动市场应根据区域特色发展的战略部署，培育与配套合适的产业链核，合理选择关键环节、基础环节和辅助环节，剔除不再适合发展的环节。目前，冰雪体育产业链的关键环节在于冰雪体育产品的研发。但是要想具备核心竞争力，更重要的是对冰雪体育产品的深度挖掘，可从以下两方面入手。一方面，从冰上项目入手。首先，可以建造大型的冰上乐园，使专业的冰上项目转化为大众体育娱乐项目，培养群众基础的同时，还可以为冰球、冰壶和滑冰等冰上运动爱好者提供休闲健身的场所；其次，可以开展不同年龄段的各项冰上运动赛事，拓展群众体育交流。另一方面，从雪上项目入手。雪上项目要想做好，主要依靠滑雪产业，因为滑雪是冰雪体育产业的主打产品。而要做好滑雪产业，首要则是完善滑雪场内的场地基础设施，对于没有达到等级标准的滑雪场，可以选择性分离，加快整体晋级的步伐。

（二）建立健全科学的人才培养体系

冰雪运动作为一项特殊的运动项目，对场地、自然、设施等要求较高，同时也对教练员、运动员的技术要求相对较高。应改革冰雪运动训练体制，增加开放度，充分调动社会办体育的积极性，加快竞技人才的培养速度，在市场发展的基础上，争取建设一批主干型基地，并为其创造必要的条件，鼓励其建立基地自身的训练体系。还应以项目中心（滑联、雪联）名义举办相应的比赛，引入竞争机制，基地可以以此扩大其知名度，国家则可借此培养和选拔优秀运动人才。

（三）充分发挥地区特色冰雪体育

冰雪运动是对冰雪文化的生动演绎，冰雪体育旅游丰富了城市文化内涵，冰雪城市应当把冰雪运动所彰显的文化现象作为城市冰雪特色的本土文化内容，使冰雪体育旅游与城市文化互为影响，打造以冰雪休闲经济创意文化产业为内涵的新经济增长点，再打造以城市名片及区域特色为内涵的核心竞争力形象，进一步挖掘和弘扬冰雪体育旅游蕴含的文化元素，培育城市冰雪体育文化精神，促进城市文化升华，塑造冰雪城市独特的文化品牌。具有区域内独特自然资源和地域体育人文资源的各地应依托自身独特的资源禀赋，创造异质性和可持续性的资源，同时注重本土化、民族化的特色内容建构方式，

来实现产品差异化，提高产品的持续竞争能力。

（四）注重冰雪运动项目的市场布局

通过政策导向精心规划项目布局。对积极性较高、有条件的一些省、区、市，可先进行试点加以重点扶持，增加投入，提高效益，充分调动南方省市各方面积极性；以体育社会化为主导，充分调动和发挥现有滑雪场、滑冰馆的基础条件和设施，给予相关优惠政策，鼓励办班、培训、组队、参赛，完善并实行在协会领导下的俱乐部管理运行体制，加快冰雪项目社会化、规范化的改革进程；引进竞争机制，增加全运会冰雪比赛项目，使南方一些省市尽快组队参赛与北方共同竞争，实行人才流动，优势互补，促进发展和提高；推动全民健身体育活动和奥运争光竞技体育水平的全面提高，实现我国冰雪竞技体育的可持续发展。

（五）建立场地建设和管理规范

建立场地建设和管理规范，保证冰雪运动资源的合理利用和有序发展。冰雪运动管理部门在冰雪场地建设中应该发挥行业权威作用，建立对滑雪场、滑冰馆建设开发的审批验收制度，制定建设规范，出台滑雪场等级评定办法，以创造规范建设、公平竞争、优胜劣汰的良好市场秩序。制定滑雪场管理经营规范，使滑雪场管理规范化，做到有章可循，有法可依，并逐步完善。强化滑雪市场管理人员的专业培训，实行滑雪指导员持证上岗制度，使滑雪场的开发管理与服务符合专业要求，减少失误。

第九章
户外运动项目市场特征

第一节　户外运动项目概况及市场分析

一、户外运动项目概况

（一）户外运动的发展历程

户外运动，包括登山、攀岩、悬崖速降、野外露营、野炊、定向运动、溪流、探险等项目，是在自然场地举行的一组集体项目群。户外运动属于极限和亚极限运动，具有很大的挑战性和刺激性，人们在探险的过程中亲近自然，挑战自我。根据自然场地的划分，户外运动可分为水面水下户外运动、空中户外运动和陆地户外运动。

最早的户外运动产生于18世纪的欧洲。早期的户外运动是人们生存的手段之一，人们为了生存与发展，需要进行狩猎、战争、采药等活动。1857年，世界上最早的户外运动俱乐部诞生在德国，是以登山、徒步为主要运动项目的民间组织，是现代户外运动俱乐部的雏形。二战期间，英国特种部队为了提高部队的野外战斗能力和团队协作能力，利用自然屏障和绳网进行障碍训练。这是人类第一次系统地把户外活动有目的地运用到实践中。二战后，随着战争的结束，户外运动开始走出军事和求生范畴，人们将其引入娱乐和休闲的生活方式中。1989年，新西兰举办了首次越野探险挑战赛，随后，形式各异的户外活动和比赛在全球范围内展开。以美国为例，户外运动的参与人数和产值位居所有体育运动的第三位。

英国是户外运动之乡，同时也是竞技运动的重要发源地。18世纪工业革命以后，大机械生产带来的社会问题突出，城市人口剧增，生活节奏加快导致的城市疾病蔓延。为了解决一系列社会问题，新兴资产阶级积极地在全国推行发展户外运动，如狩猎、钓鱼、登山、帆船、徒步等。户外运动作为理想的运动休闲方式，从英国向全球蔓延。

（二）户外运动的特征

1. 人与自然的高度融合

户外运动，强调的是人与自然的融合，即参与者走进自然，亲近和了解自然，并在大自然中发现和体验最本真的快乐。户外运动强调在活动的过程中遵循自然规律，其活动的进行需要结合自然环境特点，依托运动装备和户外技术。在整个过程中，人们不仅能感受大自然的魅力，还能摆脱日常生活的烦恼，在活动中回归本真状态，体会原始的生命力，体会简单的轻松和快乐。

2. 环境的控制性

户外运动与自然关系紧密，受环境影响较大，其中活动场所的环境特征直接决定了户外运动的形式，一个地区的自然环境成为开展户外运动的先决条件，如山川资源丰富的地区多进行登山活动，森林地段会以定向越野和探险为主要内容。户外进行运动的过程会受到气流、气温、天气等影响，对运动的开展和进行产生较大的影响，甚至导致活动终止。在户外运动的过程中，活动场所和环境处于自然状态，每个场所都具有自己独立的状态和存在形式，人们在该场所活动时，需要正确地面对和处理这些可变因素，从而在整个活动过程中享受真正的乐趣。

3. 活动的探索性和挑战性

探索性主要体现在人们对大自然的接触与了解，以及对现实生活的短暂摆脱上。现代大城市快速的生活节奏和较高的生活压力，嘈杂的生活环境和机械的生活方式，让都市生活下的人们感到窒息。户外运动能够带领人们短暂地远离现实生活，走进自然，在探索自然的过程中获得最真、最原始、最深切的喜悦。挑战性主要是在结果的不确定、危险及困难共同作用下产生的，人们需要在整个过程中挑战身体、心理的极限。参与者自身的身体情况、技能和装备等，以及活动环境的难易程度，带来不同难度级别的户外运动，人们在整个过程中表现出来的挑战性也不尽相同。户外运动主张探索自然、挑战自我，培养个人毅力和团队协作能力，提高野外生存能力。

二、国外户外运动项目市场发展现状

（一）美国

美国作为户外运动的大国之一，已经形成了相对成熟的市场。近几年，户外运动产业成为美国持续稳定增长的产业之一，在很大程度上推动了美国经济的增长。

美国户外运动市场发展主要集中在 1930—1980 年，当时美国政府为了挽救市场的萧条状态，缓解就业危机，新增了 27000 个与户外运动相关的就业岗位。在政策的推动下，美国户外运动得到了推广与发展。20 世纪 60 年代以后，随着后工业化时代的到来，环境污染、生活节奏太快、光污染、噪声污染等现代城市问题严重影响人们的生活，户外运动亲近自然、回归自然的理念正好契合城市中人们的需求，于是蓬勃发展。

美国户外运动人群基础广，参与人数多，年龄跨度大。《美国 2014 年户外休闲参与报告》中显示，在 2014 年度约有 1.41 亿美国人参与户外运动，户外运动人口占美国人口的 48.4%（图 9－1），同时，参与户外运动总数达到 118 亿人次，即平均每人每年参加 83.7 次户外运动。在参与年龄跨度上，美国户外运动人口有 25～44 岁的中年人，也有 45 岁及以上的中老年人，中年组的户外运动参与度明显高于中老年组，如图 9－2 所示。

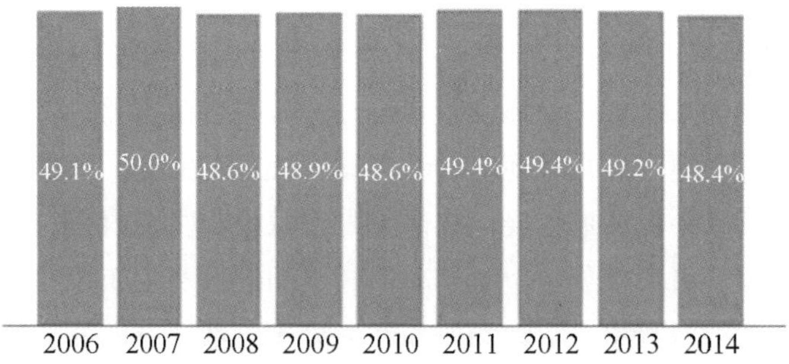

图 9－1　2006—2014 年美国人参与户外运动百分比

资料来源：《美国 2014 年户外休闲参与报告》。

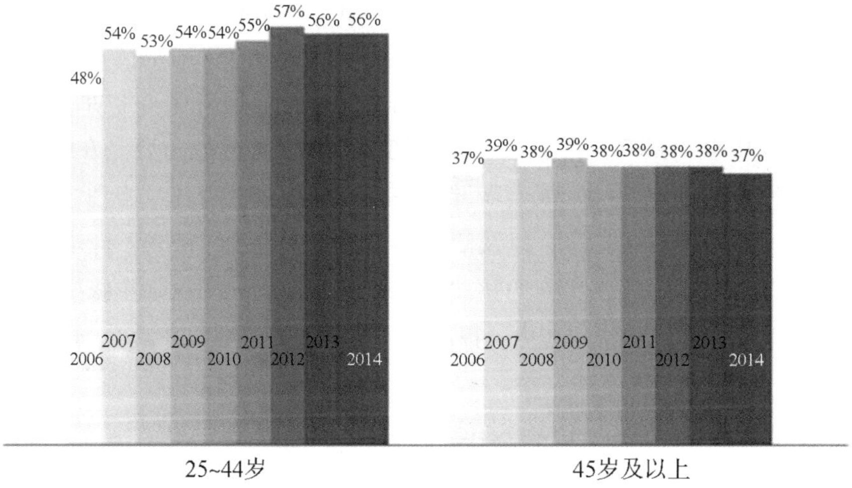

图 9－2　2006—2014 年美国成年人户外运动参与度

资料来源：《美国 2014 年户外休闲参与报告》。

（二）欧洲

欧洲是现代户外运动的发源地和户外运动市场开发成熟的领导者。2003 年，19 家国际知名户外公司共同成立了欧洲户外联合会（EOG），作为当前国际户外行业影响力最大的组织，其旨在解决欧洲户外运动产业内的问题，建立整个欧洲户外运动行业的相互合作体系，代表整个欧洲户外运动市场的共同利益。目前，欧洲户外运动市场正处于一个健康稳步上涨的状态。

欧洲户外运动市场专业化程度较高，户外运动用品业发展迅速，已有欧洲户外品牌进入中国市场，占国外品牌的45%，如祖始鸟、狼爪、乐斯菲斯、沃德等知名品牌（图9－3）。欧洲户外运动人口基数大，群众基础广。以德国为例，有58%的德国人是户外运动的爱好者，年龄在25岁以下的年轻人已成为户外运动用品最大的消费群体。

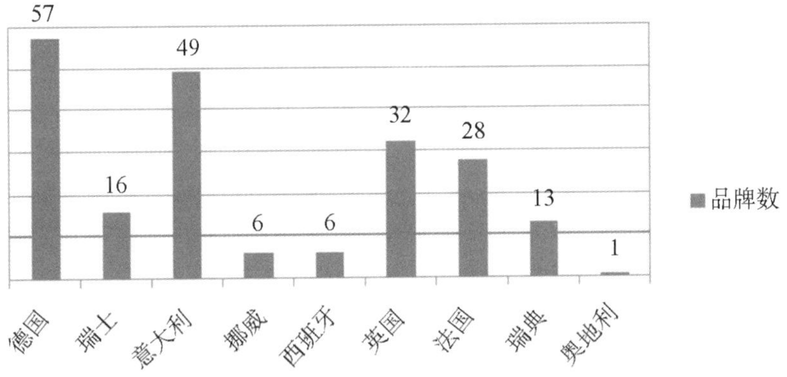

图9－3　欧洲各国户外品牌数

资料来源：户外资料网。

（三）日、韩

亚洲的户外运动相对于欧美地区起步较晚，但近几年，户外热在亚洲各国中悄然兴起。参与户外运动，穿户外服装，成为人们新的时尚标志。户外运动在亚洲成爆炸式增长，以日本、韩国和中国为典型，市场潜力较大。

日本户外运动发展特点主要体现在政府对学生的支持上，政府开设了青少年野外教室、少年自然之家等户外活动场所，鼓励学生进行户外活动、与大自然亲密接触，促进学生身心发展。韩国户外运动较我国发展早30年，民间普及率较高。韩国作为亚洲最大的户外运动用品销售市场，2014年销售额达到7万亿韩元，是继美国之后世界第二的规模，其中知名品牌包括K2、布来亚克（BLACK YAK）等。

三、国际国内知名户外机构

（一）国际南极旅游经营者协会

国际南极旅游经营者协会于1991年8月在美国奥林匹亚联合注册成立，是由探险者协会、海上旅游轮船公司、国际探险联合会等7家南极旅游公司共同组织的，属于国际行业协会，旨在提倡、推动和实施安全的和对南极环境负责的南极旅游。其成员遍及美国、德国、英国、澳大利亚、加拿大、新西兰、日本、智利及荷兰。

国际南极旅游经营者协会是国际户外旅游组织的典型案例。首先，其拥有明确的协会宗旨；其次，协会采用了会员管理制，对不同类型的会员做出不同的权利和义务的规定；再次，在管理机构上，协会每年都举行选举会议，每个合格的会员都有投票权；最后，在安全和环保方面要求全面，每个会员严格按照要求约束自己行为。

（二）180°探险旅游俱乐部

180°探险旅游俱乐部作为国外知名户外运动俱乐部之一，成立于2000年8月，以南非为主要基地，辐射非洲撒哈拉地区，是主营户外探险旅游的专业公司。其宗旨是专注于美丽壮阔的非洲野外，并为户外运动探险者提供独一无二的探险旅游经历和体验。

180°探险旅游俱乐部拥有专业的管理理念，从管理者到基层技术人员，都是具有专业的户外运动知识和经验的人员。同时，180°探险旅游俱乐部拥有多元化的体验产品，包括大型的户外探险旅游中心和俱乐部零售连锁店等，不仅经营户外用品、器材租赁和教育培训，还扩展到运动竞赛市场。180°探险旅游俱乐部形成了“一车五马六轮”的独特组织管理架构，其中，“一车”是指由俱乐部和翠鸟集团组成的最高经营决策层，“五马”是180°探险旅游俱乐部旗下的5个探险俱乐部，“六轮”是俱乐部6个探险旅游中心与连锁分销店，主要负责户外探险业务的经营与拓展（图9－4）。

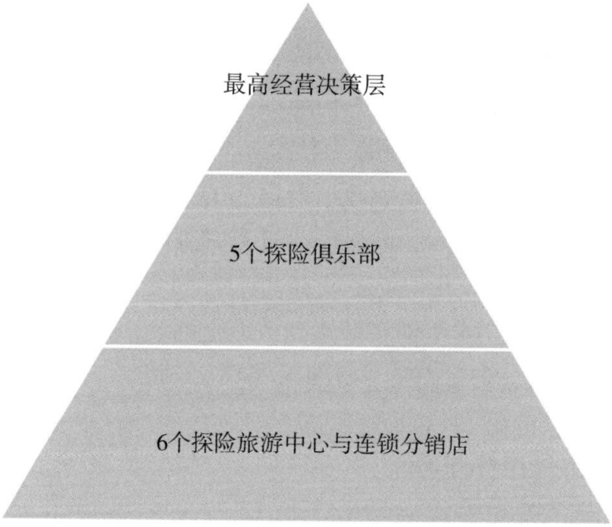

图9－4　180°探险旅游俱乐部组织架构图

（三）中国登山协会

中国登山协会是中华人民共和国组织、管理和推进登山运动的唯一的全国性机构，自成立以来组织过数十次在国内外有重大影响的高山探险活动，是目前我国最大的户外运动协会。中国登山协会是具有一定行政能力的行政部门，其组织结构如图9－5所示。

根据《中国登山协会登山户外运动俱乐部管理办法》，中国登山协会和各俱乐部之间是业务指导关系。所以，中国登山协会在整个户外运动行业的发展中起着规范作用。但是，目前中国登山协会对俱乐部并未形成一种法律约束，即不具备强制性。

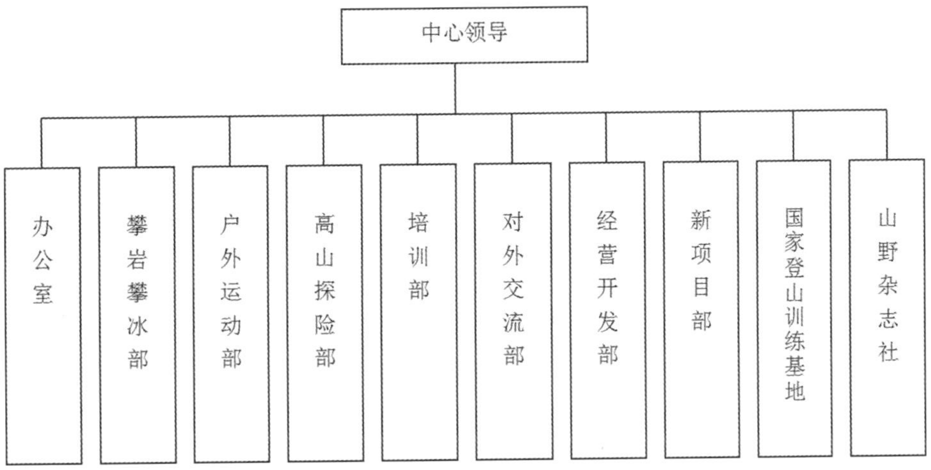

图9－5　中国登山协会组织机构

资料来源：中国登山协会官方网站。

第二节　户外运动项目市场运营

户外运动市场主要分为户外运动用品市场、户外运动培训市场、户外运动俱乐部市场等。

一、户外运动用品市场

在户外运动用品市场，欧美的户外运动品牌占据了中高端市场，随着人们对户外运动需求的增多，中低端产品市场份额不断增加，但是仍然存在着被高端产品品牌渗透的现象。

我国户外运动用品市场形成了一个品牌金字塔，高端户外运动用品全部被国外一线品牌垄断，而中高端也是来自国外。目前，国际知名户外品牌占据了市场的极大份额，主要因为其历史悠久、口碑良好、做工精湛、质量服务好，所以被广大户外运动爱好者追捧（表9－1）。

表9－1　国际知名户外运动品牌

	品牌名称	所属国家	创立时间
高端品牌	始祖鸟 ARC'TERYX	加拿大	1989 年
	乐斯菲斯 THE NORTH FACE	美国	1966 年
	土拨鼠 Marmot	美国	1974 年
	狼爪 Jack Wolfskin	德国	1981 年
中高端品牌	哥伦比亚 Columbia	美国	1938 年
	猛犸象 MAMMUT	瑞士	1862 年
	布来亚克 BLACK YAK	韩国	1996 年
	沃德 VAUDE	德国	1975 年
	乐飞叶 Lafuma	法国	1930 年

二、户外运动培训市场

我国户外运动培训市场发展不足，大部分参加户外运动的人群没有参加过相关的培训。目前，我国管理部门每年都会组织一些正规的户外运动培训活动，这类培训比较正规和专业，但是收费一般较高，而且集训点比较少，主要面向的是一些专业爱好者或从业人员。俱乐部组织的培训一般是面向当地会员或客户群，但是目前只有几家大型俱乐部每年组织两三次户外培训班，主要内容包括急救培训和一些户外项目的技能培训，但是参与人数较少。我国户外运动俱乐部更多的是以推销者的身份，对户外运动产品进行销售，获得利润，经营者并不注重提供给客户体验服务，虽然短期内经营者能够获得大量利润，但是从长远角度来看，只有通过培训才能让更多的人更加深入了解户外运动，提高户外运动的意识水平，更加深入地促进户外运动市场的发展。

三、户外运动俱乐部市场

户外运动俱乐部的经营模式主要有3类。目前存在数量最多的一类是以活动带动户外运动装备销售的俱乐部。该类俱乐部主要通过吸引更多的会员来增加装备的销售，会不定期地举办免费的户外运动，主要目的是巩固新老客户群体。另一类是有户外运动用品专卖店的俱乐部。该类俱乐部以会员的要求为举办活动的准则，组织户外活动以营造俱乐部的人气。最后一类是依托活动的开展来赚取金钱的俱乐部。该类俱乐部策划不同类型和活动内容的户外运动，专门为爱好户外旅行的人群提供聚会场所。目前，户外运动俱乐部大多采用纯AA制，组织方在其基础上加收一定的组织费用，来吸引更多的会员加入户外运动，增加户外产品的销售额。

目前，我国户外运动俱乐部主要采用“三位一体”的经营模式，即“专营店+俱乐部+网站”的模式。专营店是俱乐部业务的主体和核心利润来源，而俱乐部和网站是集聚人员进行产品推广的重要手段。网站不仅能够给会员提供信息交流、探讨感受的平台，还是户外运动相关信息发布、产品推广的重要场所之一。

第三节　我国户外运动市场的发展与管理

一、我国户外运动市场的发展现状

我国户外运动于20世纪80年代中期兴起，2013年，我国户外市场零售总额达到180.5亿元，市场前景广阔。2018年，全球户外运动报告显示，中国参与户外运动的总人数为0.6亿人，全球参与户外运动的总人数为18.5亿人。

当然，我国户外运动市场发展不平衡，主要表现在东部沿海及经济发达地区发展较好，中西部相对较差，其中又以中西部资源为优和多，东部地区资源较少。

（一）探索和学习阶段：20世纪50年代至90年代

我国的户外运动是从登山探险运动进行展开的。1956年，第一支国家级登山队——

中华全国总工会登山队成立；1958 年，国家体委正式成立登山处，与国家登山队一并归入同年成立的中国登山协会。中国登山协会以开拓者的姿态，在国内外组织数次影响较大的高山探险活动，将户外运动风引入中国。随后，攀岩等项目相继传入我国，但是由于这些项目对场地设施和装备有特殊的要求，所以开展起来相对较慢。该时期我国户外运动局限于登山爱好者和思想前卫的年轻人，其推广方式以各种比赛和探险活动的形式进行，内容存在局限。

（二）兴起阶段：20 世纪 90 年代至 2005 年左右

我国大规模的民间户外运动始于 1995 年左右。1998 年之后，户外运动在北京、广州、上海、昆明等地兴起，成为一种社会时尚席卷我国。1990 年，昆明市成立了第一支有偿服务的户外探险组织——昆明市登山探险协会。1997 年，北京三夫户外运动俱乐部成立，是北京最大的户外运动俱乐部之一。相关数据显示，至 2001 年底，以登山、攀岩、徒步等为主体的社会性大众俱乐部有 150 多家，主要集中在北京、上海、广州、深圳、成都等经济发达的大中城市。到 2005 年前后，仅北京市地区不同规模的户外运动俱乐部就有 100 多家。同时，网络、媒体等相关传媒平台开始更多关注户外运动。

（三）规范化发展阶段：2005 年至今

2005 年 4 月，山地户外运动被正式设立为我国正式开展的体育项目，隶属于登山项目下属分项，由国家体育总局登山运动管理中心管理。这标志着我国户外运动正式进入规范发展的新道路。随着人们收入的增加，可支配资金范围的扩大，人们对户外运动的需求相继提高。户外运动相别于其他体育项目，是先有市场后有行业的，所以，其拥有强大的群众基础。目前我国户外运动的推广主体主要是该项目的组织者、相关网站、俱乐部或者户外装备公司，主要参与人群主要是白领、高校学生。

二、我国户外运动市场发展存在的问题

（一）法规体制不完善

山地户外运动作为正式的体育项目，有正式的管理组织机构，不过目前仍处于探索管理阶段。我国户外运动管理主要针对宏观层面，没有细致到微观层面，对具体的管理措施没有针对性。政府还没有成立专门的管理部门对户外运动行业统一进行管理，政府部门之间权责不明。

（二）民间组织无序化

随着户外运动的火热开展，户外运动民间组织也随之壮大。民间组织的自发性、灵

活性的特点，受到大量的户外运动爱好者的青睐。形式各异的民间组织包括“网络圈友”、学生社团、“驴友”等，其户外运动组织功能并不完善。户外运动作为一项风险性和冒险性兼具的运动项目，需要具备专业的技能和严密的活动组织，以降低事故的发生率。目前，受人追捧的网络平台自发组织的形式缺少行政审批和法律责任程序，一旦出现事故，参与者的基本保险赔偿得不到保障。目前，民间组织的相对无序状态，成为户外运动管理中心最难解决的问题之一。

（三）户外运动的安全隐患

随着户外运动在全国范围的火热开展，民间户外运动俱乐部的不断增加，安全隐患也随之严重。据不完全统计，2001 年至 2011 年，我国大陆地区户外运动死亡（含失踪）人数由 4 人增至 220 人，深圳山地救援队一份统计报告显示，2001—2012 年，深圳户外运动死亡人数翻了两番，到 2012 年达到最高点，全年死亡 11 人，其中 22 宗事故涉 91 人次。这些事故多与组织、技术、技能、经验不符合要求有直接关系。无责任主体和安全保障的“驴友”和“网友”自行组织的具有一定风险的登山、攀岩及户外运动成为安全隐患的主体。

（四）救援体系不完善

我国户外运动处于起步阶段，救援体系不完善，缺乏专业的救援机构。在事故发生的情况下，主要依靠自救和互救，依托当地 120 和 119 救援系统。我国户外运动突发事件救援体系尚未进入制度化轨道，缺乏专业救援队伍，救援设备简陋，安保和救援资金来源单一，不利于我国户外救援体系的进一步完善。

三、我国户外运动市场的发展对策

（一）政府加强法制法规建设

建立市场准入制度，即政府对户外运动市场的管理和干预。户外运动市场准入制度是指为了户外运动的安全和规范，具备规定条件的生产者才允许进入进行生产经营活动，具备规定条件的户外运动经营企业才允许经营的监管制度。在建立市场准入制度前，首先要解决的是对俱乐部资质认证体系的推广。户外运动资质认证体系相当于行业自律制度，是能够提高俱乐部技术含量的有效保证，只有符合条件的俱乐部才有资格举办户外运动赛事。而“高门槛”的准入制度，能够保证户外运动市场的安全发展。

（二）加强俱乐部建设

俱乐部是推动户外运动发展的有效组织形式之一，是培养市场的基础，是户外运动社会化、产业化发展的方向。民间户外社团兴盛，我国需要在俱乐部建设上，加强管理，按照相关法律法规和行政管理对其进行规范，建立市场准入制度，即国家通过立法，规定市场主体资格的条件及取得程序，并通过审批和登记程序执行。同时，对俱乐部教练员必须进行严格的培训，获得教练员资格证书方可带队，其中，申请认证的俱乐部至少要有4名获得户外教练员资格证书的技术人员，这对于确保户外运动健康发展至关重要，为团队成员人身安全提供了保障。

（三）健全安全保障体系

户外运动作为高风险运动项目，在运动过程中发生意外事故在所难免，所以人身安全尤为重要。首先，要加强户外保险系统。目前我国针对户外运动的商业保险种类相对较少，人们对其的重视程度不够，所以，政府应该对其做出政策引导，如完善户外运动的保险制度，俱乐部与保险公司建立合作机制等。其次，要构建户外救援体系。我国户外救援发展相对缓慢，专业救援队伍的不足、设备的落后等情况较为严重，不利于救援体系的完善。我国应该参考国外成熟的救援体系，制定联动救援规划，构建由政府部门主管、社会参与、户外企业完善安保的联动救援机制，并加强应急救援队伍的培训，提高专业技能，同时加强与国外救援的合作与交流。

第十章 民族传统体育项目市场特征

第一节 民族传统体育项目概况及市场分析

一、民族传统体育项目概况

（一）民族传统体育的概念

民族传统体育是指某一个或几个特定的民族历代因循传承下来的，在一定范围内开展的，具有浓厚民族文化色彩和特征的竞技娱乐活动。

（二）民族传统体育项目的特征

1. 自然生态性

民族传统体育注重自然风光与民族风情的结合，使民族传统体育文化与自然环境有着良好的共生性。由于民族传统体育产业具有人与自然和谐统一的特性，因此在民族传统体育产业发展中，要重视文化生态体系的完整配置。文化生态指特定民族或区域人们生存的自然环境、生产方式、宗教信仰、风俗习惯等因素所构成的独特结构与功能的文化体系。在民族传统体育市场开发中，要重视自然风光与民族风情的交相辉映，为民族传统体育产业发展创造特定的文化生态环境。

2. 民族文化性

民族传统体育文化的专属性和特异性是民族传统体育旅游的身份标识与文化符号，对民族文化的认知和体验是引起游客消费需求和旅游欲望的原动力。我国有 56 个民族，在长期的历史进程中，每个民族创造出具有本民族特色与文化特征的传统体育活动。由于各民族生活的地域环境与生产方式的差异性，因此各地区农耕民族、游牧民族、渔猎民族、采集民族流传的传统体育呈现出风格迥异的文化特征，为民族传统体育项目市场发展提供了丰富多彩的体育资源。

3. 区域多元性

我国地域广阔、气候多样、地形多样和民族众多，不同的自然环境、社会环境和文化环境下形成了不同的民族传统体育项目。比如从地理环境上看，东北地区的许多民族传统体育项目与冰雪有关，西北地区的许多民族传统体育项目与马有关，西南地区的许多民族传统体育项目则与牛相关，中南、华东、华南地区的许多民族传统体育项目与船、舟密不可分。

（三）民族传统体育项目的分类

1. 竞技比赛类

竞技比赛类民族传统体育项目主要有武术、摔跤、马术、斗牛、赛龙舟、抢花炮、秋千、射弩、高脚竞速、板鞋竞速、叼羊、围棋和中国象棋等。

2. 竞赛表演类

竞赛表演类民族传统体育项目主要有风筝、跳板、抛绣球、跳竹竿和跳芦笙等。

3. 娱乐健身类

娱乐健身类民族传统体育项目主要有太极拳、太极柔力球、扭秧歌、跑旱船、健身气功、打陀螺和滚铁环等。

二、民族传统体育项目市场分析

民族传统体育产品指民族传统体育项目市场经营者对民族地区自然资源、文化资源与体育旅游资源进行系统的挖掘、整合、制作与经营形成的体育产品。由于民族传统体育产品的开发与经营具有显著的民族性、文化性与生态性，因此民族传统体育项目市场的产品独具特色。

（一）民族传统体育项目市场的产品特性

1. 文化消费性

民族传统体育产品作为一种特殊的文化商品，具有一般商品的特性。文化消费不同于一般的物质消费。它以人的精神需求满足为中心，与文化产品的创造过程密切关联。民族传统体育产品的开发必须适合普通民众消费心理的需要，使人们享受民族传统体育产品，创造民族文化认知与审美能力提升的文化氛围，形成人们自觉追求精神性享受的消费习惯，建构推动社会文明进步的民族传统体育文化的消费市场。

2. 产品无形性

民族传统体育产品体现的是一种服务，生产的是一种“精神产品”，供消费者观赏和参与。民族传统体育服务是无形的、非实物特征的文化产品，却能给人带来某种利益或满足感。民族传统体育服务可通过欣赏和参与性活动来满足消费者的精神需要，借助于民间传统的身体运动形式来实现消费者的身心满足和体验。

3. 创造性的投资消费品

民族传统体育服务不仅能给消费者带来当前的消费效用，还能给消费者带来未来的持续回报。人们通过民族传统体育的消费活动，可以促进身心发展，提高身体活动能力，提高对外界刺激的敏感度和身心协调的能力，最终提高劳动生产率。民族传统体育服务可以在人的体力和智力方面产生投资效果，具有人力资本积累的效应，是一种积极的人力资本投资。因此，从消费的角度看，民族传统体育服务是消费品；而从人力资本积累的角度看，它又具有投资品的性质。

4. 生产与消费过程同步性

和一般休闲服务业类似，民族传统体育服务产品的生产和消费也是同步进行的，具有不可分割性。民族传统体育服务的生产一经开始，消费活动就同时进行，民族传统体育服务的生产一结束，消费活动也就宣告结束。同时，民族传统体育服务的生产过程必须有消费者直接参与，消费者必须亲临观赏或亲身体验，才能完成对民族传统体育服务的消费。

此外，民族传统体育服务是一种体验性的消费，具备非实物使用价值，是不能贮存的，只存在于被产出的那个时间点。生产一结束，产品的消费过程也就停止，民族传统体育服务作为无形产品也就消失无踪。

5. 服务质量的易变性

民族传统体育服务质量是通过“民族传统体育服务的接触”来体现的。民族传统体育服务质量由服务项目、服务人员、教练员、运动员、顾客以及民族传统体育服务环境等因素所决定。民族传统体育服务产品处于一个不断变化的过程之中，难以进行标准化生产和保持产品质量的稳定性；而且民族传统体育服务的顾客不同，也会影响到民族传统体育服务质量的感知与评判。不同顾客受不同的自身因素制约，对民族传统体育服务的要求、期望与价值判断是不同的，这就会导致民族传统体育服务质量的易变性和不稳定性。

6. 投资成本低，开发效益好

民族传统体育项目市场是为了满足人们日益增长的体育文化需求而形成的民族传统体育产品生产、交换、消费与服务的产业门类。民族传统体育具有淳朴自然、贴近生活、简单易行、对场地器材要求不高、群众喜闻乐见等特点。民族传统体育这种与自然、社会的天然联系，使得民族传统体育项目市场的发展不必破坏自然生态环境，不必建设宏大的体育场馆，不必投入巨大的经济成本。因此说，民族传统体育项目市场是投资成本低、开发效益好的新兴市场。

（二）民族传统体育项目市场的定位

市场定位指企业根据竞争者现有产品在市场上所处的位置，针对顾客对该类产品某些特征的重视程度，为本企业产品塑造与众不同的、给人印象鲜明的形象，并将这种形象生动地传递给顾客，使该产品在市场上确定适当的位置。

当今社会，同类产品丰富多样。企业产品要在琳琅满目的产品竞争中脱颖而出，得到消费者的喜爱和选择，就要对自身产品进行准确的市场定位，充分显示企业产品的竞争优势，并将产品的特性、优势与形象传递给目标顾客。

民族传统体育项目市场也需要进行合理定位，企业要充分利用现代人回归自然、崇尚民族文化的心理，明确民族传统体育淳朴自然、贴近生活、低价实惠、健身效果好、文化内涵厚重的特点，确立自己的竞争优势与市场定位，从各个方面为民族传统体育产品培养鲜明的特色，树立明确的市场形象，在顾客心目中形成特殊的偏爱，使民族传统体育产品的生产、销售获得广阔而稳定的销路与市场份额。

1. 产品定位：文化消费产品

民族传统体育项目市场的发展要依托市场，依据社会消费需求。民族传统体育产品要突出产品的文化价值，通过民族传统体育产品消费传播自强不息、厚德载物、健康向上的民族精神，重视民族传统体育文化的继承发展，突显民族传统体育作为人类养生文化的引领作用，利用民族传统体育多样性的健身方式与功能，彰显中华民族“天人合一”“刚柔并济”“阴阳五行”“精气神说”等哲学思想的养生文化体系，从文化消费中推进民族传统体育产业的发展壮大。

2. 形象定位：健康时尚品牌

在形象定位上，既要考虑经济、社会与政治方面的因素，也要注重文化与体育的功能特性与形象追求。因此，要塑造民族传统体育内涵厚重、积极向上、文明健康、充满正能量的文化形象。许多民族传统体育项目简便易行、健身效果良好，适合于不同年龄、不同体质的人群。民族传统体育锻炼，既能强身健体，又能提高道德文化素养，使人精神愉悦，提升人的文化生活质量。对民族传统体育健身娱乐活动的参与和推广，将成为我国体育消费领域和全民健身活动的新时尚、新趋势、新亮点。

3. 竞争定位：差异化发展战略

民族传统体育产业的发展要走差异化道路，突出它与现代体育的不同特征。现代体育的特点是追求“更快、更高、更强”，突出人的个性解放与自由竞争，是人类体育发展的重要里程碑。但今天的社会已进入后工业化时代，人类的生活已发展到多元化的休闲时代。人们需要多样化的体育活动与休闲生活方式，而不是一味追求“更快、更高、更强”。

民族传统体育具有生态性、人文性、休闲性、康体性等特征，是现代社会追求的时尚体育方式，加之民族传统体育投资少、亲近自然、贴近生活、简单易行，从而成为现代人乐于参与的休闲康体活动。因此，民族传统体育要发挥特色与优势，确立与现代体育不同的竞争定位、发展策略与市场开发方式。

4. 消费者定位：目标顾客的多元化

我国民族传统体育项目多样、种类繁多，具有广泛的适应性，有较大的选择余地，适合多个年龄段人群。许多民族传统体育项目不受年龄、性别、体质条件的限制，男女老少都可参加。因此，其消费者定位可涵盖各种人群，重点定位于青少年、妇女、老年人等。可对青少年突出文化传承功能，对妇女突出民族舞、民族健身操的健身娱乐价值，对老年人突出优柔缓慢的太极拳、健身气功的养生价值。定位准确对满足群众多元化健身需求、弘扬中华民族优秀传统文化、全面拓展民族传统体育市场意义重大。

5. 发展途径定位：路径多样化

民族传统体育产业的发展途径应是多元的，应用市场规律与调节机制，科学确立市场定位与产业发展路径，采用多元化的营销组合方式。发展民族传统体育产业，对满足群众多元化健身需求、弘扬中华民族优秀传统文化、完善体育产业结构具有重要意义。因此，要加大宣传和营销力度，利用多形式、多渠道、多样化的产业发展方式推进民族传统体育产业的发展与壮大。

第二节　我国民族传统体育市场的发展与管理

一、民族传统体育市场开发的基本意识

（一）市场意识

在发展民族传统体育产业的过程中，要从传统的资源导向型观念向市场导向型观念转变，充分发挥市场配置资源的关键性作用，要应用市场运行机制来引导当地旅游项目和旅游产品的研发、设计、运作与管理，并逐步将民族传统体育文化资源引入市场化、产业化发展的运行机制，使民族传统体育产业资源的开发具有更为突出的经济效益和社会效益。

（二）特色意识

民族传统体育资源在现代旅游资源开发中具有“人无我有”的独特优势。因此，在民族传统体育产业中，要塑造出特有的民族性风情和地域性风采，将民族传统体育中蕴涵的文化特征、文化类型、文化内涵、文化价值与文化精神集中展现出来，开发具有个性化、差异化的民族传统体育产品，形成具有特色优势的民族传统体育产业链和产业集群，使之成为我国民族地区进入国际旅游市场的优势旅游产品，在现代旅游产业发展中形成潜力巨大的后发优势。

（三）开放意识

民族传统体育产业的发展，要有开放意识。首先，该领域的投资主体应是开放的。由于民族地区资金积累不足，自我发展条件欠缺，因此应制定一系列的激励和优惠政策，吸引国内外多种投资主体进入民族传统体育产业领域，并从产权制度上保证投资主体的独立性与营利性。其次，民族传统体育产业的投资方式、产业组织形式与管理模式也应是开放的，以促进民族传统体育资源的有形资产与无形资产得到更为充分的开发利用，使民族传统体育产业资源开发的产业发展格局、经营管理模式与市场营销方式逐步与国际旅游市场接轨，以推进我国民族传统体育产业的兴旺发展。

（四）品牌意识

品牌是企业创造溢价和增值的重要无形资产，是销售者开展市场营销的符号标识和消费者选择产品的特殊依据。因此，民族传统体育产品的设计要在娱乐、审美、观赏、体验等方面有创新，确立鲜明独特的市场定位与主题形象，打造国内外旅游市场的品牌产品，通过品牌战略的实施，不断增加民族传统体育产品的吸引力与文化附加值，推进民族传统体育产业结构的完善和产品质量的提升，促进民族传统体育产业走内涵型、可持续发展的道路。

（五）营销意识

应借助网络、广播、电视、电影、音乐、报刊、书籍、广告、民间节庆与体育赛事的媒介作用，进行民族传统体育产品的宣传推广与市场营销，采用多种有效的营销组合策略和市场推广方式，扩大民族传统体育产品营销的区域与渠道，加大市场营销力度，不断扩大民族传统体育产品的市场占有率与产业发展规模。

二、民族传统体育市场产品开发的类型

民族传统体育产品要依据民族传统体育项目的外部形态结构与内在文化价值及旅游

消费者的需求特征进行设计开发。在此，将民族传统体育产业发展中的产品类型分为7大类：擂台竞技类、观赏类、参与类、健身类、休闲类、探险类、旅游商品类等。（表10－1）

表10－1　我国民族传统体育产品分类情况一览表

产品类型	进入市场的选择项目
擂台竞技类	武林风、武林大会、拳王争霸赛、拳王挑战赛、武术搏击赛、散打赛、掼牛赛、摔跤大赛、脚斗士比赛、赛马、斗马、斗牛、叼羊、抢花炮、龙舟赛、高台舞狮、毽球、藤球、少数民族传统体育运动会、民族传统体育单项竞赛
观赏类	风中少林、禅宗大典、魅力湘西、武术、赛马、摔跤、赛龙舟、陀螺、斗牛、掼牛、斗羊、斗鸡、射箭、射弩、吹枪、抢花炮、马术、徒手攀岩、达瓦孜、舞龙、舞狮、剽牛、飘色、爬花杆、上刀杆、下火海
参与类	秋千、磨秋、轮秋、射箭、射弩、狩猎、钓鱼、跳竹竿、骑马、骑骆驼、过溜索、独木舟、爬杆、跳月、民族舞、丢包、抛绣球、顶杆、打火把、游泳
健身类	太极拳、武术、气功、摔跤、民族舞、民族健身操、踢毽子、扭秧歌、抖空竹、打陀螺、踩高跷、跳绳、板鞋、瑜伽、门球、放风筝、登山
休闲类	陀螺、射箭、射弩、藤球、踢毽、秋千、磨秋、轮秋、爬杆、划船、钓鱼、捕鱼、狩猎、堆沙、远足、放风筝、围棋、象棋、月亮棋、藏棋
探险类	登山、攀岩、漂流、探溶洞、爬树、穿越森林、越野、划船、独竹漂、骑马、骑牛、骑骆驼、狩猎、垂钓、捕鱼、过溜索、远足、转山、游山
旅游商品类（纪念品）	藏刀、户撒刀、弩枪、弓箭、陀螺、烟盒、吹枪、围棋（云子）、藏棋、霸王鞭、藤球、绣球、武术器械、民族乐器、斗鸡、画眉鸟、民族传统体育画册、DVD视频

三、民族传统体育市场运作模式

市场运作模式指企业根据自身的经营宗旨，为实现既定发展目标所采取的经营管理、进入市场与营销的方式的总称。民族传统体育产业作为一种新型的产业，有其特定的目标客户、市场环境、营销方式与运作管理模式。依据目前我国民族传统体育产业发展状况，下面提出几种常见的民族传统体育市场运作模式。

（一）乡村旅游民族传统体育资源运作模式

一方面，当今社会，追求自然、享受田园风光、感受多样性民俗文化与生活方式已成为现代社会人们的一种普遍趋势，“吃风味、住民居、游自然、观民俗、赏田园、购民间工艺品”已成为现代城市人群追求向往的社会时尚。这种现象导致全国各地城市边缘一个个农家乐生态旅游景点应运而生。另一方面，在我们对国内有关民族地区的调查中发现，在当今已实现“三通”（公路、电、电视）的民族地区，当地少数民族的民俗、服饰、语言、艺术、体育等传统文化内容正发生大量的流失和消亡。加之西方现代体育的冲击，民族传统体育文化的消亡速度也越发加快。

此外，许多身怀民族传统体育绝技的农村青年在其家乡却“英雄无用武之地”，因其“体育绝技”无法解决他们日常的生计与温饱问题而纷纷外出打工，使一个个民族村寨变成只有老人、妇女、儿童的“空心村”，导致民族地区的民族传统体育文化传承与发展主体缺失，进一步加剧了各地民族传统体育文化遗产的流失和消亡。

因此，应加大民族地区传统体育文化的保护和乡村旅游业的开发力度，使民族传统体育旅游业成为民族地区经济发展的新增长点。在开发乡村旅游业的同时，应推进民族传统体育资源的开发利用与传承发展工作，坚持民族传统体育文化资源保护性与收益性相结合的原则，在保护中求发展，在发展中促保护。

为此，我们可选定一些民族传统体育开展较好的特色村寨，建立“民族传统体育文化生态村”。在“农家乐”民族传统体育旅游经营活动中，通过民间体育艺人、特色体育村寨、基层文体站（或乡村体育组织）的相互衔接，建立政府扶持、引导、授权的“公司＋农户＋基地”产业运营模式，在自然的民族文化生态系统中开发民族传统体育产业资源。这样既可保护与传承民族传统体育文化，又可通过民族传统体育产业资源的开发，实施民族地区扶贫致富的特色战略。

目前，我国“农家乐”民族传统体育资源开发的运作模式有 3 种基本形式：单家独户的发展模式（以家庭为单位）、整村开发的运作模式（如云南弥勒市的可邑村）和多村联动的开发模式（如云南西双版纳 5 个傣族村寨组建的傣族园）。

（二）名胜公园景区运作模式

名胜公园景区运作模式包括如河南开封的“清明上河园”和陕西西安的“大唐芙蓉园”中所开展的古代体育、武术、杂技与歌舞展演活动的运作模式。在云南昆明的“云南民族村”、云南西双版纳的“傣族园”、湖南湘西的“德夯民族文化村”、海南的“三亚百越民族村”和“槟榔谷”、贵州雷山县的“千户苗寨”等公园景区内开展的少数民族歌舞、体育、民俗表演及游客的参与体验活动也属这一模式。

（三）城市文化广场运作模式

城市文化广场既是广大城镇居民进行全民健身活动的重要场所，也是展示市民体育生活风貌与城市文化风采的重要窗口。如今，全国各地的城市广场都有许多民族传统体育与舞蹈活动。例如，昆明市的世博园、民族村、海埂公园、翠湖公园等都有丰富多彩的群众性民族传统体育与歌舞的活动场面。这些广场既是全民健身活动的社会环境，也是推进民族传统体育产业发展的特殊市场。

（四）城市餐饮业展演模式

民族歌舞、民族传统体育与民族饮食文化有机结合的民族文化餐饮业是近年来云南民族文化旅游发展中的一种特殊模式，如云南吉鑫园文化饮食城，将云南特有的民族歌舞、民族传统体育展演与地方特色食品——过桥米线组合开发为“吉鑫宴舞”。通过10多年的培育，云南吉鑫园文化饮食城已被打造为云南一张著名的文化名片，成为政府、企业、百姓接待嘉宾、朋友的重要场所。如今云南吉鑫园文化饮食城已接待国内外游客30多万人次。在云南吉鑫园文化饮食城餐饮文化经营中，10元一套的过桥米线已升值为198元一套的最低消费，文化附加值极高，生意十分火爆。目前“吉鑫宴舞”连锁店已在海南、大理、德宏等地开设，经济效益十分显著。

（五）节庆文化开发模式

节庆文化是我国各地广泛采用的民族文化与民族传统体育产业发展的重要模式。例如，山东的国际泰山登山节、潍坊风筝节，河南的少林武术节，湖南岳阳的龙舟节，湖北武汉的东方赛马节，等等；少数民族也有许多著名的传统体育节日，如彝族火把节、跳歌节，傣族的泼水节，白族的三月街赛马会、绕海会，藏族的赛马节、射箭节，壮族的三月三，苗族的独木龙舟节、花山节，傈僳族的刀杆节，景颇族的目脑纵歌，瑶族的盘王节，哈尼族的磨秋节，等等。可以说，每年民族中都有大量的、沿传开展的传统节日活动，这些流光溢彩的民族节日资源是推进区域经济和旅游产业发展的特殊优势。

（六）拍卖和买断区域民族文化经营权模式

这种运作模式，目前已在国内得到一定的推广和应用。例如，2002年湖南长沙的企业家叶文智以民间资本买断湘西凤凰县50年的民族文化经营权，并成立“天下凤凰文化传播公司”，将湘西的民族文化与体育资源经营得红红火火，使凤凰古城2003—2009年间的旅游收入，由2300万元增长到17亿元之多。可见，这种经营模式在我国广大民族地区的民族文化与民族传统体育旅游产业发展中具有巨大的市场潜力和推动作用。

（七）舞台（擂台）表演与竞技观赏模式

通过民族传统体育歌舞的舞台表演与竞技观赏模式促进地方经济与民族传统体育产业的发展效果极为突显。目前，国内商业运作比较成功的民族传统体育表演与擂台竞技节目有《武林风》《武林大会》《拳王争霸赛》《角斗士大赛》《风中少林》《禅宗大典》《魅力湘西》等。这些成功的运作模式都充分利用当地的民族传统体育文化资源优势，建立了完善的运行与管理机制，打造出国内外有影响的品牌产品，为民族传统体育产业的发展起到重要的示范作用。

四、民族传统体育项目开发的市场支持体系

民族传统体育产业的发展需要一定的政策与社会支持体系为条件。民族地区具有独特的自然资源、文化资源和体育资源，具有发展特色体育产业和旅游业的优势条件。但民族传统体育产业的发展仅靠特有的资源是不够的，还需要构建一个完善的产业支持体系，政府要创建良好的民族传统体育产业发展的政策环境、经济环境、法制环境、文化环境、产业组织环境和人才培养环境，并对民族传统体育产业的发展制定科学的发展规划和实施措施，以推进民族传统体育产业的发展壮大。

（一）政策环境

2010 年，国家提出了新一轮的西部大开发战略。该战略的意义是逐步将西部少数民族地区的发展从资源开发型引入市场导向型，由“输血型”扶贫项目向“造血型”致富工程的方向发展。在民族传统体育产业发展中，政府要以提升民族地区自我发展和产业发展的能力为抓手，建立完整的民族传统体育产业体系和良好的市场环境，制定促进民族传统体育产业发展的相关政策与措施，利用政策和制度的引导和保障，推进民族传统体育产业的快速发展和规模化发展。为此，政府应从以下 3 个方面对民族传统体育产业发展进行引导工作。

第一，政策引导。即由政府制定有利于民族传统体育产业发展的政策措施，科学引导民族产业的发展，全面培育体育市场，引进市场竞争机制，激活社会体育消费，以推进民族传统体育产业健康、快速、有序发展。

第二，规划引导。政府要做好区域体育设施建设与产业发展规划，明确民族传统体育产业发展的指导思想、发展目标、产业布局和保障措施，通过规划的引导，保障民族传统体育产业的健康发展，推进民族传统体育的社会化与产业化发展。

第三，资金引导。由于特殊的历史与环境条件，民族地区的产业基础和资金条件尤其薄弱，就需要政府在加大民族地区体育事业的经费投入基础上，制定相应的产业政策，吸引外来投资进入民族传统体育产业的开发领域，为民族传统体育产业发展提供启动资金，建立政府支持与社会兴办相结合的产业发展模式。

（二）经济环境

民族传统体育产业的发展涉及投资、供给、消费等市场因素。由于民族地区民族传统体育产业的消费人口相对较少，因此民族传统体育产业在本地市场中的需求较为有限。除具有本省的市场定位外，还应与各地的旅游产业协同发展，要注意国内外游客目标市场的定位，打造民族传统体育的品牌产品与精品活动，吸引广大游客进行观赏和参与。这样既有利于拓展民族地区旅游业的市场空间，也有利于促进民族传统体育产业的快速发展。

（三）法制环境

市场经济是法治经济，一个地区的社会诚信意识与法制体系是市场经济健康发展的保障。因此，政府在倡导社会诚信意识前提下，要建立完善的体育产业法制，要重视加强民族传统体育无形资产和知识产权的保护，明确民族传统体育文化资源的权属支配与开发管理权限。尤其在我国加入 WTO 以来，更应按有关的国际知识产权法规，加快制定民族传统体育文化与知识产权保护条例，利用市场法规和行政手段加强对民族传统体育知识产权与无形资产的管理。

在民族传统体育市场管理中，要通过高层次立法明确体育市场管理权限、执法程序和法律责任，按照国际市场惯例运作，保证体育市场竞争的公平性和有效性，为民族传统体育产业的健康发展营造良好的法制环境。

（四）文化环境

文化是一个地区长期积淀、形成的社会传统习俗、价值观念与生活方式。文化对人们的体育消费观念具有特殊的影响作用。通常来说，体育消费与社会的文化发展水平有密切关系，社会成员的文化程度越高，其体育消费意识也就越强。随着全社会收入水平和受教育程度的提高，人们在现代休闲方式中追求生命质量、追求健康、追求多样性民族文化的价值趋向也越强。在这样的文化价值观念驱动下，民族传统体育市场的发展将具有更广阔的空间。

民族传统体育资源的开发，应与特定民族的人文环境、自然环境相结合。因此，民族地区旅游景区的民族传统体育消费项目的设置，应以相应的山水景观和民族文化背景为依托，使之成为一个有机的民族文化生态体系，使民族传统体育市场的发展既具有深厚的自然风景依托，又具备民族文化内涵与旺盛的生命活力。

（五）产业组织环境

民族传统体育市场发展，必须依靠一定的产业组织才能实现。产业组织规模与效率的高低，直接影响到民族传统体育产业化水平与产业结构程度的高低。产业发展初期，应由政府建立一定规模的产业组织，当产业发展取得一定投资效益之后，在产业示范效应的激励下，其他投资主体才会进入该产业。

为此，政府应组建相应的体育产业投资公司与产业集团，公司应具有独立的法人资格，自主经营、自负盈亏、自我发展，成为体育市场发展的龙头。公司经营除体育场馆、器械、运动服装外，重点是举办商业化体育赛事、发展体育健身娱乐服务业、开展体育旅游与民族传统体育产业经营活动。

对民族传统体育产业的投资经营者，政府可在民族传统体育产业发展初期在用地、财政、税收、工商等方面给予政策倾斜，当民族传统体育产业发展到一定程度后就可取消优惠，以保证行业竞争的公平性。对小型的民族传统体育产业经营组织，政府在政策上可放开一些，使其享受地区文化与体育产业的有关优惠政策。

此外，在民族传统体育产业发展中，对民族传统体育资源富集、特色优势较突出的地区，可选定一些少数民族村寨建立“民族传统体育文化生态旅游村”，建立由政府扶持、引导、授权的“公司＋农户＋基地”的乡村体育文化旅游产业运营模式。借助公司在资金、管理、营销方面的优势，开发民族传统体育文化资源和乡村旅游业，既可保护与传承民族传统体育文化，又可通过民族传统体育文化旅游的产业发展，实施民族地区扶贫致富的特色战略。

（六）人才培养环境

发展民族传统体育市场，除相应的政策、经济、法制和文化环境外，还必须培养一批民族传统体育产业的创意策划、经营管理、市场营销、体育经纪和进行竞赛表演活动的专业人才，这些人才按其工作性质可分为以下3类。

第一类，熟悉市场规律，懂得现代企业管理的人才。他们对体育市场的情况比较了解，对国际体育产业运作方式比较熟悉，对我国民族传统体育资源情况比较掌握，能够对民族传统体育市场需求进行科学的分析和预测，能够运用自己的管理经营才能，按照市场竞争状况进行正确的决策。

第二类，市场管理人员。他们熟知国际体育产业管理的经验与做法，对我国体育产业的管理运作方式较为熟悉，对民族传统体育文化的资源类型和产品开发方式心中有数，掌握了体育市场的宏观管理方法，并能对民族传统体育市场和产品进行精心的设计制作、营销策划与市场管理。

第三类，民族传统体育项目的表演人才。民族传统体育表演市场是民族传统体育产业发展中的核心领域。该领域对打造体育文化与体育产品品牌、带动整个产业发展具有重要的促进作用。因此，必须培养一批高水平的民族传统体育项目表演的专门人才。这些运动员既可在旅游景区进行表演，又可组成类似《风中少林》《魅力湘西》《云南印象》节目中的民族传统体育表演团队，进行专场舞台体育艺术表演。这种表演具有观赏性和精彩性，能产生较大的市场需求和品牌效应。

为促进民族传统体育市场的发展，要重视民族传统体育项目的各类人才培养，国家民委、教育部、国家体育总局、国家旅游局（现文化和旅游部）应共同制定民族文化产业与体育产业人才的培养规划与政策。各民族院校、体育院校也要充分利用自身教育优势培养民族传统体育文化产业所需人才，为民族传统体育市场的全面发展奠定坚实的人才基础。

五、民族传统体育市场开发的战略选择

战略指具有统领性、全局性、关键性的谋略、方案与对策。民族传统体育市场既是

我国体育产业中一个具有文化优势、资源优势与市场优势的新兴行业，又是一个涉及民族地区经济社会发展的产业领域。在民族传统体育市场发展中，要根据民族地区与民族传统体育产业发展的实际，采取切实有效、有针对性的产业策略与发展方式，推进民族传统体育市场的健康、快速发展。

（一）创新发展战略

在民族传统体育市场的发展中，要在坚持传承保护的基础上重视民族传统体育文化的创新发展。要以观念创新、思路创新、体制创新、管理创新、业态创新、产品创新、项目创新、市场组织创新、投融资创新、科技创新、营销创新等方式和手段，全面提高民族传统体育市场在现代市场体系中的核心竞争力，促进民族传统体育市场发展方式的转型升级与快速发展。

（二）品牌推进战略

品牌是给拥有者带来溢价、增值的一种无形资产，是人们对企业及产品、售后服务、文化价值的评价、认知与信任。在现代社会，品牌已成为商品综合品质的体现，当人们想到某一品牌时总会联想到时尚、文化、价值。企业在创造品牌的同时，也在创造时尚、培育文化。随着企业的做大做强，其品牌也从低附加值向高附加值升级，向产品开发优势、产品质量优势、文化创新优势的高层次转变。当品牌文化被市场认可并接受后，品牌才产生其市场价值。

民族传统体育市场的发展要将品牌作为其核心竞争力进行打造，并形成以品牌为核心的民族传统体育市场集群。应加强民族传统体育精品项目与名牌产品的打造，在充分开发民族文化内涵基础上，应用现代高科技手段对民族传统体育产品进行必要的包装组合，并进行有效的宣传推广与市场营销，不断提升民族传统体育产品在国内外市场中的知名度、竞争力和影响力。

（三）国际化发展战略

国际化发展是民族传统体育市场发展的重要目标。要大力开发西部地区周边的国际体育市场和旅游市场，加大民族传统体育旅游产业的国际宣传与市场开发力度，充分利用民族节庆与体育赛事活动，打造民族传统体育旅游活动精品，如举办“东盟国家民族传统体育运动会”“东南亚国家民族传统体育运动会”“丝绸之路国家体育旅游博览会”“国际民族传统体育狂欢节”，不断开拓民族传统体育项目的国际市场，积极拓展中、远程旅游市场，巩固提升民族地区的客源市场，重点开发特色民族文化与体育旅游的客源市场，培育区域性的民族传统体育文化市场，形成多元化的国内外民族传统体育市场全面发展格局。

（四）项目带动战略

在民族地区体育与文化产业的发展中，要实施项目带动战略，以大项目带动大发展，促进产业资源与要素的聚集，加强资本运营与产业集群发展，培育一批实力雄厚的民族传统体育市场经营开发的大企业、大集团，选择几个高起点、有影响力的民族传统体育市场发展的“大项目”“大工程”进行重点建设、培育与打造，使之成为民族地区区域经济与体育产业发展的引擎项目和示范工程，逐步构建民族传统体育市场的产业集群与产业发展体系。

参考文献

[1] 菲利普·科特勒，凯文·莱恩·科特勒. 营销管理［M］. 王永贵，译. 上海：格致出版社，2012.

[2] 菲利普·科特勒，加里·阿姆斯特朗. 市场营销［M］. 俞利军，译. 北京：华夏出版社，2003.

[3] 史蒂芬·多布森，约翰·戈达德. 足球经济［M］. 樊小苹，译. 北京：机械工业出版社，2004.

[4] 张维迎. 市场与政府［M］. 西安：西北大学出版社，2014.

[5] 程锡森，金海波，冯岩. 运动项目概论［M］. 天津：天津大学出版社，2014.

[6] 刘波. 德国体育研究［M］. 北京：北京体育大学出版社，2012.

[7] 鲍明晓. 财富体育论［M］. 北京：人民体育出版社，2012.

[8] 杨铁黎. 职业篮球市场论［M］. 北京：北京体育大学出版社，2003.

[9] 李延超. 运动休闲管理［M］. 上海：复旦大学出版社，2014.

[10] 黄海燕，张林. 体育旅游［M］. 北京：高等教育出版社，2016.

[11] 刘兵. 体育服务营销［M］. 北京：高等教育出版社，2015.

[12] 徐琳. 体育营销学［M］. 上海：复旦大学出版社，2013.

[13] 沈佳. 体育赞助［M］. 上海：复旦大学出版社，2012.

[14] 胡立君. 体育营销［M］. 北京：清华大学出版社，2005.

[15] 戴国斌. 民族传统体育概论［M］. 北京：高等教育出版社，2016.

[16] 张林，李延超. 中国民族民间体育赛事研究［M］. 北京：人民体育出版社，2012.

后　记

当前体育产业迅速发展，社会资本不断进入，政策支持力度不断加大，科技手段不断融入，营销和发展模式日趋多元，面对现状，如何在体育产业开发、经营和管理中定位和寻找运动项目市场？笔者认为需要一座打通运动项目特点和市场开发的桥梁，这座桥梁能够指引人们在未来的体育产业经营管理实践中解决机会寻找、方案设计、创业项目落地实施的问题。运动项目市场特征就是这样一座桥梁，连接运动项目和市场，为产业开发、市场营销提供思路和选择。

为使本书更准确、全面地反映当前运动项目市场开发的成果，笔者在编写过程中参阅了有关媒体的新闻或专题报道，借鉴了一些运动项目市场的开发成果，这些内容在书中已经标出，在此表示诚挚的感谢！

感谢我的学生胡敏、腊甜甜、周媛、马尔伊赛、刘雪杰、张一萌、邵如蓉、赵雪、王玉杰、王韬宇、蔡正明和郑秀秀等，为本书搜集资料所做的大量工作。

虽然笔者在编写过程中倾尽全力，但运动项目市场是一个多变的领域和学科，其内涵和外延随着市场不断变化，尤其是有些运动项目没有列出，难以穷尽所有内容，疏漏之处，恳请读者指正。

笔者

2021 年 1 月 29 日